# द बॉस

## (सेवक नहीं, स्वामी बनो)



प्रकाश बियाणी

कमलेश माहेश्वरी

प्रभात प्रकाशन

प्रकाशक **प्रभात प्रकाशन प्रा. लि.**
4/19 आसफ अली रोड,
नई दिल्ली-110002

संस्करण 2025
मूल्य पाँच सौ रुपए
मुद्रक सीता फाईन आर्ट, प्रा॰ लि॰, दिल्ली

**THE BOSS**
by Prakash Biyani & Kamlesh Maheshwari ₹ 500.00
Published by Prabhat Prakashan Pvt. Ltd., 4/19 Asaf Ali Road, New Delhi-2
e-mail: prabhatbooks@gmail.com ISBN 978-93-5048-306-0

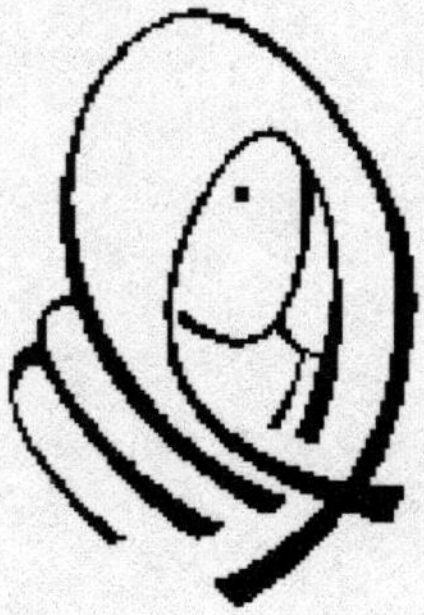

माँ को

प्रकाश बियाणी
सुनीता बियाणी

# यह पुस्तक क्यों?

शिक्षा प्राप्त करने व धन कमाने के सबको अवसर नहीं मिले तो मानव संपदा (जनसंख्या) कैसी समस्या बन जाती है, इसकी मिसाल है हमारा देश।

ध्यान दें कि दो सौ वर्ष तक हम अंग्रेजों के गुलाम रहे, जो हमारे देश में व्यापारी बनकर आए थे। देश तब करीब 600 रियासतों में बँटा हुआ था। केंद्र में कमजोर मुगल सल्तनत को देखकर अंग्रेजों ने बहुत जल्दी समझ लिया कि यहाँ की मानव संपदा को गुलाम बनाकर प्राकृतिक संपदा पर आसानी से कब्जा किया जा सकता है। अंग्रेजों ने भारत में कैसे सत्ता कायम की और दो सौ वर्षों तक हमारा कैसे व कितना शोषण किया, इस पर इतिहासकारों ने खूब लिखा है, पर उनके न दिखने वाले हथकंडों (Hidden Agenda) पर चर्चा कम हुई है। इनमें से प्रमुख है निरक्षर, निरीह, नादान व नासमझ भारतीयों के मन-मानस में यह बात बिठाना कि तुम तो सेवक बनने के लिए जनमे हो। तुम लोगों में धन कमाने की समझ है ही नहीं। कितने शातिर थे अंग्रेज। नमक हलाल व वफादार बने रहने की नैतिक सीख देकर, हमारे देश की प्राकृतिक संपदा उन्होंने हमसे ही समुद्री जहाजों पर लदवाकर अपने देश भिजवाई और अकूत धन-संपदा कमाई।

और फिर, सन् 1947 में देश आजाद हुआ, पर विडंबना यह है कि आजाद भारत की सरकार ने भी 50 साल तक हमें धनोपार्जन करने से रोका। आजादी के बाद हमने स्वप्न सँजोया था कि आजाद भारत ऐसा स्वावलंबी राष्ट्र होगा, जहाँ हर एक को रोटी, कपड़ा और मकान ही नहीं, शिक्षा, सफाई व स्वास्थ्य उपलब्ध होगा। पर ऐसा नहीं हुआ। देश के आर्थिक विकास के लिए आजाद भारत की सरकार ने 'रशियन मॉडल' अपनाया। सरकार ने आर्थिक विकास की जवाबदेही सरकारी क्षेत्र की इकाइयों को सौंप

दी। उन्हें सारे संसाधन और संरक्षण उपलब्ध करवाए, पर किसी से भी प्रतिस्पर्धा न होने से वे राजनेताओं और अफसरशाही के लिए 'सोने की खान' व श्रमिकों के लिए 'सैरगाह' बन गई। इनमें कर्मचारियों/श्रमिकों की संख्या बढ़ती गई, पर उत्पादन लगातार घटता गया। उद्यमियों ने 'माइंड सेट' बना लिया कि देश केआर्थिक विकास में उनकी कोई भूमिका नहीं है। परिणाम···देश को न तो समाजवादी अर्थव्यवस्था के और न ही मुक्त मार्केट प्रणाली के लाभ मिले। भारत एक गैर प्रतिस्पर्धी 'आईलैंड' बनकर रह गया। देश की सारी वाणिज्यिक गतिविधियाँ एक निर्धारित चक्रव्यूह (सर्किल) में सिमटकर रह गईं। अंग्रेजों ने हमें समझाया था कि धन कमाना हमारे बूते की बात नहीं है तो प्रतिबंधित अर्थव्यवस्था ने हमें सिखाया—'धनोपार्जन सामाजिक अपराध है।' आजादी के बाद पचास साल तक ऐसे गैर प्रतिस्पर्धी औद्योगिक माहौल व अराजक मार्केट में उपभोक्ताओं का खूब शोषण हुआ।

विडंबना यह है कि जनाक्रोश से बचने के लिए दोषी लोगों ने वाणिज्यिक समुदाय खासकर उद्योगपतियों पर दोषारोपण किया। उन्हें मुनाफाखोर, कर-चोर व समाज शोषक बनाकर पेश किया। देश में एक कृत्रिम माहौल बना—'धन कमाना बुराई है।' सोची-समझी साजिश के साथ इस सोच को जनसाधारण के मन-मानस में बिठाया गया। याद करें 70 के दशक की वे हिंदी फिल्में जिनमें गरीबी को ग्लैमराइज्ड किया जाता था और मिल मालिकों को गरीबों का दुश्मन बताया जाता था। और याद करें स्कूली पाठ्यक्रम के निबंध—'सादा जीवन जिएँ, कम कमाएँ, कम खाएँ, मोटा पहनें, पैदल चलें।'

ये बातें केवल किताबी आदर्श, अपवाद या विवशता हो सकती हैं। हर साधारण गृहस्थ की तो सबसे पहली व सबसे बड़ी चाह होती है—'संपूर्ण परिवार को आर्थिक सुरक्षा व संपन्नता।' इन सबसे बड़ी त्रासदी यह है कि 'धन कमाना बुराई है' वाले सोच ने भारतीय समाज की उद्यमशीलता को ऐसा हतोत्साहित किया कि हमने मान लिया कि लक्ष्मी व सरस्वती सगी बहनें हैं, पर उनमें ऐसा वैर है कि वे साथ नहीं रह सकतीं।

मित्रो, सोचें कि दीवाली पर माँ लक्ष्मी के स्वागत में हम घर सजाते-सँवारते हैं। माँ लक्ष्मी से आह्वान करते हैं कि वे पधारें, पर उनसे नफरत करते हैं जो धनी हैं। हम भूल गए हैं कि जो समाज धनोपार्जन करने वालों को कोसता है। वह दरिद्री में जीता है। यही हुआ।

सन् 1991 में देश का विदेशी मुद्रा रिजर्व घटकर 1.1 बिलियन डॉलर रह गया। देश दिवालिया होने की कगार पर पहुँच गया तो भारत सरकार ने कड़े कदम उठाते हुए आर्थिक क्रियाकलापों पर से प्रतिबंध हटाना शुरू किए। इसके साथ जनमानस का 'माइंड सेट' बदला। लाइसेंस व परमिट प्रणाली शिथिल होने के साथ प्रतिस्पर्धा की जो तीखी व तीव्र आँधी आई, वह सबसे पहले हमारे इस सोच को समेट ले गई कि धन कमाना बुराई

है। महान् अर्थशास्त्री चाणक्य के बिजनेस मंत्र 'अर्थ करिचये विद्या' (यानी Create wealth from knowledge बुद्धि से धनोपार्जन करो…) को हमने 2300 साल बाद फिर अपनाया। उद्योग स्थापना व संचालन के लिए आसानी से पूँजी उपलब्ध होने एवं 'लाइसेंस' नहीं, बल्कि नए 'बिजनेस आइडिया' उद्योग की स्थापना व सफलता की बुनियाद बन गए तो उद्यमियों ने पूरे जोश के साथ मैदान सँभाला और सारी दुनिया कहने लगी कि 'सावधान! सोया टाइगर (भारत) जाग गया है।'

कई लोगों को यह कथन बड़बोलापन लगेगा पर यह अतिशयोक्ति नहीं है। अपने आसपास उन मध्यमवर्गीय परिवारों को देखें, जिन्होंने पचास साल अभावों में काटे थे, वे आज अच्छी जिंदगी जी रहे हैं। कभी पूरे परिवार के लिए वे एक स्कूटर का स्वप्न देखते थे, आज घर के हर वयस्क सदस्य का अपना वाहन है। अब कोई के.एल. सहगल का गीत—'एक बँगला बने न्यारा' नहीं गुनगुनाता, क्योंकि हर पात्र व्यक्ति को गृह-निर्माण ऋण आसानी से उपलब्ध है। देश में आज कुशल-अकुशल श्रमिकों की कमी नहीं है तो उनका आत्मविश्वास भी इतना गगनचुंबी हो गया है कि वे जीवनपर्यंत सुरक्षा देनेवाली सरकारी नौकरी नहीं करना चाहते। 'ज्वॉइन टुडे-लीव टुमारो' के सूत्र पर चलते हुए आज की युवा पीढ़ी के लिए नौकरी बदलना बड़ी संभावना की खोज बन गया है, जो चारों तरफ प्रचुर मात्रा में फैली हुई है।

देश में आज बेरोजगारी नहीं है, बेरोजगार हैं। इसी तरह जिनके पास बिजनेस का कोई नया आइडिया है, उन्हें सीड कैपिटल मुहैया करवाने वाले वेंचर कैपिटलिस्ट मौजूद हैं। परिणाम…निर्धन वे हैं जो 'इजी मनी' चाहते हैं। उन्हें समझना चाहिए कि अमीरी मानवाधिकार है, पर इसे कोई किसी को तश्तरी में भेंट नहीं करता।

संक्षेप में कहें तो 'चलता है' वाले सोच से हम भारतीय मुक्त होने लगे हैं। 'हम भी कर सकते हैं' यह कहना और करना हम सीख गए हैं। परिणाम…अब आर्थिक समृद्धि यानी धनोपार्जन के लिए न तो चाहिए भारी पूँजी, न ही चाहिए भारी भरकम डिग्री। बस चाहिए एक नया आइडिया और उसे ग्राहकों तक पहुँचाने का साहस, सूझबूझ, संकल्प और धैर्य। अपने आसपास नजर दौड़ाइए। आप पाएँगे कि ऐसे कई उद्यमी हैं, जो पिछले 10-15 वर्षों में बिलेनियर बने हैं।

बिना भारी पूँजी या बिना भारी-भरकम डिग्री के देश में जनमे या प्रतिदिन जन्म ले रहे नवोदित कुबेरों की यह बहुत लंबी सूची है। उनमें से कुछ की झलक आप देखें और उनमें से अपने लिए रोल मॉडल खोजें—यह ही इस पुस्तक का मकसद है। हमें विश्वास है कि इस पुस्तक को पढ़ने के बाद आप भी कहेंगे—मैं नौकर नहीं, मालिक बनूँगा… द बॉस…!

अंत में यह दोहराना प्रासंगिक होगा कि फ्री-लांस लेखक की हैसियत से हमारे देश

में मध्यमवर्गीय जीवनयापन भी तब ही संभव है, जब शुभेच्छु मित्र-परिजनों का संबल मिले। मेरे ऐसे ही शुभेच्छु शख्स हैं—सुधीर अग्रवाल (डीबी कॉर्प), अशोक पाटनी (आर.के. मार्बल), प्रमोद फरक्या (विजिलेंस पब्लिसिटी), सुभाष व राजू गुप्ता (सिद्धार्थ ट्यूब्स), निशिथ शरण (यूथोपिया कंसल्टेंसी), श्रवण गर्ग (नई दुनिया), विकास मिश्र (लोकमत समाचार), अशोक गुप्ता (नेशनल इंडस्ट्रीज), पं. विजयशंकर मेहता (जीवन प्रबंधन समूह), रामप्रकाश शर्मा प्रभु (ग्राम संस्कृति), गुरवीरसिंह चावला ( कॉरपोरेट छत्तीसगढ़)। अपनी पुत्रियों अंशु व अंचल से मुझे दो दामाद पुत्र—मनीष भाटी व कमलेश माहेश्वरी की सौगात मिली है, जो मुझे चिंतामुक्त लेखन का सुअवसर प्रदान करते हैं। इस पुस्तक की प्रसव पीड़ा में मेरी पत्नी सुनीता बियाणी के साथ भागीदार बने हैं, मेरे सहयोगी मित्र नरेंद्र मौर्य।

माँ सरस्वती के चरण कमलों में सादर नमन के साथ···

**—प्रकाश बियाणी**

'सुरभि' 34, रविनगर (श्रीनगर एक्सटेंशन),
इंदौर (म.प्र.)

मो. : 09303223928 / 9893023928 / 0731-2560777
e-mail : prakashbiyani@yahoo.co.in

# मालिक बनने की अग्रिम शुभकामना के साथ...

जब दुनिया कहती है—'हार मान लो' तो अमीर बनने की उम्मीद धीरे से कान में कहती है—'एक बार फिर प्रयास करो।'

जब भी कुछ नया उद्यम करने के बात आती है तो हमारा तन और मन पुराने से चिपका रहता है। हम सोचते तो बहुत कुछ हैं कि ऐसा करें तो वैसा हो जाएगा, इतना मुनाफा हो जाएगा। दिन-रात अपने दिमाग में दर्जनों योजनाएँ बनाते हैं, लेकिन जानी-अनजानी वजह से उन्हें मूर्त रूप देने का सही समय खो देते हैं। रोजमर्रा के कामों से जुड़ी छोटी-छोटी आदतों से लेकर भविष्य निर्माण के बड़े उद्यमों तक लगभग ऐसा ही होता है। कभी हम फैसलों पर भारी पड़ते हैं तो कभी फैसले हम पर। कुछ के पास नए आइडियाज की तंगी होती है तो कुछ पूँजी, समय और संसाधनों का रोना रोकर इतिश्री कर लेते हैं। यह सच है कि लीक से हटकर कुछ नया करने वालों की राहों में अनेक दोराहें आती हैं, जो फुसलाते हैं कि जहाँ हो, वहीं बने रहो, बेकार ही जोखिम उठाकर क्यों अपने आराम (कंफर्ट जोन) को गँवाते हो? लेकिन, असली परीक्षा इसी दोराहे पर सही राह पकड़ने की है। ऐसी राह जो कुछ नया करने के साथ नौकर नहीं मालिक बनने की ओर ले जाए।

नवोन्मेष, नवाचार या इनोवेशन को सफलता में बदलने से जुड़े अध्ययन के अनुसार अमूमन 60 फीसदी लोग कमजोरी दिखाकर पैर पीछे खींच लेते हैं, 20 से 30 फीसदी कुछ नया करने का फैसला कल पर टाल देते हैं, लेकिन मात्र 5 से 10 फीसदी ऐसे ही हिम्मती होते हैं, जो नई राहें बना पाते हैं। कुल मिलाकर कहें तो एक नया आइडिया सोचने वाले 90 फीसदी लोग उसकी हत्या के गुनाहगार भी होते हैं और मात्र 10

फीसदी ही उस बीज (आइडिया) को अपनी मेहनत व लगन से सींचकर छायादार पेड़ का संरक्षण जुटा पाते हैं।

एक उदाहरण के तौर पर देश की मशहूर बायोकॉन कंपनी की प्रमुख किरण मजूमदार शॉ को देखिए, जिन्होंने सन् 1978 में किराए के घर के अपने गैराज से कारोबार शुरू किया था। उस वक्त बायो तकनीक का ऐसा एकदम नया विचार था, जिसे कारोबार में बदलने के लिए पूँजी की कमी, कम उम्र और नया क्षेत्र जैसी तमाम मुश्किलें उनके सामने थीं। उन्होंने हार नहीं मानी। आज किरण और बायोकॉन शिखर की ऊँचाइयों पर है। एक प्रेरक भाषण में किरण दोहराती हैं—''हमारे देश में नए विचारों की कमी नहीं है। चारों तरफ बेहतरीन आइडियाज बिखरे पड़े हैं। हम उनकी कीमत नहीं समझ पाते हैं। सच तो यह है कि हमारे यहाँ लोग अपने आइडिया बताने और साझा करने में हिचकते हैं। वे डरते हैं कि कहीं लोग मजाक उड़ाएँगे, उन पर हँसेंगे या फिर उनके आइडिया को गंभीरता से नहीं लेंगे। मैं मानती हूँ कि हर नया आइडिया बेहद मूल्यवान होता है। एक नया विचार किसी भी क्षेत्र में क्रांति ला सकता है। हम लंबे समय तक घिसी-पिटी राह पर नहीं चल सकते। हमें कुछ नया करना होगा। कुछ ऐसा, जो देश और समाज के हालात को बदले और उन्नति के नए रास्ते खोले।'' कमोबेश, भारत या दुनिया के सफल इनोवेटिव उद्यमियों की यही कहानी है कि उन्होंने नए विचार की हत्या नहीं की। उसे पाला-पोसा और हर दिन नई चुनौतियों से जूझते हुए एक अंजाम तक पहुँचाया।

हम लेखकद्वय ने भी आप पाठकों के अच्छे प्रतिसाद के भरोसे इसी तरह के नवोन्मेष को आगे लाने और उसे बहुसंख्य पाठकों तक पहुँचाने की कोशिश की है। हमारी चाह है कि इस पुस्तक में से इनोवेटिव बिजनेस आइडियाज खोजें और आप अपनी नई राह बनाएँ। अंत में एक बोध कथा के साथ कुछ नया शुरू करने की शुभकामनाएँ स्वीकार करें।

एक राजा के मन में एक दिन अपना देश घूमने का विचार आया और वह निकल पड़ा। जब वह यात्रा से लौटा तो उसने पैरों में चुभन और दर्द होने की शिकायत की। राजा ने अपने मंत्रियों से कहा—ऐसा न हो इसके लिए हमें कुछ पक्का इंतजाम करना चाहिए। इसके बाद उसने अपने सैनिकों व मंत्रियों को आदेश दिया कि देश की संपूर्ण सड़कें चमड़े से ढक दी जाएँ। राजा का यह आदेश सुनकर वहाँ मौजूद सब लोग सकते में आ गए, लेकिन किसी ने भी इसे अव्यावहारिक कहने की हिम्मत नहीं दिखाई। एक बुद्धिमान मंत्री ने साहस जुटाया और कहा—मेरे पास एक तरकीब है, जिससे आपका काम भी हो जाएगा और रुपए की बरबादी भी बच जाएगी। राजा ने हैरत के साथ पूछा—बताओ क्या सुझाव है?

मंत्री ने कहा कि पूरे देश की सड़कों को चमड़े से ढकने के बजाय आप चमड़े के

एक टुकड़े का उपयोग कर अपने पैरों को ही क्यों नहीं ढक लेते! राजा ने अचरज के साथ मंत्री को देखा और चुप हो गया। वह समझ गया था कि सही विकल्प क्या है। राजा ने अपने लिए एक जोड़ी जूते बनवाने का आदेश दे दिया।

यह बोधकथा हमें सिखाती है कि हमेशा ऐसे समाधान के बारे में सोचना चाहिए, जो मौजूदा विकल्पों में सबसे ज्यादा उपयोगी हो। जल्दबाजी में नया करने की जिद्द में अप्रायोगिक हल सोचना समझदारी नहीं है। आप इसे ही बिजनेस मंत्र बनाकर नए सोच के साथ नई शुरुआत करें और मालिक बनें, नौकर नहीं...इस कामना के साथ पढ़े यह पुस्तक—द बॉस ।

**कमलेश माहेश्वरी**

संपर्क—09320390340

e-mail : maheshwari.kamlesh@gmail.com

# अनुक्रम

**इन्हें भी जानें**

# द बॉस

# द बॉस

शीतल मैन्यूफैक्चरिंग

# गोविंदभाई काकड़िया

## दूसरों के लिए जीएँ

भारतीय डायमंड उद्योग में एक ऐसा उद्यमी, जिसने अपनी सुर्खी व शुद्धता खुद निखारी और अपना वजन इतना बढ़ा लिया कि वह भारतीय डायमंड उद्योग का ध्वजावाहक बन गया है। अत्यंत निर्धन परिवार में जनमे अशिक्षित गोविंदभाई काकड़िया की कारोबारी यात्रा किसी फिल्मी कहानी से भी ज्यादा रोमांचक है। डायमंड किंग गोविंदभाई की इस यशोगाथा का सार है–'डायमंड की पहचान–Colour (रंग/सुर्खी), Clearity (शुद्धता/स्वच्छता), Cut (तराशना/निखार), Carat (तौल/वजन)' की तरह व्यक्ति समाज व परिवार में जिन फोर सी से पहचाना जाता है, वे हैं 'सी'–Courage (साहस), Creditability (विश्वसनीयता), Current (प्रवाह), Charity (उदारता)।

अध्याय 02

इंटरग्लोब इंटरप्राइजेज

# राहुल भाटिया

## नीले आसमाँ का तेज रफ्तार परिंदा

राहुल भाटिया व राकेश गंगवाल ने प्रतिकूल परिस्थितियों में इंडिगो की स्थापना व संचालन करके भारतीय उद्योग के धुरंधरों को आगाह कर दिया है कि कैसे होंगे नई पीढ़ी के भारतीय उद्यमी। देश की दिग्गज हवाई सेवा कंपनियाँ जब लहूलुहान होकर कराह रही हैं, तब इंडिगो मुनाफा अर्जन कर रही है। इंडिगो के 57 एयरक्राफ्ट्स प्रतिदिन उड़ान भरते हैं। प्रतिदिन औसतन 50000 यात्रियों के साथ इंडिगो का मार्केट शेयर 26 फीसदी हो गया है। राहुल भाटिया की मानें तो इसका कारण है–"उन भूलों से बचना, जो दूसरों ने कीं और कम-से-कम खर्च व ब्याज भार के साथ लो-कॉस्ट पर वर्ल्ड क्लास हवाई यात्रा सेवा प्रदान करना।"

मेकमॉयट्रिप इंडिया प्रा.लि.

# दीप कालरा

## माउस क्लिक से मंजिलों तक

अपनी टीम ऐसी बनाओ, जो आप से ज्यादा बुद्धिमान हो। अपने उद्यम में निवेश उनसे लो, जो साहूकार नहीं भागीदार बनें। केवल ग्राहक ही नहीं, भागीदार, निवेशक, सहयोगियों के साथ व्यावहारिक स्तर पर विनम्र रिश्ते बनाओ। ये वे बिजनेस मंत्र हैं, जिनका अनुसरण करके अन्य युवाओं के रोल मॉडल बने हैं भारत में ऑनलाइन ट्रैवल मेकमॉयट्रिप डॉटकॉम के संस्थापक दीप कालरा। देश की सबसे बड़ी ऑनलाइन ट्रैवल बुकिंग कंपनी मेकमॉयट्रिप डॉटकॉम आज हर रोज औसतन 2500 रेल टिकट बेचती है। घरेलू हवाई उद्योग के हर 12 में से एक यात्रा का एयरटिकट बुक कर रही है।

यूएफओ मूवीज

# संजय गायकवाड़

## डिजिटल मनोरंजन के महारथी

मनोरंजन उद्योग का सबसे कमाऊ सेगमेंट है—फिल्म वितरण। 'ब्लाइंड गेम' होने से इस व्यवसाय को जुआ भी कह सकते हैं। फिल्म वितरक फिल्म के वितरण अधिकार खरीदते हैं। थिएटर मालिकों को फिल्म के प्रदर्शन के लिए तैयार करते हैं, पर पहले शो के बाद ही उन्हें पता चलता है कि पूँजी डूब गई या छप्पर फट गया। डिजिटल तकनीक से फिल्म प्रदर्शन ने इस जोखिम को घटाकर फिल्म उद्योग को बचा लिया है। बॉलीवुड को दुर्दिनों से उबारने वाले शख्स संजय गायकवाड़ की कंपनी यूएफओ ने देश के 3000 से अधिक सिनेमाघरों को डिजीटाइस कर दिया है, यानी एक साथ एक ही समय में एक फिल्म वे 3000 स्क्रींस पर रिलीज कर सकते हैं।

एसआरएस ग्रुप

# डॉ. अनिल जिंदल

## निशाने पर सटीक निगाहें

एसआरएस ग्रुप (सब रहो साथ समूह) के संस्थापक चेयरमैन डॉ. अनिल जिंदल ने स्कूल शिक्षा के दौरान घर-घर दूध डिलीवर करते हुए बड़े स्वप्न देखे। डॉ. अनिल ने इस सोच के साथ निशाने से निगाहें नहीं हटाईं कि कोई काम छोटा या बुरा नहीं होता। काम करने का तरीका उसे छोटा या बुरा बनाता है और स्वप्न उनके साकार होते हैं, जो धैर्य के साथ मेहनत करते हैं। अगस्त, 2011 में शेयर मार्केट में सूचीबद्ध हुआ एसआरएस ग्रुप आज रियल एस्टेट, फिल्म प्रदर्शन, फूड्स व बेवरेजेस, ज्वेलरी, मैन्यूफैक्चरिंग व रिटेलिंग, आतिथ्य सत्कार, हेल्थ केयर व फाइनेंस सेक्टर में सक्रिय है तथा 3500 करोड़ रुपए का सालाना व्यापार कर रहा है।

टीम राजीव

# राजीव वास्तुपाल

## हार में जीत की खोज

क्रिकेट की तरह जिंदगी में भी दो पारी होती हैं। पहली पारी की पराजय से हताश होने के बजाय सबक सीखकर जो नए जोश व होश के साथ दूसरी पारी शुरू करते हैं, वे ही विजयश्री प्राप्त करते हैं। खेल-जगत् की इस सच्चाई को कारोबारी जगत् में चरितार्थ करने वाले शख्स हैं राजीव वास्तुपाल। कई उद्योग क्षेत्रों में सक्रिय राजीव ग्रुप, जिसे राजीव वास्तुपाल 'टीम राजीव' कहते हैं–सालाना 550 करोड़ रुपए का कारोबार कर रही है। 35 हजार रुपए की पूँजी से अपना कारोबारी कॅरियर शुरू करने वाले राजीव वास्तुपाल राजीव ग्रुप की शत प्रतिशत इक्विटी के मालिक हैं, पर कई कंपनियों के नियंत्रक मंडल में नहीं हैं।

परांग मिल्क फूड्स

# देवेंद्र शाह

## मनमौजी गायों का हाईटेक ग्वाला

महाराष्ट्र के देवेंद्र शाह ने दूसरी श्वेत क्रांति का शंखनाद किया है। उनके द्वारा स्थापित पराग मिल्क फूड्स के 35 एकड़ भूखंड पर फैले काउ फॉर्म की 3000 गायों को खूँटों से नहीं बाँधा जाता। हर गाय के गले में लगी डिजिटल चिप उसके स्वास्थ्य की निगरानी करती है। अनुशासित फौजी की तरह दिन में तीन बार गायें खुद रोटरी पार्लर (दूध दुहने का ऑटो संयंत्र) पर पहुँचती हैं। पराग मिल्क फूड्स के गोवर्धन ब्रांड डेयरी उत्पाद विदेशों में भी लोकप्रिय हैं। प्रतिदिन दो लाख लीटर दूध से 20 मीट्रिक टन मक्खन, 50 मीट्रिक टन घी, 30 मीट्रिक टन दही व 105 मीट्रिक टन मिल्क पावडर बनाने वाली कंपनी का टर्नओवर 1000 करोड़ हो गया है।

शक्ति पंप्स (इंडिया) लिमिटेड

# दिनेश पाटीदार

## पानी को देते ताकत 'शक्ति' के पंप

अकसर चुनौतियाँ हमें हताश व निराश कर देती हैं और हम मैदान छोड़ जाते हैं। उद्यमी उन्हीं चुनौतियों को अवसर में बदल देते हैं। ऐसे ही दूरदर्शी व साहसी उद्यमी हैं दिनेश पाटीदार। वे कहते हैं–''पंप का काम है जहाँ जरूरत हो, जब जरूरत हो और जितनी जरूरत हो, उतना पानी पहुँचाना। पानी व बिजली दोनों की कमी ने पंप उद्योग के सामने नई-नई चुनौतियाँ खड़ी की हैं।'' शक्ति पंप ने ऐसे पंप बनाए हैं, जो कम-से-कम बिजली खपत व समय में पाताल जैसी गहराई से ज्यादा-से-ज्यादा पानी खनन करते हैं। शक्ति पंपस् को कई अवॉर्ड देकर सम्मानित किया गया है, जैसे हाल ही में एसईजेड निर्यातक और बेस्ट मैन्यूफैक्चरर एक्सपोर्ट अवॉर्ड।

इन्फो एज (इंडिया) लि.

# संजीव बीकचंदानी

## नौकरी को दिखाई नेट की राह

नौकरी पाने के लिए कभी रोजगार कार्यालय में पंजीकरण के बाद लंबी प्रतीक्षा करना पड़ती थी। अब इसका सबसे आसान, सबसे त्वरित व सबसे कारगर जरिया बन चुकी वेबसाइट नौकरी डॉट कॉम के संस्थापक संजीव बीकचंदानी इस बात की मिसाल हैं कि ग्लोबल इकोनॉमी का हिस्सा बन जाने के बाद हमारे देश में भी नए उद्योग-व्यापार की स्थापना के लिए न तो चाहिए भारी पूँजी और न ही चाहिए भारी-भरकम डिग्री। चाहिए एक नई सोच और उसे लोगों तक पहुँचाने का धैर्य। इस धैर्य का ही सुफल है कि इंटरनेट एंड मोबाइल एसोसिएशन ऑफ इंडिया ने नौकरी डॉटकॉम को बेस्ट क्लासिफाइड वेबसाइट अवॉर्ड से सम्मानित किया है।

सिंफनी लिमिटेड

# अचल बकेरी

## ठंडी हवा का सुरीला कारोबारी

सामान्यतः हम जोखिम उठानेवाले शख्स को उद्यमी मान लेते हैं। उद्यमी तो वह है, जो लीक से हटकर सोचे और अपनी सोच को साकार करे। अहमदाबाद की सिंफनी लिमिटेड के सीएमडी अचल बकेरी ऐसे ही उद्यमी हैं। उन्होंने वर्षों पुराने, बदसूरत, भारी-भरकम और शोर मचाने वाले एयरकूलर्स को इस तरह डिजाइन किया कि वे एयर कंडीशनर्स का मुकाबला कर सकें। फिर जोश में होश खोया और घाटे की घाटी में फँस गए, पर पलायन नहीं किया। एक बार फिर कमर कसी और सिंफनी को बना दिया दुनिया की सबसे बड़ी एयरकूलर कंपनी। आज दुनिया के 60 देशों में सिंफनी एयरकूलर लोकप्रिय है। अचल बकेरी को विश्वास है कि जून, 2014 में सिंफनी का टर्नओवर 500 करोड़ रुपए हो जाएगा।

रामकी समूह

# अयोध्या रामी रेड्डी

## कचरे से लिखी कामयाबी की कहानी

दो दशक की शानदार नौकरी छोड़कर समाजोन्मुखी उद्योग स्थापित करने वाले न्यू जेनरेशन उद्यमी अयोध्या रामी रेड्डी ने सूरत के प्लेग प्रकोप में अपने लिए कारोबारी संभावना खोजी। अयोध्या रामी रेड्डी ने शहरी वेस्ट के मैनेजमेंट के लिए सन् 1994 में स्थापित की रामकी इन्विरो इंजीनियर्स लि., जिसकी देखादेखी आज कई कंपनियां शहरी सॉलिड वेस्ट से बिजली जैसे कई बाय-प्रोडक्ट्स बना रही हैं। शहरी वेस्ट के अलावा दवा व रसायन उद्योगों के घातक वेस्ट मैनेजमेंट के अलावा रामकी समूह रियल एस्टेट, फार्मा उद्योग व फाइनेंस मार्केट में सक्रिय है और सालाना 5500 करोड़ रुपए का कारोबार कर रहा है।

अध्याय 12

एंबी पॉलियांर्स लिमिटेड

# मकरंद व रिंकू अप्पलवार

## आठवाँ फेरा कुछ कर दिखाने का

जीवनसाथी की यदि कारोबार में भी सक्रिय भागीदार हो जाए तो जन्म लेती है ऐसी कंपनी, जो अपने व्यापार क्षेत्र के लोकल से ग्लोबल प्रतिस्पर्धियों को भी थका दे। यह दंपति है—मकरंद अप्पलवार व उनकी एमबीए शिक्षा प्राप्त धर्मपत्नी रिंकू। एंबी पॉलियांर्स लिमिटेड के संस्थापक इंजीनियरिंग शिक्षा प्राप्त मकरंद अपने उद्योग के मैन्यूफैक्चरिंग और मार्केटिंग पोर्टफोलियो के लिए जिम्मेदार हैं तो रिंकू परचेज व फाइनेंस की देखरेख करती हैं। एंबी पॉलियांर्स के उत्पाद फ्लैग्जिबल इंटरमीडिएट बल्क कंटेनर्स, जंबो बैग्स, बुने हुए बोरे, कंटेनर, फ्लैक्सी वॉटर टैंक्स आदि देश के 12 राज्यों के साथ दुनिया के 14 देशों में पहुँच रहे हैं।

सिद्धि विनायक लॉजिस्टिक्स

# आर.सी. बेद

## सड़क के साहसी, रफ्तार है कारोबार

ट्रकों के पहिये थमते हैं तो केवल ट्रैफिक जाम नहीं होता, उद्योग-धंधों के पहिये भी थम जाते हैं। कच्चा माल कल-कारखानों तक नहीं पहुँचता। लोग जरूरी सामान के लिए तरस जाते हैं, पर हम यह भूल जाते हैं कि देश की अर्थव्यवस्था में रक्त संचार करनेवाला ट्रांसपोर्ट व्यापार कितना जोखिम भरा है। असाधारण साहस के धनी लोग ही यह कारोबार करने का जोखिम उठाते हैं। वे जिनके पास अपनी लाखों की संपदा दूर सड़कों पर खुली छोड़ने का हौसला हो, या वे जो एक ट्रस्टी की तरह पराया माल सही-सलामत गंतव्य स्थान पर पहुँचाने का माद्दा रखते हों। ऐसे ही उद्यमी हैं आर.सी. बेद।

अध्याय 14

बागड़ीज इंडिया

# श्याम बागड़ी

## अच्छा खाओ, पौष्टिक खिलाओ

पश्चिम और पूरब के खानपान में जमीन-आसमान का फर्क है। वहाँ ब्रेकफास्ट को भी दैनंदिन डाइट का महत्त्वपूर्ण हिस्सा मानते हैं, जबकि हम दिन के इस पहले फूड को लेकर ज्यादा गंभीर नहीं हैं। मेडिको साइंस के अनुसार ब्रेक फास्ट में फायबर युक्त हेल्दी फूड्स का सेवन करें तो कब्ज, एसिडिटी, ब्लड प्रेशर, मधुमेह व हृदयरोग जैसे कई लाइफ स्टाइल रोगों से बच सकते हैं। भारतीय ब्रेक फास्ट को हेल्दी फूड्स बनाने वाले पहले भारतीय उद्यमी हैं श्याम बागड़ी। पुत्री दिव्या व पुत्र आदित्य के साथ श्याम बागड़ी ने बागड़ीज इंडिया के उत्पाद नेपाल, भूटान, अंडमान व निकोबार तक पहुँचा दिए हैं।

जिप डायल मोबाइल साल्यूशंस प्रा.लि.

# वेलेरी रोजिकी वागोनेर

## मिस्ड कॉल से मुनाफे की बेल

मिस्ड कॉल मॉस मोबाइल मार्केटिंग का जरिया बन सकता है—तीन मित्रों की इस गपशप से जन्मी है जिप डायल । हम जब किसी उत्पाद या सेवा का प्रमोशन अभियान देखते हैं और वहाँ दिया गया जिप डायल का नंबर लगाते हैं, तो फोन तत्काल डिस्कनेक्ट हो जाता है, पर कॉलर का नंबर जिप डायल के प्लेटफार्म पर दर्ज हो जाता है। बस यहीं से होती है मॉस मोबाइल मार्केटिंग। यूएस की एक युवती वेलेरी रोजिकी वागोनेर (**Valerie Rozycki Wagoner; www.zipdial.com**) और दो भारतीय टेक्नोक्रेट इस तकनीक से जहाँ अच्छी कमाई कर रहे हैं, वहीं वे टेक्नोलॉजी अवॉर्ड से भी सम्मानित किए गए हैं।

अध्याय 16

रिवर्स लॉजिस्टिक्स कंपनी प्रा.लि.

# हितेंद्र चतुर्वेदी

## उल्टी धारा के सफल तैराक

आपकी नई कारोबारी पहल शुरुआत में दूसरों को चौंकाएगी। आपको शेखचिल्ली के खिताब से भी नवाजा जाएगा, पर सोच को साकार करने का साहस हो तो पैसा कमाएँगे और पॉयोनियर भी कहलाएँगे। ऐसे ही करिश्माई टेक्नोप्रिनर हैं हितेंद्र चतुर्वेदी। देश के लिए अनजान एक नए कारोबार रिवर्स सप्लाय की शुरुआत करके मात्र तीन साल में 100 करोड़ रुपए टर्नओवर का उन्होंने रिकॉर्ड बनाया है। यह टर्नओवर तीन वर्षों में पाँच गुना हो जाएगा। हितेंद्र चतुर्वेदी ने सबके लिए 'विन-विन' हालात पैदा किए हैं। उत्पादकों व ग्राहकों का पैसा बच रहा है। पर्यावरण का भला हो रहा है और वे भी मुनाफा अर्जन कर रहे हैं तो कई को रोजगार मिला है।

एट्टेरो रीसायक्लिंग

# नितिन व रोहन गुप्ता

## ई-वेस्ट मैनेजमेंट के पॉयोनियर

हमारे देश में आज हर माह करोड़ों सेलफोन, कंप्यूटर, टी.वी. व डी.वी.डी. बिक रहे हैं और इसी अनुपात में ई-वेस्ट बढ़ रहा है। भारत सरकार ने भी माना है कि सन् 2005 में हमने 1.47 लाख मीट्रिक टन ई-वेस्ट पैदा किया था, यह सन् 2012 में 8 लाख मीट्रिक टन हो जाएगा। इस ई-वेस्ट का वैज्ञानिक डिस्पोजल न हुआ तो क्या होगा? सन् 2012 में हमारे यहाँ भी ई-वेस्ट डिस्पोजल कानून बन गया है, पर इस दिशा में जिन दो युवकों ने सन् 2009 में पहल कर दी थी, वे हैं–नितिन व रोहन गुप्ता। रुड़की में उनके द्वारा स्थापित 36000 टन सालाना ई-वेस्ट डिस्पोजल संयंत्र का पूर्व राष्ट्रपति डॉ. ए.पी.जे. अब्दुल कलाम ने शुभारंभ किया है।

अध्याय 18

इनमोबी

# नवीन तिवारी

## गूगल-एप्पल को भारत का जवाब

कॉलेज कैंपस में बिल गेट्स ने माइक्रोसॉफ्ट, स्टीव जॉब्स ने एप्पल कंप्यूटर्स, जुकरबर्ग ने फेसबुक, लैरी एलीसन ने ऑरकेल या डेनियल एक ने स्पोटीफॉय को जन्म दिया और कॉलेज को अलविदा कहकर वे वैश्विक कुबेर बन गए। इनका उदाहरण देते हुए अकसर लोग कहते हैं कि क्या कभी हमारे देश में भी ऐसे तकनीक आधारित उद्योग जन्म लेंगे, जो देश ही नहीं, दुनिया को बदल दें। इंफोसिस टेक्नोलॉजिस के संस्थापक एन.आर. नारायणमूर्ति को शिकायत है कि आईआईटीज अब पहले जैसे टेक्नोप्रिनर तैयार नहीं कर रहे हैं। ऐसे सारे सवालों का जवाब है इनमोबी।

मस्त कलंदर

# गौरव जैन और पल्लवी गुप्ता

## घर जैसे स्वाद के मस्त कलंदर

आईटी टेक्नोक्रेट्स शानदार नौकरी छोड़कर रेस्त्राँ खोले और उसका नामकरण करे 'मस्त कलंदर', तो लोग यही कहेंगे–शेखचिल्ली हैं, परंतु यही वह उद्यमशीलता है, जो विरले लोगों को मिलती है। गौरव जैन व पल्लवी गुप्ता की दक्षिण भारत में उत्तर भारतीय रेस्त्राँ शृंखला 'मस्त कलंदर' ने वहाँ कार्यरत बैचलर व वर्किंग कपल्स को घर से बाहर घर जैसा भोजन सर्व करके साबित किया है। सोची-समझी छोटी व अटपटी शुरुआत भी बना सकती है नौकर से मालिक। दो दर्जन से ज्यादा मस्त कलंदर आउटलेट्स आज करीब 20 करोड़ रुपए का सालाना टर्नओवर कर रहे हैं। गौरव व पल्लवी का लक्ष्य है–तीन साल में 100 आउटलेट्स।

अध्याय 20

एपी. मनी एंड संस वेज एंड फ्रूट प्रा.लि.

# नागेश व सुरेश नाडार

## सिम्पल को बनाते स्पेशल

गली-मोहल्ले के रिटेलर भारतीय मार्केट में वॉलमार्ट जैसे दिग्गज को थका सकते हैं, शर्त है–वे ग्राहकों के बदलते सोच के साथ खुद को बदलें। यह उत्पाद व सेवाओं के वैल्यू एडिशन का दौर है। मुंबई की ए.पी. मनी एंड संस फल व सब्जी की बिक्री में ऐसा करके सालाना 25 करोड़ रुपए की बिक्री कर रही है। इसके संस्थापक कभी गली-मोहल्ले में फल व सब्जी बेचते थे, आज वे पैक्ड सब्जी सुपर मार्केट्स, कैंटीनों, होटल्स, केटरर्स आदि को बेचते हैं तो रेडी-टू-कुक सब्जी की होम डिलीवरी भी करते हैं।

रिलाएबल रिकॉर्ड्स

# अमित डेविड विल्सन

## खास को सँभालते विश्वास से

संपन्न व विकसित देशों में ऐसी कई नई कंपनियाँ हैं, जो अपने क्लाइंट्स के दस्तावेज या सामान अपनी कस्टडी में सुरक्षित रखती हैं। हमारे देश में भी रिलाएबल रिकॉर्ड्स यह दिलचस्प सेवा प्रदान कर रही है। इसके संस्थापक अमित डेविड विल्सन कहते हैं कि चंडीगढ़, बेंगलुरु व मुंबई के लोग भी अब नोएडा (नई दिल्ली) की तरह इस दिलचस्प सेवा की माँग करने लगे हैं। अमित विल्सन कितना मुनाफा कमा रहे हैं, इससे ज्यादा महत्त्वपूर्ण यह है कि उन्होंने लीक से हटकर सोचा और अपनी सोच को मूर्त रूप दिया।

अध्याय 22

वीयू टेक्नोलॉजिस

# देविता सराफ

## बी इनोवेटिव व डू इनोवेटिव

इंटरनेट और सोशल मीडिया हर दिन हमारी सोच और हमारी जीवनशैली बदल रहा है। नए आइडियाज और इनोवेशन का बोलबाला है और बदलावों की गति तेज है। नए बिजनेस सेगमेंट बनाना समय की बड़ी जरूरत है और ऐसे में देश-दुनिया में नई लीडरशिप सामने आ रही है, जो युवाओं के लिए प्रेरणा और मार्गदर्शक बन सकती है। देश के युवा और इनोवेटिव बिजनेस लीडर्स की सूची में देविता सराफ एक तेजी से उभरती महिला उद्यमी हैं। अपनी इनोवेटिव सोच और आइडियाज के साथ देविता ने परिवार के कारोबार को सँभालने के साथ अपनी खुद की नई कंपनी व्यू (वीयू) टेक्नोलॉजिस बनाकर एक नए बाजार के दरवाजे खोले हैं।

टीम लीज

# मनीष सभरवाल

## हाथों को हुनर देने वाले मिशनरी

मैकेंजी के एक अध्ययन के अनुसार भारत की करीब 46 करोड़ आबादी की उम्र है 16 से 29 वर्ष। सन् 2022 में देश को 52 करोड़ कुशल कर्मचारियों की जरूरत होगी, जो तब ही संभव है, जब स्कूली शिक्षा वर्कप्लेस की जरूरत पूरी करे। आज तो हालात ये हैं कि कॉरपोरेट वर्ल्ड भारी वेतन देने को तैयार है, पर उन्हें योग्य कर्मचारी नहीं मिलते हैं। जो मिलते हैं, उनमें रोजगार पाने की पात्रता नहीं है। व्हार्टन से बिजनेस मैनेजमेंट की शिक्षा प्राप्त मनीष सभरवाल गुजरात में वोकेशनल ट्रेनिंग यूनिवर्सिटी टीम लीज स्थापित करके ऐसे युवा कर्मचारी तैयार कर रहे हैं, जो बिना ट्रेनिंग के पहले ही दिन अपेक्षित परिणाम दे सकें।

अध्याय 24

जेपी ग्रुप

# जयप्रकाश गौड़

## थिकर देन ब्लड रिलेशन

दो में से एक ओपनर सेटल हो जाए तो वन डाउन बैट्समैन के लिए तेज व लंबी पारी खेलना आसान हो जाता है। क्रिकेट के मैदान की यह स्ट्रेटेजी कॉरपोरेटेड वर्ल्ड में भी दोहराई जा सकती है, इसकी मिसाल है जेपी ग्रुप के ओपनर बैट्समैन जयप्रकाश गौड़ (फाउंडर चेयरमैन) और वन डाउन बैट्समैन (एक्जीक्यूटिव चेयरमैन) मनोज गौड़। सात प्रमोटरों की तीसरी पीढ़ी को एकजुट रखने वाले जयप्रकाश गौड़ का कॅरियर बी-स्कूल के छात्रों के लिए केस स्टडी है। जेपी ग्रुप ने हिमाचल प्रदेश के पहाड़ों में 48 कि.मी. टनेल वाला हाइड्रो पॉवर हाउस, गुजरात में सरदार सरोवर बाँध, उत्तराखंड में रॉक फील्ड, टिहरी बाँध, म.प्र. में इंदिरा सागर पॉवर हाउस को निर्धारित समय में निर्माण करने का कीर्तिमान बनाया है।

गगन लेदर हाउस

# मुकेश पाटीदार

## लेदर की लक्जरी पहचान

अमीर बनना जितना मुश्किल नहीं है, उससे ज्यादा मुश्किल है, यह सोचना-समझना कि हम अमीर कैसे बन सकते हैं। मुश्किलों के मुकाबले अपनी क्षमता को बुनियाद बनाकर सतत संघर्ष करने वाले जुझारू उद्यमी हैं गगन लेदर हाउस के मुकेश पाटीदार। कभी घर-घर दस्तक देकर एसिड-फिनाइल की बोतलें बेचने वाले मुकेश पाटीदार आज विदेशों में इंडिया मेड लेदर गुड्स बेच रहे हैं। अभी वहाँ के शोरूम अपने ब्रांड नेम से उनके उत्पाद बेचते हैं। अब मुकेश पाटीदार का लक्ष्य है–'अपने लेदर गुड्स की अपनी ब्रांडिंग'''अपनी पहचान।'

गांगजी प्रेमजी एंड कंपनी

# किरीट शाह व निशिता शाह

## नॉन स्टॉप शाह ऑफ बैंकाक

सिकंदर ने कच्छ को कछुआ कहा था। कछुआ जो जल हो या जमीन, हर विपरीत परिस्थिति में अपना अस्तित्व बचाए रखता है। कच्छ को कछुआ कहने के पीछे सिकंदर का आशय था–'प्रतिकूल गरमी-सर्दी, 4-5 साल में 4-5 इंच बरसात और भूकंपवाले क्षेत्र में अपना अस्तित्व बचाए रखने का हौसला।' इस हौसले के कारण कच्छ के बाशिंदे जहाँ पहुँचे हैं, वहाँ उन्होंने पैसा व प्रतिष्ठा कमाई है। थाईलैंड के टॉप-20 रईसों में एक किरीट शाह और उनकी पत्नी अंजु शाह ऐसे ही कच्छी उद्यमी हैं। उनकी पुत्री निशिता शाह को तो 'फोर्ब्स' ने न्यू जेनरेशन उद्यमियों की सूची में 19वें क्रम पर शामिल किया है।

मोब-मी वायरलेस सॉल्युशंस प्रा.लि.

# संजय विजयकुमार, विवेक स्टीव फ्रांसिस व सोनी जॉय

## जिद से जीते सेलफोन के शातिर

किसी नए उद्यमी को अपना उद्योग व्यापार स्थापित करने में 20 साल लग जाते हैं, पर 20-22 साल की उम्र में कोई टेक्नोक्रेट शिक्षा प्राप्त युवक अपना उद्योग स्थापित करे और तीसरे ही साल उसे मुनाफादेय बना दे तो कहना पड़ता है कि जो जिद करते हैं, वे ही जीतते हैं। तीन युवा टेक्नोप्रिनर्स ने न्यू जेनरेशन टेलीकॉम सेवाओं को तकनीकी इनोवेशन से वैल्यू एडेड सर्विसेस में बदलकर यही करिश्मा किया है। वे कहते हैं कि टेलीकॉम हमारा खेल का पसंदीदा मैदान है, जहाँ दौड़-भाग करने में हमें खूब मजा आता है।

अध्याय 28

हनुंग टॉयज एंड टेक्सटाइल्स

# अशोक बंसल

## खुशी बढ़ाकर खुशहाली बटोरते

हनुंग टॉयज एंड टेक्सटाइल्स कोरिया की हनुंग प्रा.लि. के साथ गठबंधन से जनमी है। कोरिया में 'हनुंग' शब्द का मतलब है 'वृक्ष का तना।' हनुंग टॉयज एंड टेक्सटाइल्स के संस्थापक अशोक बंसल का कहना है कि तना मजबूत हो तो वृक्ष तेजी से ग्रो होता है। अशोक बंसल हवा-हवाई उद्यमी नहीं हैं। उन्होंने यही किया है–पहले तना मजबूत किया और फिर लोकल ही नहीं, ग्लोबल मार्केट में भी सेंध लगाई है। आज वे 1100 करोड़ रुपए का सालाना टर्नओवर कर रहे हैं। सावधानी के साथ दाँव लगाने और लीक से हटकर सोचने वाले अशोक बंसल ने पहले ग्लोबल मार्केट में सेंध लगाई, फिर लोकल मार्केट में।

बर्ड ग्रुप

# अंकुर व गौरव भाटिया

## माँ-पिता व पुत्रों का संयुक्त करिश्मा

उद्यमी शख्स को शिक्षित व दूरंदेशी जीवनसाथी मिल जाए और उनके ही जैसे पुत्रों का सहयोग तो जन्म लेता है बर्ड ग्रुप। आईटी की मदद से भारतीय ट्रेवल ट्रेड को आमूल बदल देने वाला बर्ड ग्रुप ऑनलाइन हवाई यात्रा की बुकिंग के बाद अब होटल उद्योग में नए आयाम स्थापित कर रहा है। इसका श्रेय बर्ड ग्रुप के संस्थापक दंपति विजय भाटिया व राधा भाटिया को है, जिन्होंने अपने पुत्रों अंकुर व गौरव भाटिया को प्रोफेशनल शिक्षा दिलवाई तो अपने अंदाज में कारोबार फैलाने की स्वतंत्रता भी।

अध्याय 30

हेवमोर फूड्स

# प्रदीप-अंकित चोना

'अच्छाई, सचाई, सफाई' वाले मीठे कारोबारी

देश विभाजन के साथ सबकुछ गँवा देनेवाले विस्थापित परिवारों ने तिनका-तिनका जोड़कर आजाद भारत में जो संपन्नता कमाई है, वह इस बात की मिसाल है कि पहली पारी की हार से हार नहीं मानने वाले ही अंततः विजयी होते हैं। 'और लीजिए' यानी हैवमोर नाम से विस्थापित सतीश चोना ने हाथठेले पर आइसक्रीम बेची। आज उनके पुत्र प्रदीप व पौत्र अंकित रोज दो लाख लीटर आइसक्रीम बेच रहे हैं। हैवमोर आइसक्रीम पार्लर व रेस्त्राँ शृंखला का सालाना टर्नओवर 300 करोड़ रुपए हो गया है।

वाटरलाइफ इंडिया

# सुदेश मेनन

## पानी से पुण्य भी, पैसा भी

सुदेश मेनन, मोहन रणबौरे व इंद्रनील दास हम सबकी बधाई के हकदार हैं, जिन्होंने विदेश में भारी पे-पैकेज प्राप्त करके देश को भूल जाने वाले भारतीय युवकों को नसीहत दी है तो नए उद्यम की खोज करने वाले युवाओं को भी सबक सिखाया है कि देश की निर्धन आबादी को न्यूनतम मूल्य पर शुद्ध जल उपलब्ध करवाकर भी वे पैसा व प्रतिष्ठा दोनों कमा सकते हैं व ऐसे उद्यम के संस्थापक-संचालक बन सकते हैं, जिसकी प्रेरणा हो–'सर्वे भवन्तु सुखिनः।' वाटरलाइफ इंडिया के 2000 जल शुद्धिकरण संयंत्र आठ राज्यों के 15 लाख लोगों को 20 लीटर शुद्ध जल 5 रुपए में उपलब्ध करवा रहे हैं।

अध्याय 32

रेडबस

# फणिंद्र सामा

## बस यात्रियों के तारणहार

'If people are not laughing at your goal, your goal are too small' अजीम प्रेमजी के इस कथन को फणिंद्र सामा ने चरितार्थ किया है। अपने दो मित्रों के साथ उन्होंने ऑनलाइन बस टिकटिंग सॉफ्टवेयर विकसित किए और उन्हें बस ऑपरेटर्स को बताया तो उन्होंने कहा–आप तीनों शेखचिल्ली हैं। इंटरनेट से बस टिकट कौन खरीदेगा? सन् 2006 में फणिंद्र द्वारा स्थापित रेडबस ने 50 लाख टिकट बेचकर 100 करोड़ रुपए का व्यापार किया है तो इसे दुनिया की 50 टॉप इनोवेटिव कंपनियों की सूची में शामिल किया गया है। फणिंद्र इसे खोज नहीं मानते बल्कि कहते हैं–"इंजीनियर के नाते यह एक समस्या का समाधान है।"

गोली वड़ा पाव

# वेंकटेश अय्यर

## वड़ा पाव से बड़ा व्यापार

''छोड़ो कल की बातें, कल की बात पुरानी''हम हिंदुस्तानी'' ! तब मैं रिंगटोन तो देशभक्ति की सुनता व सुनाता था, पर टूथपेस्ट से लैपटॉप तक विदेशी उपयोग करता था। मेरे अंतर्मन के अलावा मेरे आसपास कुछ भी हिंदुस्तानी नहीं था। आज संतुष्ट हूँ कि मैं पूरी तरह हिंदुस्तानी हूँ और एक परंपरागत हिंदुस्तानी स्नैक को मॉडर्न मोबाइल स्नैक बनाकर अपने स्वप्न पूरे कर रहा हूँ।'' जी हाँ, भारत के चार राज्यों के 26 शहरों और नेपाल में वेंकटेश अय्यर वड़ा पाव को मोबाइल स्नेक बनाकर आज करोड़ों रुपए का कारोबार कर रहे हैं। वेंकटेश अय्यर को उम्मीद है कि पाँच साल में देशव्यापी 500 फ्रेंचाइजी आउटलेट्स गोली वड़ा पाव बेच रहे होंगे।

सुला विनेयाड्र्स

# राजीव सामंत

## भारत में वाइन क्रांति के जनक

पिछले 15 सालों में नासिक (महाराष्ट्र) देश का सबसे बड़ा अंगूर व वाइन उत्पादक केंद्र बन गया है। नासिक व डिंडोरी में हजारों किसान आज 1500 एकड़ भूमि पर अंगूर उत्पादन कर रहे हैं। इसका श्रेय सन् 1999 में वहाँ स्थापित पहली वाइनरी सुला विनेयाड्र्स को है। सुला वाइंस के जन्मदाता हैं राजीव सामंत, जिन्होंने दो साल ऑरेकल यूएस में नौकरी की है। एक दिन उन्हें लगा कि उन्हें अपनी मातृभूमि से बहुत कुछ मिला, पर उन्होंने क्या लौटाया? वे भारत लौटे और बन गए देश के सबसे बड़े वाइन निर्माता। भारत में वाइन क्रांति के जनक राजीव सामंत देश के सबसे बड़े वाइन निर्माता हैं। सुला विनेयाड्र्स 23 किस्म की 120 से 1000 रुपए मूल्य रेंज की वाइन बनाती और बेचती है।

एक्शन कंस्ट्रक्शन इक्विपमेंट्स

# विजय अग्रवाल

## पढ़ो, सीखो और उद्यमी बनो

कंस्ट्रक्शन उद्योग के भीमकाय उपकरण बनाने वाली एक्शन कंस्ट्रक्शन इक्विपमेंट कंपनी (एसीई) के संस्थापक विजय अग्रवाल उस वैश्य समुदाय में जनमे हैं, जो नौकरी को हेय मानता है। इस बाल्यकालीन संस्कार ने ही विजय अग्रवाल को उकसाया और 35 साल शानदार नौकरी करने के बाद सन् 1995 में वे स्वयंभू उद्यमी बने। शेयर मार्केट में सूचीबद्ध एसीई का सालाना टर्नओवर 700 करोड़ से ज्यादा हो गया है, पर इससे ज्यादा महत्त्वपूर्ण है–एसीई ने भारत में वर्ल्डक्लास पर किफायती कंस्ट्रक्शन इक्विपमेंट बनाकर अपने उद्योग क्षेत्र की देशी-विदेशी दिग्गज कंपनियों को छकाया-थकाया व हराया है।

अध्याय 36

कैबिन केयर

# सी.के. रंगनाथन

## छोटे पैक से किया बड़ा कमाल

पर्सनल केयर, फूड्स ब्रेवरेजेस, होमकेयर कंपनी कैबिनकेयर के संस्थापक सी.के. रंगनाथन ने जब कारोबार की शुरुआत की तो सबसे पहले अपनी कमियों को खोजा। अंग्रेजी ज्ञान बढ़ाने के लिए रोज पाँच नए शब्द शब्दावली से याद किए। मैनेजमेंट व मानव संसाधन की किताबें पढ़ीं और उत्पादों के साथ मार्केटिंग में कई नई पहल कीं। जहाँ कोई नहीं, वहाँ वे पहुँचे। जिस ग्रामीण मार्केट की बड़ी कंपनियाँ उपेक्षा करती थीं, वहाँ पहले संभावना पैदा की और फिर ग्राहकों को इस भरोसे के साथ अपने उत्पाद सौंपे कि पहले यूज करो फिर रिजेक्ट करो। 15 हजार रुपए से शुरू हुआ कैबिनकेयर का सालाना टर्नओवर 1000 करोड़ रुपए से ज्यादा हो गया है।

विलेज लांड्री सर्विसेस (चमक)

# सुशील मुंगेकर

## आईआईएम ग्रेजुएट प्रोफेशनल धोबी

भारतीय गाँव कभी स्वावलंबी थे। हर गाँव में एक मोची, धोबी, लुहार, सुतार होता था। ऐसी छोटी-छोटी उद्यमशीलता से सहस्रों साल तक हजारों लोगों ने जीवन-यापन किया। जब हमने इन छोटे-छोटे उद्यम को हेय दृष्टि से देखना शुरू किया तो लोग शहरों की ओर भागने लगे। बेंगलुरु की विलेज लांड्री सर्विसेस ने कपड़ों की धुलाई को भी प्रोफेशनल बनाकर शिक्षित व अर्द्धशिक्षित युवाओं को सिखाया है कि उद्यम केवल उद्यम होता है—छोटा या घटिया नहीं। हमारा तरीका किसी काम को बनाता है छोटा या घटिया। विलेज लांड्री सर्विसेस के 50 से ज्यादा चमक ब्रांड आउटलेट्स सात शहरों में 50 लाख रुपए सालाना का व्यापार करने लगे हैं।

अध्याय 38

## मिशन विवाकेयर लिमिटेड

# अक्षय जी. मेहता

### अच्छी सेहत के मिशन पर

आय बढ़ने से जीवन-स्तर सुधरता है, पर इसके साथ ही कई रोग जैसे मधुमेह, तनाव, अनिद्रा, हृदयरोग होने लगते हैं। ऐसे लाइफ स्टाइल रोगों से बचने के लिए अब न्यूट्रासिटिकल्स यानी वेलनेस प्रोडक्ट्स का चलन बढ़ रहा है। ऐसे ही वेलनेस उत्पाद बनाने वाली मिशन विवाकेयर के संस्थापक अक्षय जी. मेहता के अनुसार दवा उद्योग के ग्राहक वे 10 फीसदी लोग हैं, जो रोग होने के बाद दवा खरीदते हैं, पर शेष 90 फीसदी आबादी रोग हो ही नहीं, इसलिए न्यूट्रासिटिकल्स प्रयोग करने लगी है। वेलनेस उत्पादों के वैश्विक मार्केट का आकार है करीब 200 बिलियन डॉलर, जो 20 फीसदी की सालाना दर से ग्रो हो रहा है।

टॉप्स ग्रुप

# दीवान राहुल नंदा

## प्राइवेट सिक्योरिटी सेवा के शाहरुख खान

योग्य पिता को सुयोग्य संतान मिल जाए तो व्यापार-व्यवसाय किस ऊँचाई पर पहुँच सकता है, इसकी मिसाल है टॉप्स ग्रुप। '60 के दशक में हमारे देश में निजी सुरक्षा सेवा की जरूरत नहीं थी। तब फौज से सेवानिवृत्त मेजर आर.सी. नंदा ने निजी सिक्योरिटी गार्ड्स गिने-चुने जरूरतमंद लोगों को उपलब्ध करवाए। सन् 1992 में मेजर नंदा के पुत्र दीवान राहुल नंदा ने इस व्यापार के सूत्र सँभाले और दो दशक में टॉप्स ग्रुप को 9000 ग्राहक, 90,000 कार्मिक के साथ 900 करोड़ रुपए का सालाना व्यवसाय करने वाली संपूर्ण सुरक्षा सेवा कंपनी बना दिया है। देश की टॉप टेन रोजगार प्रदान करने वाली कंपनियों में एक है टॉप्स ग्रुप, जो भारतीय सिक्योरिटी उद्योग की भी दूसरी सबसे बड़ी कंपनी है।

अध्याय 40

मेक्रो डेयरी वेंचर्स

# जस्सी खंगूरा

## सच्चे दूध के स्वच्छ कारोबारी

हमारे देश में 100 से ज्यादा दुधारू पशुओं का वैज्ञानिक तरीके से पालन करने वाले कॉरपोरेट फार्म दस से भी कम हैं। सन् 2005 तक दुग्ध उत्पादन पर सहकारी संस्थानों का एकाधिकार था। लापरवाह प्रबंधन व भ्रष्टाचार के कारण इन संस्थानों ने दूध उत्पादन बढ़ाने की संभावना को हतोत्साहित कर दिया। सन् 2005 के बाद निजी क्षेत्र को अनुमति मिली तो कॉरपोरेट फार्म स्थापित होने लगे। आगामी पाँच सालों में इन फार्म्स की संख्या 100 हो जाएगी। इसके बाद दूध का रिटेल मार्केट दो हिस्सों में बँट जाएगा। संगठित क्षेत्र इस दावे के साथ महँगा ब्रांडेड मिल्क बेचेगा कि उनका दूध हाईजैनिक है।

पार्टी हार्ड ड्राइवर्स (पीएचडी)

# अंकुर वेद, सौरभ शाह और मिशाल रहेजा

## झूमते कार मालिकों को घर पहुँचाए

कॉकटेल पार्टी में मद्यपान करके सड़कों पर वाहन दौड़ाते हुए अपनी व दूसरों की जान दाँव पर लगाने वालों के विरुद्ध मुंबई पुलिस ने सन् 2007 में 'एंटी ड्रंक ड्राइविंग' अभियान शुरू किया। इससे जहाँ देर रात को दुर्घटनाएँ घटीं, वहीं शहर में अपराध भी घटे। दिलचस्प बात यह है कि इस अभियान से ही जनमी है एक कंपनी–पार्टी हार्ड ड्राइवर्स। मुंबई के तीन कॉमर्स स्नातक युवकों द्वारा स्थापित इस दिलचस्प कंपनी की 'ड्रॉप होम सर्विस' अत्यधिक मद्यपान करने वालों को सकुशल व सुरक्षित घर पहुँचाने के लिए ड्राइवर उपलब्ध करवाती है।

अध्याय 42

स्टार हेल्थ इंश्योरेंस

# वी. जगन्नाथन

## फेयर गेम फेयर रिजल्ट

सारी दुनिया में चिकित्सा सुविधा इतनी महँगी हो गई है कि आम आदमी की पहुँच में नहीं रही। संपन्न व विकसित देशों में हेल्थ केयर बीमा कंपनियों पर लोग निर्भर हैं। वहाँ यह प्रणाली सुचारू रूप से स्थापित हो गई है, जबकि हमारे देश में फर्जी क्लेम से डरी-सहमी हेल्थ केयर बीमा कंपनियाँ सही दावों को भी शंका की नजर से देखती हैं। संयोग से स्टार हेल्थ इंश्योरेंस को ऐसा लीडर मिला है, जिसने बीमा क्लेम में होने वाले फर्जीवाड़े को रोककर स्वास्थ्य बीमा कारोबार में मुनाफा अर्जन का कीर्तिमान बनाया है। स्टार हेल्थ की सफलता की बुनियाद है–'समस्या से घबराकर मैदान मत छोड़ो, मुकाबला करो।'

लाइटोलियर ग्रुप

# अशोक मित्तल

## बैड बॉय बना सफल व संपन्न कारोबारी

बच्चे ऐसी कच्ची माटी की तरह होते हैं, जिससे मंदिर-मसजिद बनाने वाली ईंट बनती है तो उससे किसी का सिर भी फोड़ सकते हैं। माँ-पिता के धैर्य व सूझबूझ की परीक्षा तब होती है, जब बच्चे बुरी संगत में पड़ जाते हैं। ऐसे समय डाँट-फटकार उतनी कारगर साबित नहीं होती, जितना बच्चे के अंतर्मन को जानना। दूरंदेशी माँ-पिता उनमें छुपी संभावना को चिह्नित करके बिना दबाव डाले उन्हें आभास करवा देते हैं कि सही क्या है। अकसर ऐसे बाल्यकालीन बैड बॉय बड़े होकर कमाल करते हैं। अशोक मित्तल ऐसे सफल व संपन्न कारोबारी हैं, जो बचपन में बिगड़ैल बालक थे।

अध्याय 44

मस्टेक

# अशनक देसाई, केतन मेहता सुंदर और वासन

## चार दोस्तों का साकार सपना

दुनिया में इंडियन आईटी उद्योग का परचम आज टीसीएस, इंफोसिस टेक्नोलॉजिस व विप्रो ने सँभाल रखा है। बहुत कम लोग जानते हैं कि इंफोसिस के पहले जनमी थी मस्टेक। एन.आर. नारायणमूर्ति ने अपने पाँच मित्रों के साथ जिस तरह इंफोसिस की स्थापना की, उसी तर्ज पर मस्टेक के संस्थापक हैं अशनक देसाई, केतन मेहता, सुंदर और वासन। मस्टेक व इसकी सहयोगी कंपनियों ने 3300 से ज्यादा आईटी प्रोफेशनल्स को रोजगार दिया है। यूएस, कनाडा, यूके, यूरोप, एशिया महाद्वीप, भारत व मलेशिया में 8 ग्लोबल डिलीवरी सेंटर के साथ मस्टेक का सालाना टर्नओवर है 725 करोड़ रुपए।

एर2जेड लिमिटेड

# अमित मित्तल

## वेस्ट को बेस्ट बनाने वाले

सिविल इंजीनियरिंग की शिक्षा प्राप्त 35 वर्षीय अमित मित्तल ने हाउसकीपिंग सर्विस, मोबाइल टॉवर्स की सार-सँभाल और बिजली चोरी घटाकर दस सालों में 1200 करोड़ रुपए की कंपनी ए2जेड स्थापित की है। अब वे देश के बीस शहरों का प्रतिदिन 1.50 लाख टन कचरा भी इकट्ठा कर रहे हैं और कहते हैं कि इस कचरे से बिजली, खाद, ईंट व टाइल्स बन सकती हैं। ए2जेड को वेस्ट से 235 मेगावाट बिजली उत्पादक कंपनी बनाने का स्वप्न देख रहे अमित मित्तल ने कानपुर में जो वेस्ट प्रोसेसिंग प्लांट स्थापित किया है, वह अपने किस्म का सबसे बड़ा व अनूठा संयंत्र है।

स्पर्श अस्पताल, बेंगलुरु

# डॉ. शरण पाटील

## गरीबों के लिए भगवान के बाद

चिकित्सा मूलतः ऐसा नोबल प्रोफेशन है कि हम कहते हैं 'भगवान के बाद चिकित्सक'। विडंबना यह है कि चिकित्सक आज अपने मूल मकसद को भूल गए हैं और चिकित्सा को एक साधारण व्यापार मानकर धनोपार्जन करने लगे हैं। परिणाम–आज ऐसे चिकित्सक दुर्लभ हो गए हैं, जिन्हें कहें–'भगवान के बाद आप'। सांत्वना की बात है कि भ्रष्ट माहौल में भी अपवाद मौजूद हैं। मसलन, बेंगलुरु के आर्थोपेडिक सर्जन डॉ. शरण पाटील ने सबको मिले समान चिकित्सा के मकसद के साथ स्थापित किया है एक वर्ल्ड क्लास अस्पताल 'स्पर्श'। डॉ. शरण पाटील चिकित्सा को ऐसा नोबेल प्रोफेशन मानते हैं, जिसकी बुनियाद है–"मरीजों की उम्मीद और उनसे प्राप्त विश्वास।"

तारा ग्रुप

# राजीव शेठ

## काबिल बनो, कामयाबी पीछे आएगी

फिल्म थ्री इडियट ने 'इडियट' शब्द को नई परिभाषा दी है। आमिर खान के अनुसार इडियट वह है, जो कामयाबी के पीछे भागता है। उसे कामयाबी तो मिलती है, पर खुशी नहीं। 'इंटेलीजेंट इडियट' वह है, जो काबिलियत प्राप्त करने के लिए दौड़ता है। कामयाबी उसका पीछा करती है। उसे कामयाबी के साथ खुशी भी मिलती है। तारा ज्वेल्स के संस्थापक राजीव वसंत शेठ ऐसे ही उद्यमी हैं। उनके चिकित्सक माँ-पिता नहीं चाहते थे कि वे ज्वेलरी का व्यापार करें। राजीव शेठ भारत व चीन में उत्पादन सुविधा के साथ यूएस, यूके, कनाडा, स्विट्जरलैंड, ऑस्ट्रेलिया, जापान के वॉलमार्ट, स्टर्लिंग कॉर्पोरेशन, सिग्नेट, क्रिस्ट जैसे दिग्गज रिटेलर्स को ज्वेलरी निर्यात कर रहे हैं।

अध्याय 48

स्पेस मेट्रिक्स डिजाइन कंसल्टेंट्स प्रा.लि.

# शगुफ्ता-अनुराग श्रीवास्तव

## अच्छे इंटीरियर के सच्चे जीवनसाथी

लाइफ पार्टनर ही बिजनेस पार्टनर भी हो और दोनों में घर हो या दफ्तर, तालमेल के साथ कदमताल करने की समझ हो तो जीवन रोमांटिक हो जाता है। सिंगापुर में ऐसे ही भारतीय युगल द्वारा स्थापित स्पेस मेट्रिक्स आज एशिया की दूसरी सबसे बड़ी इंटीरियर डिजाइनिंग फर्म है, जिसके सीईओ हैं अनुराग श्रीवास्तव, पर जिसकी संस्थापक हैं कंपनी की चीफ डिजाइन ऑफिसर इंटीरियर डिजाइनर उनकी जीवनसंगिनी शगुफ्ता श्रीवास्तव । सन् 2006 में 20 सहयोगियों के साथ स्थापित स्पेस मेट्रिक्स में आज 450 कर्मचारी जिन्हें सेवा प्रदान कर रहे हैं, उनमें गूगल, कोकाकोला व पीटीटी इंटरनेशनल ग्लोबल कंपनियाँ उल्लेखनीय हैं।

बॉन न्यूट्रीएंट्स

# मनजीत सिंह

## ब्रेड से पाई बुलंदियाँ

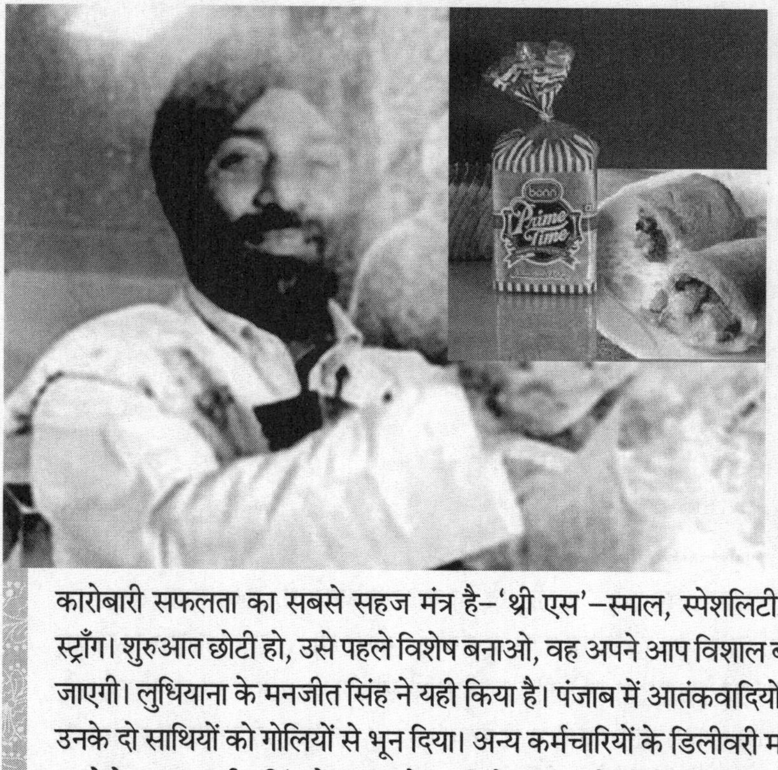


कारोबारी सफलता का सबसे सहज मंत्र है–'थ्री एस'–स्माल, स्पेशलिटी व स्ट्राँग। शुरुआत छोटी हो, उसे पहले विशेष बनाओ, वह अपने आप विशाल बन जाएगी। लुधियाना के मनजीत सिंह ने यही किया है। पंजाब में आतंकवादियों ने उनके दो साथियों को गोलियों से भून दिया। अन्य कर्मचारियों के डिलीवरी मना करने के बाद मनजीत सिंह ने स्कूटर से उन दिनों दुकानदारों को ब्रेड सप्लाई की। सन् 1985 में 5 बोरी आटे के साथ उन्होंने एक छोटी सी बेकरी यूनिट स्थापित की। आज वे हर रोज 100 बोरी आटे की केवल डबल रोटी ही बना रहे हैं। कई अन्य उत्पादों के साथ बॉन न्यूट्रीएंट्स आज उत्तर भारत की सबसे बड़ी ब्रेड निर्माता कंपनी है।

जे.डी. होस्ट एंड क्रेन्स

# सुभाषसिंह ग्रोवर

## मशीनी हाथों को मेहनत सिखाते

नौकरी करें, पर आँखें खुली रखें तो मालिक बनने के मौके मिल सकते हैं। इंजीनियरिंग का डिप्लोमा प्राप्त सुभाषसिंह ग्रोवर ने 20 साल नौकरी करते हुए क्रेन्स की देखरेख ही नहीं की, तकनीक भी सीखी। ग्रोवर ने दो दशक नौकरी की, पर नौकरीपेशा लोगों की तरह वे मेढक नहीं हैं, जो कुएँ को समुद्र मान लेता है। मौका मिलते ही उन्होंने कुएँ के बाहर छलाँग लगा दी। सन् 1999 में उन्होंने क्रेन सुधारने की वर्कशाप खोली और फिर बन गए ऐसी क्रेन्स के निर्माता, जिन्हें आज दिग्गज कंपनियाँ खरीद रही हैं। क्वांटिटी के बजाय क्वालिटी पर ध्यान देने से कम मार्जिन पर वे क्रेन्स बेचते हैं और कहते हैं कि यही मेरा सक्सेस फंडा है।

# द बॉस

(सेवक नहीं, स्वामी बनो)

द बॉस
सेवक नहीं, स्वामी बनो

# 01

## गोविंदभाई काकड़िया

# शीतल मैन्यूफैक्चरिंग

### सकारात्मक सोच में भगवान्

क्या आप विश्वास करेंगे कि भारतीय बिजनेस वर्ल्ड में एक उद्यमी ऐसा है, जिसने ऐसे सूक्ष्म जीवन मंत्र बॉलीवुड की फिल्मों से सीखे हैं और फिल्मी हीरो की तरह ही असल जिंदगी में वे डायमंड-किंग बन गए हैं। जी हाँ, ये शख़्स हैं गुजरात के उद्यमी गोविंदभाई काकड़िया। जो कहते हैं कि मैंने सकारात्मक सोच में भगवान् के दर्शन किए हैं। मेरे लिए सकारात्मक सोच और अपनी जवाबदेही का निर्वहन ही भगवान् है।

### गरीब किसान का 'हीरा' बेटा

विजयादशमी (सन् 1958) को भावनगर के एक पिछड़े व सुस्त (तब) गाँव पाटना के एक निर्धन किसान परिवार में जनमे हैं गोविंदभाई। उनका जन्म परिवार में खुशी तो लाया, पर माँ-पिता सहमे हुए थे, क्योंकि इसके पहले चेचक के प्रकोप से उनके तीन शिशु बाल-मृत्यु के शिकार हुए थे। गोविंदभाई के बाद लालजीभाई और लक्ष्मीबेन काकड़िया दो और पुत्र (वल्लभभाई व रावजीभाई) के माँ-पिता बने। निर्धन माँ-पिता ने

किसी तरह पुत्रों को गाँव के स्कूल में पढ़ने के लिए भेजा, पर गोविंद को किताबें रास नहीं आईं।

गोविंदभाई कहते हैं—"मेरे स्वर्गीय पिता एक मेहनती किसान थे। वे दिन उगने से पहले खेत चले जाते थे और साँझ होने पर लौटते थे। फसल कटने व पकने के समय दो-दो महीने घर नहीं लौटते, क्योंकि हाली (नौकर) रखने की हैसियत नहीं थी। माँ खेत पर ही उन्हें भोजन दे आती। ग्रामीण गृहिणी होने के बावजूद मेरी माँ लोक व्यवहार में पारंगत हैं। उन्होंने ही हमें स्कूल में दाखिला दिलवाया। वे चाहती थीं कि मैं पढ़ूँ और परिवार को दरिद्रता से मुक्ति दिलवाऊँ।"

## यशोदा जैसी माँ, कान्हा जैसे गोविंद

लक्ष्मीबेन कुछ दिन तक मारते-पीटते पुत्र को स्कूल छोड़ने गईं, पर फिर थक गईं। वे नहीं जानती थीं कि उनकी कोख से तो रत्नों का ऐसा व्यापारी जन्मा है, जिसका रत्न साम्राज्य एक दिन विश्वव्यापी होगा या उनका पुत्र परंपरागत स्कूल में नहीं पढ़ेगा, उसकी यूनिवर्सिटी तो सबसे अलग होगी। गोविंद किसी तरह मात्र सात माह स्कूल गए। पढ़ाई के प्रति उनकी अरुचि देखकर माँ ने सोचा कि बड़ा पुत्र पिता की तरह खेती करेगा। उन्होंने उसे खेत-खलिहान के छोटे-छोटे काम सौंपे। पर ये भी गोविंद को रास नहीं आए। एक दिन माँ ने उन्हें घुटने तक की धोती पहनाई और लाठी थमाकर गाय चराने जंगल भेज दिया। गोविंद को यह काम पसंद आया, पर वे कान्हा जितने भोले-भाले तो नहीं हैं! 'गोविंद' नाम को चरितार्थ करते हुए वे गो-पालक बन गए, क्योंकि इस बहाने उन्हें मौका मिलने लगा कि वे दोस्तों के साथ कबड्डी व गुल्ली-डंडा खेलें। गोविंद गायों को चरागाह में छोड़ देते और हाई-वे किनारे बनी पुलिया पर बैठकर वहाँ से गुजरती कारों को देखते और स्वप्न देखते कि उनके पास भी एक दिन शर्ट-स्लीपर होंगे। वे भी गॉगल्स लगाएँगे, सिनेमा देखेंगे और अपनी मोटरकार में दौड़ेंगे।

## सड़क बनी बिछौना

गोविंद ने कच्ची उम्र में अपनी हैसियत से ज्यादा बड़े स्वप्न देखे, पर खुली आँखों से। स्वप्न को साकार करने की बुनियाद उन्हें दस साल की उम्र में दिखाई दी। रिश्ते का भाई एक दिन घर आया। वह सलीके के कपड़े पहने हुए था। उसने बताया कि वह भावनगर गया, जहाँ उसका जीवन बदल गया। अब डायमंड पॉलिश करके वह हर माह 70 रुपए कमाता है। अच्छा खाता, अच्छा पहनता और खूब फिल्में देखता है। गोविंद ने उससे कहा—"मुझे भी ले चलो।" वह बोला—"पर डायमंड पॉलिश करना सीखने के लिए तुझे पहले 600 रुपए चुकाने पड़ेंगे।"

पिता के पास आपातकाल के लिए बचाए तीन सौ रुपए थे। उन्होंने कहा—''मैं 600 रुपए कहाँ से लाऊँ?'' इसके साथ ही पुत्र को सांत्वना देने के लिए वे बोले—''अभी तुम छोटे हो। दो साल बाद भावनगर जाना।'' दरिद्रता से मौत भली, पुत्र की इस जिद्द ने माँ को विवश कर दिया। माँ ने अपने सारे जेवर गिरवी रख दिए। 10 साल की कच्ची उम्र में गोविंद भावनगर आ गए। वे डायमंड पॉलिश करना सीखने लगे और छह माह में ही बेहतरीन कारीगर बन गए। उनके पास तब दो चादर व एक तकिया था। कारखाना बंद होने के बाद वे ओटले पर ही सो जाते। उन दिनों कभी-कभी तो वे सड़कों पर भी सोए। दैनिक वेतनभोगी से स्थायी कर्मचारी हो गए, तो गोविंद हर माह 70 रुपए कमाने लगे। इसमें से 40 रुपए वे माँ-पिता को गाँव भेजने लगे और 30 रुपए में जीवनयापन करने लगे।

गोविंद ने उन दिनों फिल्म देखने के लिए कई बार एक समय ही भोजन किया। 10 साल की उम्र में भावनगर के अलका टॉकीज में लोअर क्लास में बैठकर पहली फिल्म 'नाइट इन लंदन' देखी। इस फिल्म के हीरो के दमदार चरित्र ने गोविंद को ऐसा लुभाया कि फिल्में उनकी यूनिवर्सिटी व सिने स्टार प्रोफेसर बन गए।

## भाग्य से पुरुषार्थ का मिलन

सन् 1969 से 1975 तक गोविंदभाई ने डायमंड पॉलिश कारीगर की हैसियत से जमकर मेहनत की। वे हर माह 200 रुपए कमाने लगे, पर नौकरी उनकी नियति नहीं थी। गुजराती वैश्य प्रवृज़ि—अपना खुद का व्यापार हो, ने उन्हें उकसाया। एक भागीदार के साथ 240 रुपए माहवारी किराए पर दो मशीनें प्राप्त करके उन्होंने एक छोटा सा डायमंड पॉलिश कारखाना खोला। अब वे 16 से 18 घंटे काम करते और कारीगरी के साथ डायमंड ट्रेडिंग भी करते। गोविंद इस व्यापार में नौसिखिए थे, अतः उन्हें सहयोगी नहीं मिले। उन्होंने अपने छोटे भाई को भी भावनगर बुला लिया। 11 साल की उम्र में गोविंद की पाटना के ही नजदीक के एक गाँव रतनवाव की मुक्ता के साथ सगाई हो गई थी। तत्कालीन परंपरा के अनुसार गोविंदभाई और मुक्ताबेन ने आठ साल तक न तो एक-दूसरे को देखा और न ही पत्राचार किया। 19 वर्ष की उम्र में 15 फरवरी, 1978 को उनका विवाह हुआ तो सन् 1978 की मंदी के दौरान डायमंड ट्रेडिंग ने गोविंदभाई को 50 हजार रुपए के कर्ज में भी डुबो दिया। उन्होंने डायमंड ट्रेडिंग छोड़ी और फिर से कारीगरी करके दो साल में सारा कर्ज चुकाया।

मुक्ताबेन कहती हैं—''दस साल तक गोविंदजी हर दूसरे-तीसरे दिन रफ और फिनिश्ड डायमंड लाने-लौटाने के लिए मुंबई आए-गए। वे मुंबई जाते तो मैं पीहर पहुँच जाती। उनके घर लौटने की पहचान था उनका यलो ट्रेवल बैग। पीहर से लौटने

पर बैग नहीं देखती तो निराश हो जाती। इन वर्षों में हमारे तीन बच्चे जनमें। मैं अकसर कहती कि मुंबई में खोली ही ले लो। हम साथ तो रहेंगे, पर ये टाल जाते। सन् 1984 में मुंबई शिफ़्ट होने का निर्णय भी तब लिया, जब भागदौड़ से काम का समय घटने लगा।''

गोविंदभाई के नजदीकी मित्र कहते हैं कि थकना, हारना, चिड़चिड़ाना उन्हें आता ही नहीं। बिजनेस में घाटा होने पर भी वे हँसते-मुसकराते रहते हैं। संघर्ष के दौर में वे अकसर सिनेमा हॉल पहुँच जाते थे या मेरीन ड्राइव की मुँडेर पर बैठकर बड़े-बड़े सपने देखते। हम छोटे-छोटे डायमंड ट्रेडर्स जब मुंबई के मध्यमवर्गीय उपनगरों बोरीवली व घाटकोपर में अपना घर बनाना चाहते थे, तब वे कहते थे—''एक दिन मलाबार हिल पर मेरा बँगला होगा।''

## स्वप्न हुए साकार

धीरूभाई की तरह 'थिंकिंग बिग टॉकिंग बिग' स्वभाव के गोविंदभाई ने जमकर मेहनत की। सन् 1984 में मुंबई में उन्होंने 30 डायमंड एसॉर्टर्स के साथ शीतल मैन्यूफैक्चरिंग की स्थापना की। इसके साथ सन् 1986 में एक बार फिर डायमंड ट्रेडर्स बनने का निर्णय लिया। वे नहीं जानते थे कि पुरुषार्थ से भाग्य का मेल हो चुका है और वे कुछ ही वर्षों में साबित कर देंगे कि बिलेनियर बनने के लिए न तो पूँजी चाहिए और न ही शिक्षा। इसके लिए तो चाहिए कड़ी मेहनत, ईमानदारी और हौसला। गोविंदभाई के पास सन् 1986 में न पैसा था और न ही किसी स्कूल-कॉलेज की डिग्री। उनके पास इससे बड़ी संपदा थी रिश्ते जो उन्होंने पूरी ईमानदारी से निभाए थे। सन् 1979 में कर्जदार हो गए तो मेहनत करके साहूकारों की पाई-पाई चुकाई। इससे गोविंदभाई ने ऐसी गुडविल कमाई कि मार्केट से उन्हें लाखों रुपए के डायमंड उधार मिलने लगे। रिश्तों को बैसाखी बनाकर 20 साल गोविंदभाई ने अथक श्रम किया और अंतरराष्ट्रीय डायमंड मार्केट में पहचान बनाई। सन् 1997 में शीतल मैन्यूफैक्चरिंग को डायमंड निर्यातक बिजनेस हाउस का दर्जा मिला। सन् 1998 में ग्लोबल डायमंड फर्म डी बियर्स की मार्केटिंग इकाई डायमंड ट्रेडिंग कॉरपोरेशन ने शीतल मैन्यूफैक्चरिंग को ऐसी तीन कंपनियों में चुन लिया, जिसे वे सीधे डायमंड सप्लाई करते हैं। इसी साल गोविंदभाई ने डायमंड ज्वेलरी डिजाइन व निर्यात करने के लिए चिराग डिजाइंस नाम से एक और कंपनी बनाई। सन् 2000 में शीतल मैन्यूफैक्चरिंग 10 लाख कैरेट डायमंड प्रोसेस करने लगी। दोनों भाइयों के अलावा कजन ब्रदर हीराभाई काकड़िया उनके सहयोगी थे ही, अब पुत्र अजय के अलावा 100 से ज्यादा रिश्तेदार उनके कारोबारी सहयोगी बन गए। सन् 2004-05 में शीतल मैन्यूफैक्चरिंग ने 770 करोड़ रुपए का कारोबार किया तो पुत्र के कहने पर गोविंदभाई ने तय किया कि

वे अब आभूषण मार्केट में भी सक्रिय होंगे। इसके साथ उन्होंने आठ मैन्यूफैक्चरिंग इकाइयाँ भी स्थापित कीं।

## 'किया' ने किया कमाल

आज गुजरात व मुंबई में शीतल मैन्यूफैक्चरिंग के एक दर्जन से ज्यादा कारखाने हर साल 12 लाख कैरेट डायमंड प्रोसेस कर रहे हैं। शीतल मैन्यूफैक्चरिंग वॉल्यूम (मात्रा—हीरा उद्योग में कैरेट की मात्रा) के आधार पर दुनिया की सबसे बड़ी डायमंड पॉलिशकर्ता कंपनी है। 3.10 लाख वर्गफीट में फैला सूरत स्थित कारखाना टेक्नोलॉजी में देश में सबसे अव्वल है। यहाँ प्रयुक्त लेजर तकनीक से डायमंड प्रोसेसिंग के कारण 'वेट-लॉस' घट गया है और उत्पादकता व गुणवत्ता बढ़ गई है। शीतल मैन्यूफैक्चरिंग की आय में निर्यात आय की हिस्सेदारी 95 फीसदी है। शीतल मैन्यूफैक्चरिंग जीजेईपीसी एक्सीलेंट अवार्ड से नवाजी गई है। सन् 2004 में ही गोविंदभाई ने घरेलू आभूषण मार्केट में पकड़ मजबूत करने के लिए महिला ब्रांड 'किया' (Kiah—नए मौसम का स्वागत) व शैंपेन डायमंड ब्रांड बुलेयर (Bulair, ब्राउन प्लस) लॉन्च किया। सिने तारिका सुष्मिता सेन को 'किया' का ब्रांड एंबेसडर बनाया और ब्रांड प्रमोशन पर 100 करोड़ रुपए खर्च किए। 'किया व बुलेयर' शॉप-इन-शॉप आउटलेट्स के जरिए ग्राहकों तक पहुँचने लगे तो गोविंदभाई ने मुंबई में दो एक्सक्लूसिव शोरूम भी स्थापित कर दिए। गोविंदभाई के आज देश के महान्गरों में एक्सक्लूसिव रत्न-आभूषण के कई आउटलेट्स हैं, जो मध्यमवर्गीय परिवारों में डायमंड पहुँचा रहे हैं। गोविंदभाई नेशनल एक्सपोर्ट्स अवार्ड (1996-97), निर्यात अवार्ड (2002-03), एक्सपोर्ट्स एक्सीलेंस अवार्ड (2006-07) व कई बार कट ऐंड पॉलिश डायमंड अवार्ड तथा रिटेल ज्वेलर अवार्ड से नवाजे गए हैं। गोविंदभाई काकड़िया ने मलाबार हिल्स पर खूबसूरत बँगला बनाकर ड्रीम हाउस का अपना स्वप्न साकार कर लिया है, पर यह डायमंड-किंग अपनी बाल्यकालीन दरिद्रता नहीं भूला है और उदारता के साथ अपना पैसा परोपकार पर खर्च करता है।

## परोपकार में बदली पीड़ा

शिक्षा, स्वास्थ्य और महिला व बच्चों के कल्याण और गुजरात के पिछड़े ग्रामीण अंचलों के पुनरुद्धार से सुनामी पीड़ित परिवारों को शीतल ग्रुप ने राहत पहुँचाने के लिए करोड़ों रुपए खर्च किए हैं। गाँवों में सैकड़ों सार्वजनिक शौचालय बनवाए हैं। गोविंदभाई कहते हैं—''मैं कभी अखबार नहीं पढ़ पाता था, हस्ताक्षर नहीं कर पाता था। अजय को भावनगर के इंग्लिश मीडियम स्कूल में प्रवेश नहीं मिला था, क्योंकि वह अंग्रेजी में अपना नाम नहीं लिख पाया था। स्कूल प्रबंधन का कहना था कि हम पति-पत्नी बच्चे

को होमवर्क नहीं करवा पाएँगे।'' गोविंदभाई यह पीड़ा भूले नहीं हैं और भूलना भी नहीं चाहते। यह पीड़ा ही उनकी प्रेरणा है। यही कारण है कि उन्होंने कई स्कूल-कॉलेज बनवाए हैं तो 3500 से ज्यादा पाठशाला भवनों में खेल के मैदान से लेकर कंप्यूटर लैब व लाइब्रेरी की सुविधा जुटाई है। निर्धन प्रतिभावान सैकड़ों बच्चों को छात्रवृज़ि प्रदान कर रहे हैं। उन्होंने कई अस्पताल स्थापित किए हैं तो कई को सस्ती पर एडवांस चिकित्सा सुविधा गरीबों तक पहुँचाने के लिए संसाधन उपलज़्ध करवाए हैं। इसकी मिसाल है लक्ष्मीबेन लालजीभाई काकड़िया अस्पताल, जिसकी स्थापना के लिए गोविंदभाई काकड़िया ने एक करोड़ ग्यारह लाख ग्यारह हजार रुपए सहयोग राशि प्रदान की है। जी हाँ, उनके लिए यह दान नहीं सामाजिक कर्ज को पटाने की एक विनम्र कोशिश मात्र है।

## फिल्में बनीं पाठशाला

दिलचस्प बात यह है कि भारतीय कारोबारी जगत् में गोविंदभाई अकेले ऐसे उद्यमी हैं, जो कहते हैं फिल्मों से मुझे अपनी निजी जिंदगी और कारोबारी कॅरियर के सारे गुरु मंत्र मिले हैं। मैं सकारात्मक सोच के साथ फिल्में देखता हूँ और मुज़्य पात्रों के अलावा चरित्र अभिनेता, खलनायक और बाल कलाकारों से भी सबक सीखता हूँ। गोविंदभाई जब फिल्मों की बात करते हैं तो वे बॉलीवुड के 'इनसाइक्लोपीडिया' नजर आते हैं…मानो कोई छात्र क्लास में बैठा हो और सबक सीख रहा हो।

उनके अनुसार, 'वक्त' फिल्म में छुपा संदेश था—छोटे भाई, बड़े भाई की जवाबदेही है। इस फिल्म में बड़े भाई की भूमिका में राजकुमार अपने छोटे भाइयों के लिए अपनी जान दाँव पर लगा देते हैं। ऐसी ही एक और फिल्म है 'यादों की बारात'। गोविंदभाई के भ्राताद्वय वल्लभभाई और रावजीभाई कहते हैं कि हमें भाई से ऐसा ही संरक्षण मिला है। हमारा अपना कोई अस्तित्व नहीं है। हम उनकी कृति हैं और उनके प्रति समर्पित हैं। गोविंदभाई के सबसे नजदीकी कजन ब्रदर हीराभाई काकड़िया के अनुसार—''भगवान् राम की तरह गोविंदभाई अपने भाइयों से स्नेह करते हैं और उन पर भरोसा करते हैं।''

'मुगल-ए-आजम' गोविंदभाई ने 150 बार देखी, क्योंकि अकबर की भूमिका में पृथ्वीराज कपूर से उन्होंने सीखा कि पुत्र (अजय) को सोने का निवाला खिलाओ पर सिंह की नजर से देखो। मनोज कुमार की 'उपकार' से गोविंदभाई ने देशभक्ति का सबक सीखा तो 'पूरब-पश्चिम' से देश पर गर्व करना। 'रोटी, कपड़ा और मकान' से उन्हें सामाजिक सरोकार की प्रेरणा मिली। गोविंदभाई के नजदीकी मित्र त्रिकमभाई के अनुसार—''गाँव के स्कूल ने स्वतंत्रता दिवस पर उन्हें ध्वजारोहण के लिए आमंत्रित किया। समारोह के बाद गोविंदभाई ने स्कूल प्राचार्य से पूछा—'स्कूल की कोई जरूरत?' जवाब

मिला—'51 हजार रुपए दान कर दें तो एक क्लास रूम और बन जाए।' गोविंदभाई ने वहाँ कई कमरों की एक संपूर्ण विंग ही बनवा दी।''

गोविंदभाई के द्रोणाचार्य (वह गुरु जो सीधे शिक्षा न दे) हैं दिलीप कुमार। गोविंदभाई कहते हैं—''दिलीप साहब ने बेदाग पारी खेली है। वे विवादों से हमेशा दूर रहे हैं। उनकी फिल्म 'राम और श्याम' से मैंने अन्याय के विरुद्ध लड़ने का हौसला जुटाया तो 'नया दौर' से सीखा—नई तकनीक अपनाओ पर अपने मूल्यों को बचाओ।'' दिलीप कुमार के बाद अमिताभ बच्चन को गोविंदभाई अपना रोल मॉडल मानते हैं और कहते हैं—''जब वे सुपर स्टार थे, तब उन्होंने एबीसीएल की स्थापना की। वे कर्ज में डूब गए तो एक बार फिर संघर्ष किया। ढलती उम्र में सारी दुनिया में स्टेज शोज किए और साहूकारों का एक-एक पैसा लौटाया। अपनी रील लाइफ (फिल्म 'दीवार') का संवाद—'सेठ, मैं फेंके हुए पैसे नहीं उठाता' उन्होंने रीयल लाइफ में अक्षरशः दोहराया है।'' गोविंदभाई ने अमिताभ से सबक सीखा कि बिना कमाए, बिना हक किसी से कुछ नहीं लेना चाहिए। 'त्रिशूल' में अमिताभ ऐसे बिजनेसमैन थे, जो फायदे का सौदा करते समय लागत पर विचार नहीं करते और मोल-भाव नहीं करते। गोविंदभाई ने अपने कारोबार कॅरियर में कई बार ऐसा ही किया। न्याय, निष्ठा व कर्तव्यपरायणता के लिए गोविंदभाई अमिताभ की 'जंजीर' याद करते हैं तो 'कभी-कभी' से उन्होंने सीखा कि रिश्ते जटिल होते हैं जिन्हें निभाने के लिए असीम धैर्य चाहिए। 'मुकद्दर का सिकंदर' की कहानी गोविंदभाई को आपबीती लगती है। बिना गॉड फादर कुछ बनने की प्रेरणा उन्हें इस फिल्म से मिली तो 'बागबाँ' को भी उन्होंने कई बार देखा। उनके अनुसार—''इस फिल्म में अमिताभ व हेमाजी ने बुजुर्गों को सिखाया कि बच्चे 'केअर' न करें तो भी हौसला नहीं छोड़ें। विवेकहीन भावुकता से बचें और ऐसे बच्चों को त्याग दें।''

और मुक्ताबेन काकड़िया कहती हैं—''चार बच्चों के माँ-पिता बनने के बाद गोविंदजी और मैं कश्मीर ऐसे गए, जैसे नवविवाहित हों। मैं शर्मिंदा तो तब होती हूँ, जब बच्चों के सामने वे कभी मुझे मुमताज तो कभी मधुमती के संबोधन से पुकारते हैं।''

मुक्ताबेन काकड़िया

हिंदी फिल्मों के कारण ही गोविंदभाई को हिंदी से गुजराती जितना ही प्यार है। उनके अनुसार—''देश की युवा पीढ़ी को यदि भारत में रहकर वैश्विक कारोबार करना है तो उन्हें अंग्रेजी के साथ हिंदी सीखनी पड़ेगी। मैंने बचपन में यह मौका 'मिस' किया और मुझे युवा अवस्था में कामचलाऊ अंग्रेजी सीखनी पड़ी।''

## अपने लिए जीए तो क्या जीए

अजय काकड़िया

संक्षेप में कहें तो फिल्मों से ही इस गुजराती उद्यमी ने अपने अस्तित्व का प्रयोजन, कर्तव्यपरायणता, कर्मठता, निर्भीकता, जिज़्मेदारियों का निर्वहन, दूसरों के प्रति केयर कंसर्न, ईमानदारी व पारदर्शिता, सामाजिक सरोकार व संवेदना, सबको साथ लेकर चलना और चतुराई व चपलता जैसे गुणधर्म सीखे हैं। वे सही कहते हैं कि मेरी पहली और अंतिम पाठशाला है बॉलीवुड।

**"Do not follow where the path may lead. Go instead where there is no."**

□

द बॉस
सेवक नहीं, स्वामी बनो

# 02

## राहुल भाटिया

# इंटरग्लोब इंटरप्राइजेज

### कैसा होगा सन् 2020 में भारतीय उद्योग जगत्?

आज इस सवाल का जवाब कोई नहीं दे सकता। हालाँकि इसकी झलक दिखाई देने लगी है। छुटपुट ही सही, नई पीढ़ी के ऐसे उद्यमियों ने मोरचा सँभाल लिया है, जो मार्केट के हालात व प्रतिस्पर्धियों की चौकसी करने के बजाय अपने काम से मतलब रखते हैं। सालाना 1 बिलियन डॉलर का कारोबार करनेवाले इंटरग्लोब इंटरप्राइजेज के राहुल भाटिया नई पीढ़ी के ऐसे ही उद्यमी हैं। वे सहायक कंपनियों—इंटरग्लोब होटल्स, इंटरग्लोब टेक्नोलॉजिज, इंटरग्लोब एविएशन, इंटरग्लोब एयर ट्रांसपोर्ट व इंटरग्लोब इस्टेब्लिश्ड के जरिए क्रमशः आतिथ्य-सत्कार (होटल), आई.टी. व बी.पी.ओ. तथा हवाई सेवा (इंडिगो एयरलाइन) जैसे उद्योग में सक्रिय हैं। हवाई सेवा में उनके भागीदार (समान इक्विटी) हैं आई.आई.टी. इंजीनियर, राकेश गंगवाल, जो यूनाइटेड एयरलाइंस के प्रेसीडेंट व यूएस एयरवेज के पूर्व सी.ई.ओ. हैं। दोनों भागीदार मित्रों ने इंटरग्लोब एविएशन (इंडिगो) के दैनंदिन संचालन की जवाबदेही आदित्य घोष को सौंप रखी है। वे कंपनी के प्रेसीडेंट व सीईओ हैं तथा राकेश गंगवाल को रिपोर्ट करते हैं।

## प्रोफेशनल्स पर निर्भर लो-प्रोफाइल उद्यमी

राहुल भाटिया की जवाबदेही है नीतिगत निर्णयों में सलाह-मशविरा व सरकारी तंत्र से संपर्क। वस्तुतः न्यूनतम हस्तक्षेप के साथ राहुल अपने व्यापार के दैनंदिन संचालन के लिए पूरी तरह प्रोफेशनल्स पर निर्भर हैं। राहुल व राकेश इतने लो-प्रोफाइल हैं कि वे बिजनेस प्रमोशन पर कम-से-कम पैसा खर्च करते हैं और माउथ पब्लिसिटी पर भरोसा करते हैं। उनके साथ काम कर चुके लोग कहते हैं कि राहुल देर रात को फोन करके सुझाव देने में नहीं हिचकिचाते। उनका कहना है कि गुणवत्ता के बिना कुछ हासिल नहीं होता। मैं पैसा खर्च करने के पहले सोचता हूँ कि क्या इसकी जरूरत है और खर्च बिना किए काम नहीं चलेगा।

## पिता को मिली चोट, बेटे ने लगाया मरहम

राहुल भाटिया के पिता 80 के दशक में नौ मित्र भागीदारों के साथ विदेशी एयरलाइंस के जनरल सेल्स एजेंट (जीएसए) थे। सन् 1984 में राहुल कनाडा से पढ़ाई करके स्वदेश लौटे तो एक जॉब भी साथ ले आए। नेटवर्क कंपनी नोर्टल के लिए उन्हें भारत में डिजिटल टेलीफोन स्विचेस बनाने के मैन्यूफैक्चरिंग संयंत्र की स्थापना करनी थी। भारत सरकार ने अनायास निर्णय लिया कि टेलीफोन उपकरण भारत में देशी तकनीक से बनेंगे तो नोर्टल ने प्रोजेक्ट क्लोज कर दिया।

राहुल पिता के ऐसे कारोबार से जुड़ना नहीं चाहते थे, जिसके नौ भागीदार मालिक हों। उन्होंने विदेश लौटकर पी-एच.डी. करने व अध्यापक बनने का मन बनाया, पर सन् 1991 में टर्निंग पॉइंट आ गया। भागीदारों ने राहुल के पिता को कारोबार से निकाल दिया तो उन्हें ढाढ़स बँधाने के लिए राहुल को अपना निर्णय बदलना पड़ा। सन् 1991 में उन्होंने वही कारोबार पुनः स्थापित करने के लिए इंटरग्लोब की स्थापना की और पिता के संपर्क व अपनी सूझबूझ से उन सभी विदेशी एयरलाइंस का कारोबार प्राप्त कर लिया, पिता जिनके जीएसए थे। इनमें यूएस एयरवेज भी थी, जिसके तब सीईओ थे राकेश गंगवाल। राहुल व राकेश की यूएस-एयरवेज के शिकागो मुख्यालय में हुई पहली मुलाकात थोड़े ही दिनों में दोस्ती में बदल गई। 7000 कि.मी. दूर बैठकर दोनों मित्रों ने भारत में निजी हवाई सेवा शुरू करने की योजना बनाई।

## हालात ने हौसला बढ़ाया, समस्या में ढूँढ़ा समाधान

पुरानी पीढ़ी के उद्यमी नए कारोबार में प्रवेश करने के पहले मार्केट और वहाँ सक्रिय उद्यमियों के हालात पर गौर करते हैं और फिर कोई निर्णय लेते हैं। इस नजरिए

से देखें तो उन दिनों भारत का हवाई सेवा उद्योग घाटे की गहरी घाटी में फँसा हुआ था। लो-कास्ट एयर डेक्कन अच्छी शुरुआत करके ऐसी पिछड़ी थी कि कैप्टन गोपीनाथ को कंपनी विजय माल्या को बेचनी पड़ी थी। दिलचस्प बात यह है कि इन विपरीत हालात ने राकेश व राहुल को निरुत्साहित नहीं किया, बल्कि हौसला बढ़ाया। उन्होंने इस बात की भी परवाह नहीं की कि भारत की मात्र 5 फीसदी आबादी ही हवाई यात्रा करती है। राकेश व राहुल ने तो जिन मुद्दों पर गौर किया, वे थे भारत में एयरलाइंस क्यों मुनाफा अर्जन नहीं कर रही है। हवाई यात्रियों की कमी को उन्होंने इस सकारात्मक नजरिए से देखा कि एसी व मोटरकार में यात्रा करने वाले बहुसंख्यक भारतीयों को ऐसी लो-कॉस्ट हवाई सेवा चाहिए, जो वर्ल्ड क्लास हो और जिसके एयरक्राफ़्ट समय पर उड़ान भरें। भारत में एयरलाइंस के मुनाफा अर्जक न बन पाने के मुद्दे पर दोनों मित्रों के अध्ययन का निष्कर्ष था—'भारी कर्ज।' वे इस धारणा से सहमत नहीं थे कि हवाई ईंधन पर भारी कर या किफायती सेकेंडरी एयरपोर्ट्स जैसे कारणों से भारत में एयरलाइंस मुनाफा अर्जन नहीं कर रही है।

## निवेशकों का पैसा सुरक्षित रखने की चिंता

इंडिगो के बेड़े में आज 57 एयरक्राफ़्ट्स हैं, जो 27 भारतीय शहरों (डोमेस्टिक डेस्टिनेशंस) व 5 विदेशी शहरों (इंटरनेशनल डेस्टिनेशंस) की समय पर 357 उड़ान व वर्ल्ड क्लास यात्री सुविधा के लिए जाने जाते हैं। राहुल भाटिया व राकेश गंगवाल आज सालाना वन बिलियन डॉलर के उद्योग समूह का संचालन कर रहे हैं, पर उन्होंने अभी तक मार्केट से पैसा इकट्ठा नहीं किया है। इंडिगो के पब्लिक इश्यू के लिए भी उनकी योजना है—पहले इंटरग्लोब एविएशन की बैलेंस शीट को ऐसा सँवार लेना, जो निवेशकों का पैसा सुरक्षित रखे और उनके सारे बिजनेस एसोसिएट्स मुनाफा कमाएँ।

## प्रतिद्वंद्वी घाटे में, इंडिगो मुनाफे के आसमान में

राकेश गंगवाल ने इस बात का भी विशेष ध्यान रखा है कि इंडिगो अन्य एयरलाइंस की भूलें नहीं दोहराए। तदनुसार इंडिगो लीज पर प्राप्त एयरक्राफ़्ट्स की डिलीवरी भारतीय एयरपोर्ट्स पर लेता है, जबकि अन्य एयरलाइंस इसके लिए अपने पायलट, क्रू स्टाफ व इंजीनियरों की टीम भेजता है। वे 10 से 15 दिन ड्यूटी से अनुपस्थित रहते हैं और विदेश में पैसा खर्च करते हैं। इंडिगो ने छह साल की शर्त पर एयरक्राफ़्ट्स लीज पर लिये हैं। यानी इस अवधि के बाद पुराने एयरक्राफ़्ट्स नए में बदल जाते हैं। यही नहीं, अन्य एयरलाइंस ए-320 एयरक्राफ़्ट को भारतीय आकाश में ओवर हीटिंग के कारण होनेवाली खराबी की रिपेयरिंग पर बार-बार भारी खर्च करना पड़ता है, पर इंडिगो ने ए-

320 को अतिरिक्त शुल्क चुकाकर इंजन रखरखाव की शर्त के साथ लीज पर प्राप्त किया है। इंडिगो के 57 एयरक्राफ़्ट प्रतिदिन औसतन 11.5 घंटे उड़ान भरते हैं तो उनकी टर्न अराउंड समयावधि (30 मिनट) न्यूनतम है। राकेश व राहुल की सोची-समझी कारोबारी रणनीतियों का सुफल है कि सन् 2009-10 में इंटरग्लोब एविएशन ने कर पूर्व 550 करोड़ रुपए मुनाफा अर्जन किया, जबकि जेट एयरवेज व किंगफिशर का कुल घाटा है 2114 करोड़ रुपए। औसतन प्रतिदिन 50 हजार हवाई यात्रियों व करीब 5600 कर्मचारियों के साथ इंडिगो का मार्केट शेयर 26 फीसदी (जून, 2012) हो गया है यानी यह लो-कॉस्ट हवाई सेवा सरकारी एयरलाइंस एयर इंडिया (मार्केट शेयर 18 फीसदी) के नजदीक पहुँच गई हैं। इंडिगो अब 180 एयरबस (ए-320) लीज पर प्राप्त करने की तैयारी कर रही है, जबकि अन्य एयरलाइंस पुराने कर्ज को चुकाने और लीज की किस्त स्थगित करवाने के लिए जूझ रही हैं।

> "See what everyone else but think what no one else."

□

द बॉस
सेवक नहीं, स्वामी बनो

# 03

## दीप कालरा

# मेकमॉयट्रिप इंडिया प्रा.लि.

### बहुत पापड़ बेले, कुछ कर गुजरने की चाह रही बाकी

हैदराबाद में जनमे दीप कालरा बचपन से ही प्रतिभावान छात्र थे। सन् 1990 में सेंट स्टीफन कॉलेज, दिल्ली से उन्होंने इकोनॉमिक्स में ग्रेजुएशन डिग्री और सन् 1992 में इंडियन इंस्टीट्यूट ऑफ मैनेजमेंट, अहमदाबाद से बिजनेस मैनेजमेंट की मास्टर डिग्री प्राप्त की। स्पोर्ट्स, स्विमिंग, योग और ट्रेवलिंग के शौकीन दीप ने एबीएन एमरो बैंक में नौकरी की, पर बहुत जल्दी ऊब गए। पेप्सी-को फूड्स, पिज्जा हट्स, केएफसी और अरविंद मिल्स के अच्छे जॉब ऑफर ठुकरा दिए और उन्होंने बॉलिंग एली बनानेवाली एक अमेरिकन कंपनी एएमएफ बॉलिंग में चार साल काम किया और भारत में कई रियल एस्टेट ऑनर्स को बॉलिंग एलीज बेची, पर कुछ भी सीखने को नहीं मिला। बड़े प्रोफेशनल्स के साथ काम करने की इच्छा सन् 1999 में पूरी हुई। उन्होंने जीई कैपिटल को वाइस प्रेसीडेंट बिजनेस डेवलपमेंट की हैसियत से ज्वॉइन किया, पर इस बार अपना उद्यम स्थापित करने की चाह ने विवश कर दिया। सवा साल में ही उन्होंने यह शानदार नौकरी भी छोड़ दी।

## अटके भी भटके भी, हॉबी ने दिखाई ऑनलाइन राह

आध्यात्मिक गुरु चाहे जितना समझाएँ कि धनी बनने की लालसा से बचें। सच यह है कि वे भी ऐसा नहीं कर पाते। वे लग्जरी जीवन जीते हैं, हवाई यात्रा करते हैं, स्टार होटलों में कथित आध्यात्मिक इवेंट्स आयोजित करते हैं, तो उनके प्रमोशन पर लाखों रुपए खर्च कर देते हैं। आम आदमी की भी पहली चाह होती है—अपने व अपने परिवार के शानदार जीवन के लिए पर्याप्त धन-संपदा कमाए। मैनेजमेंट गुरु इसे महज़्वाकांक्षा कहते हैं और समझाते हैं कि यह चाह ही उद्यमशीलता की उत्प्रेरक है। दीप कालरा ने भी ऐसी ही चाह व उद्यमशीलता से धनोपार्जन के लिए नौकरी छोड़कर विभिन्न सेक्टरों में अपने संसाधनों में संभव कारोबार की खोज की। आईटी उद्योग के ग्लैमर ने उन्हें भी लुभाया, पर सन् 2000 में इस उद्योग में मंदी आई और निवेशक नहीं मिले।

दीप कालरा ने फाइनेंस की पढ़ाई की थी, अतः स्टॉक ब्रोकिंग फर्म खोलने का निर्णय लिया, पर पाया कि किसी बड़े बिजनेस हाउस के संबल के बिना सफल स्टॉक ब्रोकिंग फर्म नहीं खोल पाएँगे, तो यह निर्णय बदल डाला। पर्यटन उनकी हॉबी है। इस उद्योग का अध्ययन किया तो पाया कि हमारे देश में ऑनलाइन यात्रा टिकट बुक नहीं होते, पर इसमें तब एक बड़ी बाधा थी। उन दिनों देश में इंटरनेट यूजर्स बहुत कम थे और वे भी किसी नई कंपनी को डेबिट/क्रेडिट कार्ड्स से भुगतान करने में डरते थे।

## बुरे दिन चले 18 महीने, रेलवे ने दिखाई राह

दीप कालरा ने सन् 2000 में एन.आर.आई. के भरोसे ऑनलाइन ट्रेवल के लिए एक वेबसाइट लॉन्च की—मेकमॉयट्रिपडॉटकॉम। एक वेंचर कैपिटलिस्ट भारत में उनके इस वेंचर में दो मिलियन डॉलर निवेश करने को तैयार हो गया, पर डॉट कॉम गुज़्बारा फूटते ही पीछे हट गया। दीप कालरा कहते हैं कि तब मेरी उम्र थी 31 वर्ष। मैं एक बच्चे का पिता था। 18 माह तक मैंने दुर्दिनों का सामना किया। मैंने और मेरे दो सीनियर मैनेजर्स ने उन दिनों बिना वेतन मेकमॉयट्रिपडॉटकॉम को किसी तरह जिंदा रखा।

भारतीय रेलवे ने ऑनलाइन टिकट बुकिंग सेवा शुरू की, जिसने दीप कालरा के लिए आइसमेल्ट किया। उन्होंने अध्ययन किया तो पता चला कि नॉन एसी क्लास में यात्रा करनेवालों में से 60 फीसदी यात्री ऑनलाइन बुकिंग करवाने लगे हैं। बहुसंज़्यक भारतीय ऑनलाइन बुकिंग सेवा चाहते हैं, जो ज्यादा आसान और भरोसेमंद हो। लो-

कॉस्ट हवाई सेवाओं की ऑनलाइन टिकट बुकिंग से शुरुआत करनेवाले दीप कालरा ने इसके बाद पलटकर नहीं देखा।

## पाँच साल की प्रगति, देश में नंबर वन

पाँच सालों में मेकमॉयट्रिपडॉट कॉम इतना कारोबार करने लगी कि दीप कालरा ने पूरे आत्मविश्वास के साथ इसे शेयर स्टॉक एक्सचेंज में सूचीबद्ध करवा लिया। एयरलाइंस, रेलवे टिकट के बाद अब वे हॉलिडे पैकेज (हवाई यात्रा और होटल बुकिंग) की भी ऑनलाइन बुकिंग करने लगे हैं। मैकमॉयट्रिपडॉटकॉम आज देश की सबसे बड़ी ऑन लाइन ट्रेवल बुकिंग कंपनी है। घरेलू हवाई उद्योग के हर 11 में से एक यात्री के लिए वे एयर टिकट बुक कर रहे हैं तो हर रोज 2500 से ज्यादा रेल टिकट बेचते हैं। उनके हॉलीडे पैकेज के तहत चुनिंदा लोकेशन की एयर प्लस होटल कंबाइन बुकिंग करनेवाले परिवार 40 फीसदी तक डिस्काउंट प्राप्त कर रहे हैं।

## मनमौजी लेकिन समझदार प्रोफेशनल्स की टीम

दीप कालरा मेकमॉयट्रिपडॉटकॉम की सफलता का श्रेय अपनी टीम को देते हैं और कहते हैं—''अच्छी टीम को यदि दबाव मुक्त कार्यसंस्कृति मिल जाए तो उनकी कार्यक्षमता बढ़ जाती है।'' मेकमॉयट्रिपडॉटकॉम के स्टाफ को दीप कालरा से ऐसा ही वर्क कल्चर मिला है। वहाँ स्टाफ को कैजुअल ड्रेस में दफ़्तर में आने की छूट है। वे दफ़्तर में फॉर्मल ड्रेस रखते हैं, ताकि जरूरत पड़ने पर पहन लें। दीप कालरा खुश हैं कि उनके सहयोगी उनसे ज्यादा बुद्धिमान हैं। उनके अनुसार, ''यही किसी की नियुक्ति की पहली पात्रता होनी चाहिए—हमसे बेहतर न हो तो हम उन्हें नौकरी क्यों दें? उपयुक्त सहयोगी वह है, जिसके लिए बॉस के शब्द अंतिम न हों। मुझे ऐसे सहयोगी मिले हैं, जो दलीलों से मुझे समझा देते हैं कि सही क्या और गलत क्या है। और मुझे भी कहना पड़ता है आप ठीक हो।'' संयोग से दीप कालरा को ऐसे ही निवेशक भी मिले हैं, जो कारोबारी फैसले लेने में भी भागीदार हैं।

## जीवन सँवारने की नई सोच, नया अंदाज़

मेकमॉयट्रिपडॉटकॉम का टर्नओवर लगभग 1200 करोड़ रुपए हो गया है। दीप कालरा एक वी2बी वेबसाइट इंडिया मार्ट डॉट कॉम के भी स्वतंत्र डायरेक्टर हैं तो एक एनजीओ- आईएम गुड़गाँव की भी उन्होंने स्थापना की है, जिसका मकसद है गुड़गाँव के लोगों के लिए जीवन आसान बनाना। उनका जीवन स्तर सुधारना।

मेकमॉयट्रिपडॉटकॉम इस बात का प्रमाण है कि अब भारत में भी ऐसे युवा

उद्यमियों ने मोरचा सँभाल लिया है, जो नया सोचते हैं और अलग अंदाज में अपने कारोबार का संचालन करते हैं।

> "The vast majority of youth today are fortunate to have opportunities which were not available to earlier generation. Many of these opportunities have the potential to mould the youngestes into global professionals. At a very young age, they have the chance to gain the experience to negotiate, convince and influence decision makers."

□

द बॉस
सेवक नहीं, स्वामी बनो

# 04

## संजय गायकवाड़

# यूएफओ मूवीज

### फिल्म उद्योग के तारणहार

वे दिन ज्यादा पुराने नहीं हुए, जब प्रदर्शन के लिए वितरकों को फिल्म के प्रिंट्स खरीदने पड़ते थे, जिनकी लागत सामान्यत: 50 से 60 हजार प्रति प्रिंट होती थी। महँगी होने से वितरक सीमित संज़्या में प्रिंट्स बनवाते थे। वे प्रयास करते थे कि प्रिंट्स अलग-अलग शहरों में पहुँचें। लोहे की पेटी में प्रिंट्स का परिवहन हमने देखा है। वितरक अपनी टेरीटरी के सबसे ज्यादा कमाऊ क्षेत्रों में सबसे पहले फिल्म रिलीज करते थे। वहाँ दर्शकों का रुझान घटने के बाद ही प्रिंट क्रमश: छोटे शहरों, कस्बों और गाँवों तक पहुँचती थी, पर इसके पहले वहाँ यह खबर पहुँच जाती थी—फलाँ फिल्म दर्शनीय है या ऊबाई। थिएटर मालिक ज़्लाफ फिल्मों के प्रदर्शन में रुचि नहीं लेते थे। येन-केन-प्रकारेण ऐसी फिल्में रिलीज होती थीं और एक-दो सप्ताह में ही थिएटरों से उतर भी जाती थीं। विडंबना यह थी कि बॉक्स ऑफिस पर हिट फिल्मों का भी ऐसा ही हश्र होता था, क्योंकि वे एक बड़े दर्शक वर्ग तक विलंब से पहुँचती थी और इस बीच पायरेसी नेटवर्क से जुड़े लोग मलाई हड़प लेते थे। इस लचर सिस्टम ने फिल्म वितरण व प्रदर्शन

व्यवसाय को ही नहीं, बॉलीवुड के अस्तित्व को दाँव पर लगा दिया था कि डिजिटल तकनीक आई और फिल्म उद्योग की तारणहार बन गई।

## पहली बड़ी उपलब्धि : केबल मोडम तकनीक से ब्रॉडबैंड

हमारे देश में डिजिटल तकनीक (बिना प्रिंट) से फिल्म प्रदर्शन के पॉयोनियर हैं—एडलेब्स के मनमोहन शेट्टी व मुक्ता आर्ट्स के सुभाष घई। सन् 2004 में मनोरंजन उद्योग के इन महारथियों ने हार्ड डिस्क में डिजिटल फिल्में थिएटरों तक पहुँचानी शुरू की। शेट्टी व घई की देखादेखी अन्य कंपनियों ने भी थिएटरों तक इस तकनीक से फिल्में पहुँचाने का कीर्तिमान बनाया, परंतु हार्ड डिस्क द्वारा ही। इस तकनीक के उन्नत फॉरमेट व इसके कुशल कारोबारी क्रियान्वयन से बॉलीवुड को दुर्दिनों से पूरी तरह उबारनेवाले उद्यमी हैं—संजय गायकवाड़।

यूडीसीटी मुंबई से केमिकल इंजीनियर और मुंबई विश्वविद्यालय से एमबीए डिग्री प्राप्त संजय गायकवाड़ सुभाष चंद्रा द्वारा प्रवर्तित जी टी.वी. के टेक्नोलॉजी व प्रोजेक्ट्स प्रेसीडेंट रहे। संजय की तब की पहली बड़ी उपलब्धि है—केबल मोडम तकनीक से इंटरनेट यूजर्स तक ब्रॉडबैंड सुविधा पहुँचाना। इसके बाद जी ग्रुप के लिए उन्होंने देश की पहली ऑनलाइन लॉटरी 'प्लेविन' की संकल्पना सँजोई और उसे साकार भी किया। वे प्लेविन के सी.ओ.ओ. भी रहे।

## नौकरी का मोह छोड़ा, अपनी वैल्यू से वैल्यूवेबल बनाई

तकनीक आधारित कारोबार का 15 साल तक गहन अनुभव प्राप्त करने के बाद संजय ने एक दिन तय किया—कितनी भी शानदार हो, कितना भी वेतन मिले—Ultimately, enterpreneurship offers far greater opportunities than a conventional job.

वे अब नौकरी नहीं करेंगे, मालिक बनेंगे—इस सोच के साथ सन् 2003 में संजय ने मुंबई में एक फर्म वैल्यूवेबल टेक्नोलॉजिस की स्थापना की। इसके बैनर तले जन्मी वैल्यूएबल मीडिया प्रा.लि.। अपोलो टायर्स ग्रुप की सहायक कंपनी अपोलो इंटरनेशनल के मैनेजमेंट ने संजय की तकनीकी सूझबूझ व कारोबारी सूझबूझ पर भरोसा दरशाते हुए उनके वेंचर में 25 करोड़ रुपए निवेश किए तो दो अन्य प्राइवेट इक्विटी फर्ज़्स ने भी संजय को करीब 400 करोड़ रुपए सौंप दिए।

## तेज डिजिटल दौड़, सैटेलाइट से थ्री-डी तक

फिल्म प्रदर्शन को तकनीक आधारित बनाने के लिए संजय को पर्याप्त पूँजी मिल

गई तो वे कितना तेज दौड़े हैं, इसकी एक बानगी देखिए—जुलाई 2005 में वे दुनिया के पहले ऐसे टेक्नोप्रिनर बन गए, जिन्होंने एमपीईजी-4 तकनीक से सैटेलाइट के जरिए डिजिटल फिल्म प्रदर्शन को संभव बनाया। यानी वितरकों को हार्ड डिस्क झंझट से भी मुक्त कर दिया। सन् 2008 में उन्होंने देश के 1300 से अधिक थिएटर तक सैटेलाइट से फिल्में पहुँचा दी। सन् 2010 में 45 दिन का आईपीएल 800 थिएटर्स में लाइव पहुँचाकर फाइनल-सेमीफाइनल को थ्री-डी फॉरमेट में बड़े परदे पर दरशाने का श्रेय पाया। इसी साल 2000 सिनेमा थिएटरों में डिजिटल सिनेमा पहुँचाया। अक्तूबर 2010 में 1000 से ज्यादा यूएफओ थिएटर्स में सलमान खान की फिल्म 'दबंग' रिलीज की। सन् 2011 में देश के 150 थिएटरों को थ्री-डी फिल्म प्रदर्शन के लिए तैयार किया। अपने ही कीर्तिमान को ध्वस्त करते हुए शाहरुख खान की फिल्म 'रा-वन' को एक दिन, एक ही समय 1400 से अधिक थिएटरों में रिलीज किया और सन् 2011 में ही मनमोहन शेट्टी की स्क्रेबल इंटरटेनमेंट प्रा.लि. को अधिगृहीत करके हाई रिजोल्यूशन—2K डिजिटल सिनेमा प्लेटफॉर्म प्राप्त किया। 2012 में आज तक केवल यूएफओ ने ही 3000 से अधिक सिनेमाघरों को डिजिटाइस कर लिया है।

## बॉलीवुड को मिला जीवनदान, थिएटरों का हुआ कायाकल्प

बॉलीवुड को भी डिजिटल सिनेमा ने जीवनदान दिया है। अब फिल्म किस्तों में वितरित और प्रदर्शित नहीं होती। सुपरहिट फिल्म भी अब सिल्वर जुबली व गोल्डन जुबली नहीं मनाती। पहले दिन पहला शो एक साथ हजारों थिएटरों में रिलीज होता है और पहले दिन ही करोड़ों रुपए इकट्ठा कर लेता है। एक-दो सप्ताह में तो लागत ही नहीं मुनाफा मिलने लगता है। सलमान खान की 'बॉडीगार्ड' ने पहले सप्ताह में 65 करोड़ रुपए इकट्ठा किए थे तो शाहरुख खान की 'रा-वन' ने 150 करोड़ रुपए। इन ब्लॉकबस्टर फिल्मों का 70-80 प्रतिशत रिलीज यूएफओ थिएटर द्वारा हुआ।

यही नहीं, यूएफओ मूवीज अपने स्वामित्व की पेटेंटेड तकनीक से अपनी लागत पर थिएटरों को डिजिटल व थ्री-डी फिल्म प्रदर्शन उपकरण उपलब्ध करवाने लगी। एक थिएटर में इस तकनीक को पहुँचाने की 4 से 10 लाख रुपए लागत के बदले संजय गायकवाड़ ने सिनेमा मालिकों से केवल मासिक किराया वसूल किया। सिनेमा प्रदर्शन की लागत जब प्रति प्रिंट के लिए 70 से 80 हजार रुपए खर्च से घटकर प्रति शो मात्र 300 से 400 रुपए रह गई तो थिएटरों और वितरकों का कायाकल्प होने लगा। 700-800 दर्शकों के जर्जर थिएटर 200 से 400 दर्शकों के कई स्क्रीनों के मल्टीप्लैक्सेस में बदल गए। सिनेमा मालिकों को अपने थिएटरों को मल्टीप्लैक्स में बदलने पर पैसा खर्च करना पड़ा, पर उनकी प्राप्तियाँ 5 से 10 गुना बढ़ गईं। कभी उन्हें प्रति टिकट 20 से 50 रुपए

मिलते थे, आज वे 100 से 300 रुपए मूल्य के टिकट बेच रहे हैं। और सबसे बड़ा योगदान रहा कि जहाँ कुछ मुट्ठीभर थिएटर रिलीज सेंटर थे, वहीं अधिक-से-अधिक थिएटर्स में पहला दिन पहले शो के स्क्रीनिंग की विशिष्टता हासिल कर ली।

## सबके लिए विन-विन सिचुएशन

देश में आज 5000 डिजिटल सिनेमा स्क्रीन हैं, जहाँ एक साथ एक फिल्म रिलीज की जा सकती है। इनमें से 3000 स्क्रीन का संचालन संजय गायकवाड़ की कंपनी यूएफओ कर रही है। कंपनी का टर्नओवर 200 करोड़ रुपए हो गया है, जो सन् 2009 में मात्र 35 करोड़ रुपए व सन् 2011 में 110 करोड़ रुपए था। इसमें 'इन-सिनेमा-एड' की हिस्सेदारी 40 फीसदी है। संजय 1.5 अरब रुपए निवेश करके 4000 थिएटरों को 2डी तकनीक व 1250 को 3डी तकनीकयुक्त बनाने की तैयारी कर रहे हैं। यह वैसी ही क्रांति है, जो स्टीवन स्पीलबर्ग अमेरिका में लेकर आए हैं। दिलचस्प बात यह है कि सिनेमा मालिक को यह तकनीक या इसके उपकरण प्राप्त करने के लिए पूँजी निवेश नहीं करनी पड़ेगी। वे इनके बदले प्रति टिकट रॉयल्टी चुकाएँगे। फिल्म प्रिंट गैरजरूरी होने से देश का विदेशी मुद्रा खर्च घटा है। थिएटरों में दर्शकों की वापसी से सरकार की मनोरंजन कर आय भी बढ़ी है। टेक्नोलॉजी की मदद से एक टेक्नोप्रिनर क्या कमाल कर सकता है, इसकी बेहतरीन मिसाल है संजय गायकवाड़ और उनकी कंपनी यूएफओ मूवीज इंडिया।

□

द बॉस

सेवक नहीं, स्वामी बनो

05

डॉ. अनिल जिंदल

# एस.आर.एस. ग्रुप

## स्कूली पढ़ाई के साथ घर-घर दूध वितरण

उज़र प्रदेश के फरीदाबाद जिले के एक गाँव फिरोजपुर कलाँ में जनमे अनिल जिंदल के पिता जी.एस. जिंदल फरीदाबाद में एक डेयरी के मालिक थे। छह भाई-बहनों में सबसे बड़े होने से अनिल को छोटी उम्र में पिता का कारोबारी सहयोगी बनना पड़ा। पढ़ाई करते हुए उन्होंने ग्राहकों के घर दूध डिलीवर किया। आगरा यूनिवर्सिटी से पोस्ट ग्रेजुएशन की पढ़ाई करते हुए उन्होंने एक कोचिंग सेंटर खोला। वहाँ सौ छात्र कोचिंग के लिए आने लगे तो वे इसे ही प्रोफेशन बनाने की योजना बनाने लगे, पर नियति की नीयत कौन जान पाया है!

## बड़े मैदान के खिलाड़ी बनने का स्वप्न

बचपन में ही भाग्य ने उनके पुरुषार्थ को परख लिया था और वह उन्हें बड़े मैदान का खिलाड़ी बनाना चाहता था। सन् 1985 में यही हुआ। पढ़ाई के साथ कमाई के बावजूद मितव्ययी जीवन जीने वाले अनिल जिंदल के पास 10 लाख रुपए जमा हो गए

तो इसे अपनी सीड कैपिटल बनाकर उन्होंने एक फाइनेंसिंग व लीजिंग फर्म स्थापित की—बीटीएल इंवेस्टमेंट्स। इस फर्म के बैनर तले वे दो-पहिया वाहनों व मशीनों के लिए कर्ज देने लगे। इसके साथ ही उन्होंने रबड़ उत्पादों, चाय व रिफाइंड ऑयल की भी ट्रेडिंग की। सन् 1997 में वे रिफाइंड ऑयल बनाने भी लगे तो जन्मी एक और कंपनी बीटीएल इंडस्ट्रीज लिमिटेड। इसके साथ अनिल जिंदल की पहचान बन गई 'बीटीएल ग्रुप के संस्थापक।'

## मॉल्स महानगरों में नहीं, छोटे शहरों में

अनिल जिंदल ने मार्केटिंग व मैन्यूफैक्चरिंग करते हुए जो कमाया और बचाया, उसे जमीनों में निवेश किया। संयोग से उन्हीं दिनों वे विदेश गए, वहाँ उन्होंने बड़े-बड़े मॉल्स देखे, जिसने उन्हें लुभाया। सोची-समझी जोखिम उठानेवाले अनिल जिंदल ने मॉल्स के जरिए भारतीय रिटेल मार्केट में एंट्री लेने की तैयारी की, पर आदतन पहले होमवर्क किया। गहन चिंतन-मनन के बाद वे इस निष्कर्ष पर पहुँचे कि हमारे देश में विदेशों जैसे मॉल्स तो खुलने लगे हैं, पर ये महानगरों तक सीमित हैं। टायर-टू व थ्री यानी छोटे शहरों व कस्बों के लोगों की भी क्रयशक्ति बढ़ने के साथ जीवनशैली बदली है, पर वहाँ मॉल्स नहीं हैं।

## पहला मॉल बना लैंडमार्क

यदि वर्ल्ड क्लास मॉल्स के साथ मल्टीप्लैक्स और फूड कोर्ट्स भी हों तो ग्राहकों की सपरिवार आवक बढ़ेगी, इस सोच के साथ सन् 2000 में अनिल जिंदल ने एक कंपनी स्थापित की—एस.आर.एस. कमर्शियल लिमिटेड। सन् 2002 में इस कंपनी ने हरियाणा अरबन डेवलपमेंट अथॉरिटी (हूडा) से फरीदाबाद में 3 एकड़ भूखंड प्राप्त किया। 22 अक्तूबर, 2004 को वहाँ एस.आर.एस. मॉल्स व फरीदाबाद के पहले मल्टीप्लैक्स व फूड कोर्ट्स का शुभारंभ हुआ। इंटरटेनमेंट सहित यह रिटेल सेंटर आज फरीदाबाद का लैंडमार्क है।

## स्पीड ब्रेकर हटाकर लगाई दौड़

2000 के बाद फरीदाबाद तेजी से विकसित हुआ। कंस्ट्रक्शन गतिविधियाँ बढ़ने से जमीनों की कीमत कई गुना बढ़ गई। अनिल जिंदल ने जो 40 एकड़ भूमि लाखों में खरीदी थी, उसका मूल्य करोड़ों रुपए हो गया। इस पूँजी और फरीदाबाद स्थित एस.आर.एस. मॉल्स ने अनिल जिंदल की कारोबारी दौड़ के सारे स्पीड ब्रेकर हटा दिए तो वे किस द्रुत गति से दौड़े, इसे जानने के पहले उनके समूह के नाम 'एस.आर.एस.' का मतलब जानें।

'Sab Raho Sath (सब रहो साथ) का संक्षिप्तीकरण है—एस.आर.एस.।' इसके पीछे अनिल जिंदल का दर्शन है—''ऐसा उद्योग समूह, जिसके ऑनर-प्रमोटर से लेकर ग्राहक, शेयरधारक, कर्मचारी ही नहीं, संपूर्ण समाज साथ-साथ आगे बढ़ें।''

## कई कारोबार में बढ़ी सक्रियता

अगस्त 2011 में शेयर मार्केट में सूचीबद्ध एस.आर.एस. समूह आज रियल एस्टेट, फिल्म प्रदर्शन, फूड्स व बेवरेजेस, ज्वेलरी मैन्यूफैक्चरिंग व रिटेलिंग, हॉस्पिटैलिटी व हेल्थकेयर तथा फाइनेंस क्षेत्र में सक्रिय है। एस.आर.एस. समूह का बहुआयामी व्यापार-व्यवसाय फरीदाबाद, गुड़गाँव, अहमदाबाद, पुणे, नासिक, इंदौर, पानीपत, अंबाला, जालंधर, लुधियाना, ग्रेटर नोएडा, गाजियाबाद व वैशाली जैसे विकासशील शहरों में फैला हुआ है। महानगर नहीं, बल्कि फरीदाबाद स्थित मुख्यालय से अनिल जिंदल अपने कारोबार की देखरेख करते हैं। उन्होंने कई प्रीमियर फॉर्म हाउसेस विकसित किए हैं। कमर्शियल टावर व टाउनशिप्स बनाई हैं। समूह सात शहरों में 8500 से ज्यादा दर्शक क्षमता के 33 स्क्रींस के 12 मल्टीज़्लैक्सेस का मालिक है। 8 फूड कोर्ट्स, 4 रेस्राँ का संचालन कर रहा है। दो दर्जन वैल्यू बाजार रोजमर्रा का सामान जैसे किराना गुड्स, स्टेपल फूड्स, एपेरल्स, फर्निशिंग व लाइफ स्टाइल प्रोडक्ट्स बेचते हैं। ज्वेलरी मैन्यूफैक्चरिंग के साथ 5 रिटेल स्टोर्स, 4 होलसेल स्टोर्स व एक ईओयू होलमार्क गोल्ड व सर्टिफाइड ज्वेलरी घरेलू मार्केट में बेचते हैं तो निर्यात भी करते हैं। अनिल जिंदल ने 78 कमरों का वैल्यू फॉर मनी लग्जरी होटल एस.आर.एस. लक्ष्य भी हरिद्वार में बनाया है। यहाँ 3 प्रेसीडेंशियल सूट्स, 4 सुपर डीलक्स व 71 डीलक्स कमरे हैं। हेल्थकेयर सेक्टर में एस.आर.एस. मेडीटेक सिंगल यूज सीरिंज, ऑटोडिसबल सीरिंज, हायपॉडरेमिक नीडल्स, ट्रांसफ़्यूजन सेट्स, इंफेंट फीडिंग ट्यूब, ब्लड कलेक्शन ट्यूब जैसे कई सर्जिकल डिस्पोजल्स बनाती है। अनिल जिंदल की आगामी योजना है—'54 स्क्रीन के नए मल्टीज़्लैक्सेस, 33 नए फूड कोर्ट्स, 29 रिटेल स्टोर्स व 17 नए ज्वेलरी स्टोर्स खोलकर सारे देश में पहुँचना।'

## ज्ञानार्जन में भी किया कमाल

47 वर्षीय अनिल जिंदल ऐसे न्यू जनरेशन उद्यमी हैं, जिन्होंने कारोबार विस्तार के साथ ज्ञानार्जन में भी कोई कसर नहीं छोड़ी है। पोस्ट ग्रेजुएशन के पहले वे फर्स्ट जनरेशन इंटरप्रिन्योर बन गए थे। इसके बाद उन्होंने नेशनल इंस्टीट्यूट ऑफ मैनेजमेंट से एमबीए के अलावा सीसीए डिग्री हासिल की। सन् 2005 में चौधरी चरणसिंह यूनिवर्सिटी मेरठ से सर्विस/मार्केटिंग पर थीसिस पेश करते हुए डॉक्टरेट (पी-एच.डी.) प्राप्त की।

सन् 2009 में इंटरनेशनल ह्यूमन रिसोर्सेस मैनेजमेंट में उच्चतम शैक्षणिक डिग्री डी.लिट. प्राप्त करनेवाले डॉ. अनिल जिंदल सुबह 5.30 बजे उठ जाते हैं। योग, ध्यान व सुबह की सैर के साथ उनकी दिनचर्या शुरू होती है। भगवद्गीता व चाणक्य नीति उनके पसंदीदा ग्रंथ हैं। पिता को अपना रोल मॉडल माननेवाले डॉ. अनिल जिंदल स्वाध्याय व मेल-मुलाकात के भी शौकीन हैं। दक्षिण अफ्रीका के अभयारण्य उन्हें पसंद हैं तो प्रयास सोशल वेलफेयर सोसाइटी, रोटरी व लायंस क्लब जैसे संस्थानों के जरिए वे समाज-सेवा में भी पीछे नहीं हैं। वे युवाओं को वर्ल्ड क्लास शिक्षा उपलज्ध करवाने की मंशा से एक यूनिवर्सिटी स्थापित कर रहे हैं। उनका कहना है—

> "One should keep ego aside, stay committed and pay attention to details. Success is possible by dreaming big, backing it up with passion and honesty."

□

# द बॉस
सेवक नहीं, स्वामी बनो

# 06

राजीव वास्तुपाल

# टीम राजीव

## संपन्नता की बुनियाद हैं, उनके सहयोगी

क्रिकेट की तरह जिंदगी में भी दो पारियाँ होती हैं। पहली पारी की पराजय से हताश न होने के बजाय सबक सीखकर जो नए जोश व होश के साथ दूसरी पारी शुरू करते हैं, वे ही विजयश्री प्राप्त करते हैं। मुंबई में जनमे 55 वर्षीय राजीव वास्तुपाल ऐसे ही गुजराती उद्यमी हैं। कारोबारी कॅरियर की पहली पारी में वे तीन बार शून्य पर हिट विकेट आउट हुए, पर इसके बाद 35 हजार रुपए की पूँजी से दूसरी पारी शुरू की। आज 'टीम राजीव' सालाना 550 करोड़ रुपए का कारोबार कर रही है। ऐसे हौसलामंद व्यक्तित्व के धनी राजीव अपने ग्रुप को 'टीम राजीव' कहते हैं और मानते हैं—''उनकी सफलता व संपन्नता की बुनियाद है, उनके सहयोगी। उन्होंने ही मुझे भरोसा दिलाया है कि बहुत जल्दी टीम राजीव का सालाना टर्नओवर 1000 करोड़ रुपए हो जाएगा।''

हर सौ रुपए की अपनी कमाई में से एक रुपए फिक्स्ड डिपॉजिट में जमा करनेवाले राजीव वास्तुपाल अपनी टीम पर इतना भरोसा करते हैं कि टीम राजीव की सिरमौर कंपनी के संपूर्ण सूत्र उन्होंने प्रोफेशनल्स को सौंप रखे हैं। राजीव इसके नियंत्रक मंडल में भी नहीं हैं।

## पिता नहीं रहे, नौकरियों के चक्कर में ठोकरें खाई

सन् 1957 में मुंबई में एक जैन परिवार में जनमे राजीव वास्तुपाल का लालन-पालन अहमदाबाद में हुआ, जहाँ उनके पिता वस्त्र व्यवसायी थे। शारदा मंदिर विद्यालय से उन्होंने स्कूली शिक्षा, आईसीडब्ल्यूए की इंटरमीडिएट परीक्षा, एचएल कॉलेज से कॉमर्स स्नातक डिग्री और कानून की स्नातक डिग्री प्राप्त की। राजीव जब किशोर थे, तब पिता का निधन हो गया। इस आपदा के बावजूद राजीव थोड़े समय तक एक लिफाफा बनानेवाली यूनिट में भागीदार हो गए। सिलवासा में एक नेरो फैब्रिक निर्माता कंपनी के वर्किंग डायरेक्टर भी बने, पर भारी कर्ज के कारण यह कंपनी बंद हो गई। अपनी नेरो फैब्रिक यूनिट स्थापित की, पर यह भी बहुत जल्दी बंद हो गई।

## हताश नहीं हुए, बात समझाने में माहिर हो गए

इन प्रारंभिक असफलताओं से राजीव हताश नहीं हुए, बल्कि उन्होंने तय किया कि वे अब हार नहीं मानेंगे, पर अपना व्यापार करने के लिए पूँजी नहीं थी। राजीव वास्तुपाल रोज खाने का डिब्बा लेकर औद्योगिक क्षेत्र पहुँच जाते। वहाँ अपने मित्रों से मिलते, जो टेक्सटाइल कंपनियों के मालिक थे। गपशप करते हुए उनसे पता करते कि उनकी कंपनी मार्केट से क्या खरीदी करती है। वे यह सामान कम-से-कम मुनाफे पर कंपनियों को उपलब्ध करवाने लगे। कई कंपनियों के वरिष्ठ अधिकारियों से उनका संपर्क बढ़ा, जिन्होंने उनकी मार्केटिंग दक्षता तराशी। वे अपनी बात लोगों को समझाने व मनवाने में माहिर हो गए।

## पेनल बोड्र्स कारोबार से मिली नई राह

सप्लाई बिजनेस के दौरान राजीव को एक बड़ी इलेक्ट्रिकल इंजीनियरिंग कंपनी से पेनल बोड्र्स सप्लाई करने का ऑर्डर मिला। राजीव वास्तुपाल ने पेनल बोड्र्स बाजार से खरीदकर सप्लाई करने के बजाय बनाने का निर्णय लिया। अपने एक इलेक्ट्रिक इंजीनियर मित्र दिपेन शाह के साथ उन्होंने इलेक्ट्रिक पेनल बोड्र्स बनाने शुरू किए, जिनकी तब उद्योगों में अच्छी माँग थी। इसके साथ ही वे इलेक्ट्रिक इंजीनियरिंग कंपनियों को स्विच गियर्स, पावर केबल्स व अन्य इलेक्ट्रिक कंपोनेंट्स भी सप्लाई करने लगे। यह व्यापार इतना बड़ा हो गया कि फिनोलेक्स केबल्स, ली ग्रांड इंडिया, जीई पावर कंट्रोल्स, जीई लाइटिंग, कुसुम इंजीनियरिंग वर्क्स, भरतिया इंडस्ट्रीज ने अपने उत्पादों का उन्हें मार्केटिंग व डिस्ट्रिब्यूशन एजेंट बना दिया। फिर वह टर्निंग पॉइंट आया, जिसे राजीव वास्तुपाल आज तक नहीं भूले हैं।

## बिना अपॉइंटमेंट की मुलाकात बनी टर्निंग पॉइंट

हल्दिया पेट्रोकेमिकल्स के प्रबंध निदेशक से बिना अपॉइंटमेंट मिलने के लिए राजीव वास्तुपाल कोलकाता गए थे। कई दिन तक हर रोज उनके दफ़्तर गए, उनके सेक्रेटरी के सामने घंटों बैठे रहे, पर एमडी इतने व्यस्त थे कि मुलाकात नहीं हुई। एक दिन एमडी ने अपने सेक्रेटरी से पूछा—"यह शख़्स कौन है?" सेक्रेटरी से राजीव के रोज आने का प्रयोजन जाना तो वे कुछ मिनटों की मुलाकात के लिए तैयार हो गए। राजीव वास्तुपाल ने उन्हें ऐसा सम्मोहित किया कि चंद मिनटों की मुलाकात आधा घंटा चली। एमडी उन्हें पॉलिथिलिन की एजेंसी देने को तैयार हो गए, पर शर्त थी—'राजीव वास्तुपाल एक करोड़ रुपए अर्नेस्ट मनी जमा करें।' राजीव वास्तुपाल ने हैसियत से परे जाकर हामी भर दी। उन्होंने यह राशि अपनी बचत से जुटाई और इसके बाद पलटकर नहीं देखा।

## देश ही नहीं, दुनिया में छाईं राजीव की कंपनियाँ

राजीव टीम की आज सिरमौर कंपनी है राजीव पेट्रोकेमिकल्स प्रा.लि. जो पेट्रोकेमिकल्स व पॉलिमर की गुजरात की प्रमुख ट्रेडिंग फर्म है। यह कंपनी हल्दिया पेट्रोकेमिकल्स के अलावा एचपीसीएल मिज़ल, फिनोलेक्स, एलजी, जिंदल ग्रुप की भी सप्लाईर है। राजीव टीम की सिरमौर मैन्यूफैक्चरिंग कंपनी है—अटलांटिस प्रोडक्ट्स जो स्टेट-ऑफ-द-आर्ट संयंत्र से ताड़ पेड़ों के रेशों से बुने हुए बोरे (राफिया वुलन) बनाती है। राजीव टीम की ऑप्टीफ़्लेक्स प्रा.लि. वाइडिंग वायर्स तथा फ़्लैट व फ़्लेक्सिबल केबल्स तो ऑप्टिक लाइटिंग प्रा.लि. आर्किटेक्चरल लाइन लाइट्स, सीएफएल डाउन लाइटर, लैंड स्पॉट लाइट्स, स्ट्रीट लाइट्स, आउटडोर लाइट्स और ऑफिस लाइटिंग जैसे उत्पाद बनाती है। एक अन्य कंपनी रिद्धि इंटरप्राइज कस्टमाइज्ड पेनल्स बनाती है और इलेक्ट्रिक स्वीच गियर तथा केबल की भी प्रमुख ट्रेडिंग फर्म है। राजीव ग्रुप (टीम) पॉलिमर्स, वुलन सेक, फैब्रिक्स दुनिया के 10 देशों को निर्यात कर रही है। ग्रुप की शत-प्रतिशत इक्विटी का स्वामी राजीव वास्तुपाल का परिवार है, पर उन्होंने अपनी कंपनी की दैनंदिन जवाबदेही प्रोफेशनल्स को सौंप रखी है और उनसे ऐसा रिश्ता कायम किया है कि कई एक्जीक्यूटिव स्थापना से आज तक उनके साथ हैं। इनमें से उल्लेखनीय है राजीव टीम का फाइनेंस पोर्टफोलियो सँभालनेवाले जीतूभाई पटेल।

## परोपकार के साथ 'जियो और जीने दो' में यकीन

राजीव वास्तुपाल दो पुत्रियाँ नियति व आयुषी के पिता हैं। उनकी पत्नी आरती ने उनकी हर कोशिश व हर जोखिम में उनका साथ निभाया है। बड़ी पुत्री नियति शिक्षा के

क्षेत्र में सक्रिय हैं और जाइडस स्कूल की एक्जीक्यूटिव ट्रस्टी हैं। आयुषी अभी पढ़ रही हैं। राजीव को उज़्मीद है कि वे राजीव टीम से जुड़ेंगी।

योग के नियमित अज़्यासी राजीव वास्तुपाल हवाई जहाज उड़ता है या उतरता है तो नवकारमंत्र का जाप करने लगते हैं। जैनत्व के संस्कार 'जियो और जीने दो' का निर्वहन करते हुए वे 107 साल पुराने अहमदाबाद के एक होज़्योपैथी ट्रस्ट के मैनेजिंग ट्रस्टी हैं तथा अहमदाबाद मैनेजमेंट एसोसिएशन को 10 लाख रुपए सहयोग राशि देकर उन्होंने राजीव वास्तुपाल एचिवर्स अकादमी स्थापित करवाई है। जेबी ऑडिटोरियम के निर्माण में उनका योगदान है 50 लाख रुपए। आईआईएम बेंगलुरु के नियंत्रक मंडल के सदस्य राजीव वास्तुपाल यंग प्रेसीडेंट ऑर्गेनाइजेशन व वर्ल्ड प्रेसीडेंट ऑर्गेनाइजेशन के भी सक्रिय सदस्य हैं। हाल ही में वे अखिल भारतीय मैनेजमेंट एसोसिएशन के प्रेसीडेंट मनोनीत किए गए हैं।

> "No general can fight his battles alone. He must depend upon his lieutenants, and his success depends upon his ability to select the right man for the right place."
>
> —Philip Armour

□

देवेंद्र शाह

# पराग मिल्क फूड्स

## दुग्ध क्रांति के बाद पशुपालन बना मुनाफादेह व्यापार

भारत की ग्रामीण आबादी हजारों वर्षों से खेती के साथ गो-पालन कर रही है, जिसने उनकी आय बढ़ाई है, हालाँकि यह उनका पार्टटाइम पेशा है। 90 के दशक में हुई श्वेत क्रांति (दुग्ध क्रांति) के बाद पशुपालन सही मायने में मुनाफादेह व्यापार बना है। गाय के दूध से डेयरी उत्पादों की प्रोसेसिंग व मार्केटिंग में मॉडर्न टेक्नोलॉजी व मैनेजमेंट हमारे यहाँ जिन गिने-चुने लोगों ने अपनाया है, उनमें अव्वल हैं—महाराष्ट्र के देवेंद्र शाह।

## दूध के कारोबार में झंझट हजार

देवेंद्र शाह का परिवार आठ पीढ़ी से महाराष्ट्र का निवासी है। उनके पुरखों ने पशुआहार, आलू बीज व लहसुन का व्यापार किया। स्नातक डिग्री प्राप्त करने के बाद देवेंद्र ने परिधानों की रिटेल ट्रेडिंग की, पर अपेक्षित सफलता नहीं मिली। दुग्ध क्रांति के बाद गाँवों में दूध उत्पादन तो बढ़ा, पर तदनुसार वितरण नेटवर्क न होने से दूध गाँवों में

ही बरबाद होने लगा था। सरकारी और सहकारी संस्थाएँ सप्ताह में पाँच दिन ही दूध इकट्ठा करती थीं। पशुपालक दो दिन जबरन अवकाश मनाते थे, जो उनके पशुओं का स्वास्थ्य बिगाड़ता था व उनकी आय घटाता था। देवेंद्र शाह अवकाश के दिन गाँवों से कम मूल्य पर दूध इकट्ठा करके शहर की मिठाई की दुकानों को सप्लाई करने लगे। बहुत जल्द उन्हें आभास हुआ कि वे अपना मुनाफा दूसरों के साथ शेयर कर रहे हैं और पशुपालकों को भी उनके उत्पादन का पूरा मुआवजा नहीं मिल रहा है। उन्होंने वैल्यू एडेड दुग्ध उत्पाद बनाने के लिए मिल्क प्रोसेसिंग यूनिट लगाने की योजना बनाई, पर सरकारी नियंत्रण बाधा बन गया। केवल सरकारी व सहकारी संस्थाएँ ही तब गाँवों से दूध इकट्ठा कर सकती थीं।

## एक करोड़ का कर्ज लेकर शुरू की कंपनी

सन् 1991 में सरकार ने डेयरी सेक्टर को नियंत्रण मुक्त किया तो निजी क्षेत्र के व्यापारियों को भी पशुपालकों से सीधे दूध खरीदने की अनुमति मिली। देवेंद्र शाह ने सन् 1992 में एक करोड़ रुपए का कर्ज लेकर पराग मिल्क फूड्स प्रा.लि. की स्थापना की और पुणे से 60 कि.मी. दूर मनचार में एक पाश्चुराइजिंग संयंत्र स्थापित किया। सन् 1997-98 में देवेंद्र शाह ने 79 हजार लीटर दूध प्रतिदिन प्रोसेसिंग क्षमता जुटा ली, जो आज सात लाख लीटर प्रतिदिन हो गई है। इसके साथ ही उन्होंने वैल्यू एडेड दूध उत्पाद बनाने के लिए अत्याधुनिक सुविधाएँ जुटाईं। देवेंद्र शाह यहीं नहीं थम गए।

## अत्याधुनिक गो-पालन केंद्र, गाएँ सुनती हैं भजन

दूध उत्पाद बनाने के लिए सतत गुणवत्ज्ञायुक्त कच्चा माल मिलता रहे इस मंशा से उन्होंने अपना खुद का काऊ-फॉर्म स्थापित किया, जो आज देश का सबसे बड़ा व सबसे अत्याधुनिक गो-पालन केंद्र है। अंतरराष्ट्रीय मापदंडों के इस 35 एकड़ भूखंड के काऊ-फॉर्म की 3000 गायें प्रतिदिन 17 हजार लीटर दूध उत्पादन कर रही हैं। यहाँ एक गाय प्रतिदिन 22 से 40 लीटर दूध देती है। अपने किस्म के इस अद्‌भुत गो-पालन केंद्र में गायों की दिनचर्या सुबह भजन श्रवण से शुरू होती है। देवेंद्र शाह कहते हैं—"संगीत सुनने से गायों की दुग्ध उत्पादन क्षमता बढ़ती है। हम कई गाँवों से दूध इकट्ठा करते थे। एक गाँव से हमें 700 लीटर दूध प्रतिदिन मिलता था, पर जब यह अचानक कम हुआ तो हमने कारण खोजा। पता चला कि गाँव के मंदिर में सुबह रोज लाउड स्पीकर से भजन सुनाए जाते थे, जो पावर कट के कारण बंद हो गए हैं। हमने गाँव की पंचायत को पावर ब्रेकअप व लाउड स्पीकर सिस्टम उपलज़्ध करवा दिए। भजन बजने लगे तो दूसरे-तीसरे दिन ही उस गाँव से हर रोज फिर 700 लीटर दूध मिलने लगा।"

## पवित्र गायों को खूँटे से नहीं बाँधते

देवेंद्र शाह ने पराग फूड्स के काऊ-फॉर्म की जवाबदेही एक ब्रिटिश पशुपालन विशेषज्ञ एडमूंड विनसेट पाइपर को सौंपी है, जो पोलैंड, हंगरी, सऊदी अरब व बहरीन में दुनिया के बड़े व बेहतरीन काऊ-फॉर्म सँभाल चुके हैं। वे कहते हैं—"मेरा बचपन पशुओं के साथ बीता है। मैं उन्हें प्यार करता हूँ और वे मुझे।" पराग फूड्स के काऊ-फॉर्म में गायों को खूँटी से बाँधा नहीं जाता। वे खुली घूमती हैं और स्पेशल घास (अल्फा-अल्फा) चरती हैं, जिसे कंपनी के अहमदनगर स्थित फॉर्म में उगाया जाता है। गाय की अपनी मनमौजी दिनचर्या का हिस्सा है—दूध दूहने के समय खुद-ब-खुद रोटरी पार्लर पर पहुँचना। एक अनुशासित फौजी की तरह दुग्ध दोहन संयंत्र पर वे खुद खड़ी होती हैं और दूध निकल जाने के बाद उतर भी जाती हैं। इस दौरान उनकी शारीरिक रिपोर्ट कंप्यूटर पर दर्ज होती है। यदि कोई फेरबदल हो, यानी कोई गाय अस्वस्थ हो तो उसे स्वस्थ होने तक अकेले रखा जाता है। हर स्वस्थ गाय के गले में डिजिटल चिप बेल्ट लगा हुआ है, जिस पर लिखा है—'होली काऊ' (पवित्र गाय—स्वस्थ गाय)।

पराग फूड्स का डेयरी प्लांट भी स्वचालित है। यहाँ यूरोपियन तकनीक की आयातित मशीनों से बिना मानवीय स्पर्श वैल्यू एडेड मिल्क प्रोडक्ट्स बनाए जाते हैं। संयंत्र की क्षमता है 10 लाख लीटर दूध मंथन, 10 मीट्रिक टन मक्खन, 25 मीट्रिक टन घी, 10 मीट्रिक टन दही और 65 मीट्रिक टन मिल्क पाउडर। कंपनी का चीज प्लांट तो एशिया का सबसे बड़ा संयंत्र है, जिसकी क्षमता है प्रतिदिन एक लाख टन।

## दुनिया को भाया गोवर्धन का स्वाद

पराग फूड्स अपने वैल्यू एडेड मिल्क प्रोडक्ट्स दूध, दही, घी, बटर, चीज, डेयरी व्हाइटनर, गुलाब जामुन, मिक्स चीज आदि की गोवर्धन ब्रांड नेम से बिक्री करती है। अफ्रीकन देशों, मध्य-पूर्व व दक्षिण-पूर्व एशिया के देशों की फूड इंडस्ट्रीज में भी गोवर्धन ब्रांड मिल्क प्रोडक्ट्स उपयोग किए जा रहे हैं। कंपनी को आईएसओ प्रमाणन के अलावा यूएसएफडी से हाईजेनिक मान्यता मिली हुई है। देवेंद्र शाह ने मनचार के अलावा दो और उत्पादन संयंत्र पालमनेर (बेंगलुरु) और श्रीरामपुर (अहमदनगर) में स्थापित किए हैं, जिनकी दूध प्रोसेसिंग क्षमता है प्रतिदिन 5 लाख लीटर। श्री शाह फॉर्म-टू-होम मिल्क परियोजना लागू करने जा रहे हैं, जिसके तहत काऊ-फॉर्म से बिना मानव स्पर्श के ताजा दूध पेट बोतलों में पैक होकर ग्राहकों के घर पहुँचेगा।

पराग फूड्स प्रा.लि. का सालाना टर्नओवर 400 करोड़ रुपए से ज्यादा हो चुका है, पर पराग डेयरी के चेयरमैन देवेंद्र शाह व मैनेजिंग डायरेक्टर प्रीतम शाह एवं डायरेक्टर

पराग शाह का लक्ष्य है—''भगवान् श्रीकृष्ण द्वारा स्थापित गोसंरक्षण व गो-पालन परंपरा को भारत में इस तरह पुनर्स्थापित करना कि गो-पालक किसानों के साथ वे स्वयं और उनके ग्राहक भी लाभान्वित हों।''

> "Good business leaders create a vision, articulate the vision, passionately own the vision, and relentlessly drive it to completion." —John Welch

□

# 08

## दिनेश पाटीदार अंकित पाटीदार

# शक्ति पंप ( इंडिया ) लिमिटेड

### गाँव का बेटा, पंप से दोस्ती

शक्ति पंप के चेयरमैन दिनेश पाटीदार के पिता मनोहरलाल पाटीदार इंदौर के नजदीक राऊ की एक अजवाइन फैक्टरी में 60 रुपए माह पर मुनीम (महाजनी पद्धति से बहीखाता लेखन) थे। साधारण शिक्षा प्राप्त मनोहरलाल पाटीदार मूलतः उद्यमी थे। अपनी तीन संतानों की शिक्षा व अच्छे भविष्य की चिंता करते हुए वे इंदौर शिफ़्ट हो गए। यहाँ उन्हें उसी काम का वेतन मिलने लगा 300 रुपए। यह वह दौर था, जब भारतीय किसान सिंचित खेती करने लगे थे और खेत-खेत में नलकूप खोदे जा रहे थे। सन् 1982 में मनोहरलाल पाटीदार ने जोखिम उठाई और कास्ट आयरन पंप्स व इलेक्ट्रिक कंट्रोल पेनल बनाने के लिए मध्य प्रदेश फाइनेंशियल कॉरपोरेशन से कर्ज लेकर पीथमपुर में भागीदारी फर्म के रूप में शक्ति पंप्स की स्थापना की। प्रारंभिक शिक्षा प्राप्त करने के बाद दिनेश पाटीदार ने सायंकालीन आर्ट ऐंड कॉमर्स कॉलेज को ज्वॉइन किया और वे शाम को कॉलेज अटैंड करते तथा दिन में शक्ति पंप्स के संचालन में पिता की मदद करते।

### एक सपना ऑलराउंडर शक्ति पंप का

दिनेश पाटीदार कहते हैं—"क्लासरूम से ज्यादा मुझे शक्ति पंप के शॉप फ़्लोर पर मजा आने लगा। मैं घंटों कारीगरों को सबमर्सिबल पंप असेंबल करते देखता। हेल्पर की तरह मैं उनकी मदद करता। उन्होंने भी मुझे प्रोत्साहित किया और साथ में काम करना सिखाया। सबमर्सिबल पंपों की असेंबली करते हुए अकसर मुझे किसान याद आते थे। ठंड-गरमी-बरसात में जमकर मेहनत करने वाले किसान बोवनी के बाद आसमान ताकते हुए बादलों या बिजली आने की प्रतीक्षा करते हैं। मैंने तब एक स्वप्न देखा कि शक्ति पंप ऐसे सबमर्सिबल पंप बनाएगा, जो कम समय और कम-से-कम बिजली खपत से ज्यादा-से-ज्यादा पानी डिस्चार्ज करे।"

दिनेश पाटीदार ने तीन वर्ष के डिग्री कोर्स के दूसरे वर्ष में ही पढ़ाई छोड़ दी, क्योंकि उनके टेक्नोक्रेट मन मस्तिष्क में एक जिद्द समा गई थी कि वे ऐसे न्यू जनरेशन सबमर्सिबल पंप बनाएँगे जो कम-से-कम बिजली खपत व कम-से-कम झंझट में किसानों को लंबी सेवा प्रदान करे। विदेशों में स्टेलनेस स्टील के न्यू जनरेशन पंप बनते हैं, यह जानकर दिनेश पाटीदार ने भारत में भी न्यू टेक्नोलॉजी पंप विकसित करने के लिए मैकेनिकल इंजीनियरों की अपनी एक आर ऐंड डी टीम बनाई। इन टेक्नोक्रेट्स ने जो माँगा, वह उन्हें उपलज़्ध कराया। एक्यूरेसी के लिए उन्होंने कंप्यूटर और हाई टेक्नोलॉजी मशीनें माँगी तो दिनेश पाटीदार ने उन्हें वे भी उपलज़्ध करवाई। हालाँकि, तब कंप्यूटरों का आज जैसा चलन नहीं था। पंप बनाने के लिए विदेशी मशीनें मँगवाईं। उन्हें जब विश्वास हो गया कि उनके टेक्नोक्रेट्स स्टेनलेस स्टील के सबमर्सिबल पंप बना लेंगे तो गुणवज़ायुक्त पंप बनाने, उनका उत्पाद बढ़ाने व उन्हें अधिकतम ग्राहकों तक पहुँचाने यानी मार्केट बड़ा करने की मंशा से सन् 1995 में दिनेश पाटीदार ने शेयर मार्केट में शक्ति पंप को सूचीबद्ध करवाकर 5 करोड़ रुपए इकट्ठा किए। सन् 1996 में दिनेश पाटीदार ने देश का पहला स्टेनलेस स्टील सबमर्सिबल पंप लॉन्च किया, जो परंपरागत पंपों से 20 से 25 प्रतिशत महँगा था, पर मार्केट में मौजूद देशी-विदेशी पंपों की तुलना में कम बिजली खपत के कारण भारतीय किसानों ने इसे खासा पसंद किया। शक्ति पंप के स्टेनलेस स्टील सबमर्सिबल पंप विदेशी पंपों से गुणवज़ा में कमजोर नहीं हैं, जबकि लागत उनसे कम है। इस आत्मविश्वास के साथ दिनेश पाटीदार ने तब विदेश में अपना भाग्य आजमाने की जोखिम उठाई। यह जोखिम ही वह टर्निंग पॉइंट है, जिसने शक्ति पंप को स्टेनलेस स्टील सबमर्सिबल पंपों की पॉयोनियर कंपनी बनाया है।

## पाँच से बढ़कर सज़र देश, स्टेट-ऑफ-द आर्ट प्लांट

विदेशी विक्रेताओं ने कड़े परीक्षण के बाद ही माना कि शक्ति के पंप अंतरराष्ट्रीय गुणवज़ा मानकों के अनुरूप हैं। सन् 1998 में शक्ति पंप को पाँच देशों से ऑर्डर मिले।

इसी साल शक्ति पंप ने आईएसओ 9001 प्रमाण-पत्र प्राप्त किया। दिनेश पाटीदार ने घरेलू मार्केट में पकड़ व पहुँच मजबूत करने के लिए इन दिनों स्थानीय किसानों व घरेलू उपभोक्ताओं को स्टेनलेस स्टील के सबमर्सिबल पंप इस गारंटी के साथ भी बेचा कि वे उससे संतुष्ट न हों तो लौटा दें। इंस्टालेशन खर्च और पंप का पूरा मूल्य वे लौटा देंगे। इस रणनीति के कारण शक्ति के पंपों ने लोकल मार्केट में अच्छी सेंध लगाई। आज शक्ति पंप के उत्पाद सत्तर से अधिक देशों को निर्यात हो रहे हैं तो घरेलू मार्केट के लिए कंपनी के सारे देश में 16 कार्यालय और 500 वितरक-विक्रेता हैं। शक्ति पंप आज एशिया के बेहतरीन स्टेट-ऑफ-द आर्ट संयंत्र पर रोबोटचालित जापानी मशीनों से अलग-अलग क्षमता के ऐसे कई पंप बना रहा है, जो ग्रामीणों और शहरी ग्राहकों को संपूर्ण वाटर सॉल्यूशंस प्रदान करते हैं।

## माइलस्टोन बना देश का पहला स्टेनलेस स्टील पंप

भारतीय टेक्नोक्रेट्स द्वारा भारतीय तकनीक से देश का पहला स्टेनलेस स्टील सबमर्सिबल पंप विकसित करना, दिनेश पाटीदार के लिए माइलस्टोन बन गया तो उनका मकसद हो गया भारतीय किसानों की जरूरत के अनुरूप पंपों की वैरायटीज विकसित करना। न्यू जनरेशन पंपों को विकसित करने के लिए शोध अनुसंधान पर दिनेश पाटीदार निवेश को खर्च नहीं, बल्कि दीर्घावधि में फायदेवाला निवेश मानते हैं। सन् 2008 में पिता के सहयोगी बने शक्ति पंप के वाइस प्रेसीडेंट अंकित पाटीदार कहते हैं—''मैं अपने पिता की दूरदर्शिता का कायल हूँ, जिन्होंने निर्यात ऑर्डर पूरा करने के लिए सन् 2002 में घरेलू मार्केट में सप्लाई कम कर दी। उसी समय शक्ति पंप को बड़े निर्यात ऑर्डर मिले और कंपनी सफलता की सीढ़ी चढ़ती गई। पीथमपुर स्थित संयंत्र बंद करके निरमा प्रदेश छोड़ रही थी। शक्ति पंप ने उनका भूखंड खरीद लिया और यहाँ केवल घरेलू मार्केट के लिए उत्पादन की सुविधा जुटाई और पीथमपुर सेज में निर्यातोन्मुख इकाई के लिए 25 करोड़ रुपए के निवेश के साथ नया प्लांट लगाया।''

अंकित पाटीदार ने भी मात्र तीन सालों में साबित कर दिया है कि वे उद्यमी व दूरदर्शी दादा व पिता के पौत्र व पुत्र हैं। अंकित पाटीदार इन वर्षों में शक्ति पंप के सारे वितरक-विक्रेता से मिले और इस नेटवर्क को सारे देश में फैला दिया। शक्ति के पंपों को प्रमोट करने के लिए न्यूज प्रिंट व इलेक्ट्रॉनिक मीडिया के विज्ञापनों पर पैसा खर्च किया है। उनके ही प्रयासों से शक्ति पंप को गुणवत्ता मानकों की ब्यूरो ऑफ एनर्जी एफिसिएंसी से सर्वोच्च फाइव स्टार रेटिंग मिली है। वे कहते हैं कि यह रेटिंग प्राप्त करनेवाली देश की पहली कंपनी है शक्ति पंप। हालाँकि, हमारे पंप इस रेटिंग के मापदंडों से कई कदम आगे हैं। आज देश में कई कंपनियाँ पंप बना रही हैं, पर शक्ति पंप तकनीक के मामले

में सबसे अलग और सबसे अव्वल है। भारत सरकार से प्राप्त फाइव स्टार रेटिंग इस बात की प्रमाणित मिसाल है। हाल ही में भारत सरकार ने इंडियन एक्सपोर्टर्स एक्सेलेंस अवॉर्ड 2012 के अवसर पर शक्ति पंप्स को बेस्ट सेज एक्सपोर्टर और बेस्ट मैन्यूफैक्चर-एक्सपोर्टर अवॉर्ड से नवाजा है। दिनेश पाटीदार पुत्र की मेहनत-मशक्कत से खुश हैं और कहते हैं कि उन्हें हमेशा ही विश्वस्त व काबिल संगी-साथी मिले हैं। इनमें से उल्लेखनीय हैं बी.आर. पाटीदार और रमेश पाटीदार। बी.आर. पाटीदार ने मुझे फाइनेंस की देखरेख व जोखिम से बचाया है तो रमेश पाटीदार ने विदेशी मार्केट में शक्ति पंप पहुँचाए हैं। अंकित पाटीदार अब मेरे अलावा मेरे इन दो विश्वस्त साथियों के साथ कारोबार के गुर सीख रहे हैं।

## शक्ति के साथ परिवार की शक्ति

भाग्य व पुरुषार्थ का सफलता व संपन्नता में महती योगदान होता है। कुछ लोग जन्मजात भाग्यशाली होते हैं तो कुछ को भाग्योदय के लिए लंबी प्रतीक्षा करनी पड़ती है। पुरुषार्थ पर हमारा वश है। पुरुषार्थी भाग्योदय की प्रतीक्षा नहीं करते। दिनेश पाटीदार ऐसे ही पुरुषार्थी उद्यमी हैं, जिन्होंने तिनका-तिनका जोड़कर संपन्नता जुटाई है और अब अपने पुत्र को यह संस्कार सौंप रहे हैं।

□

द बॉस
सेवक नहीं, स्वामी बनो

# 09

संजीव बीकचंदानी

# इंफो एज ( इंडिया ) लिमिटेड

## नौकरों के क्वार्टर से निकली नौकरी डॉट कॉम

एक दशक पूर्व संजीव बीकचंदानी ने कॉरपोरेट वर्ल्ड की नौकरी की सारी बचत, मित्र-परिजनों से प्राप्त कर्ज और अपनी पत्नी सुरभि की कमाई के भरोसे सर्वेंट क्वार्टर में एक डाटाबेस कंपनी स्थापित की थी इंफो एज। दो सालों तक इस कंपनी ने घाटा सहा, पर पति-पत्नी ने धैर्य नहीं छोड़ा। सन् 1997 में संजीव ने वेबसाइट नौकरी डॉट कॉम लॉञ्च की। पहले साल नाममात्र का मुनाफा हुआ तो संजीव को डॉट कॉम उन्माद का भी सामना करना पड़ा, पर फिर नौकरी चाहनेवाले युवाओं ने पाया कि इंप्लायमेंट एक्सचेंज का कारगर विकल्प है नौकरी डॉट कॉम। इस वेबसाइट पर इतनी विजिट बढ़ी कि सन् 2006 में इंफो एज स्टॉक एक्सचेंज में सूचीबद्ध हुई और संजीव बीकचंदानी की नेटवर्थ हो गई 700 करोड़ रुपए। यही नहीं, वे देश के युवा इंटरनेट उद्यमी बन गए, जिन्हें सन् 2008 में पाथ ब्रेकर अवॉर्ड से नवाजा गया। यानी ऐसा शख़्स जो लीक से हटकर सोचता है और जिसमें अपने सोच को साकार करने की सूझबूझ, साहस और संकल्प है।

## संघर्ष के 6 साल, पत्नी ने चलाया घर खर्च

आईआईएम अहमदाबाद के ग्रेजुएट हैं, संजीव व सुरभि बीकचंदानी। सन् 1990 में उनका विवाह हुआ, पर इसके पूर्व ही संजीव ने सुरभि से कह दिया था कि मैं एचएमएम की नौकरी ज्यादा दिन नहीं करूँगा। मैं अपना उद्योग स्थापित करूँगा और तब शुरुआती संघर्ष के दौरान तुम्हें ही अपने वेतन से घर खर्च जुटाना पड़ेगा। यही हुआ। एचएम की 18 महीनों की नौकरी में संजीव ने देखा कि उनके अधिकांश सहकर्मी बिजनेस इंडिया का इश्यू आते ही उसके पिछले पृष्ठ को सबसे पहले पढ़ते हैं, जहाँ अपॉइंटमेंट एड्स छपे होते हैं। उन्होंने निष्कर्ष निकाला कि रोजगारयुक्त हो या बेरोजगार युवा दोनों ही अपने कॅरियर को लेकर चिंतित हैं और बेहतर अवसर खोजते हैं। सन् 1990 में संजीव ने कॉरपोरेट वर्ल्ड की संभावनाओंवाली शानदार नौकरी छोड़ी और अपनी कंपनी स्थापित की इंफो एज। इस कंपनी के बैनर तले वे सैलरी सर्वे व रिपोर्ट्स तथा डाटा बेस के आधार पर मैनेजमेंट और परामर्श देने लगे। सन् 1992 में टेलीकॉम डिपार्टमेंट ने एक विज्ञापन जारी करके वीडियोटेक्स (सेंट्रल सर्वर पर संगृहीत सूचनाओं की सशुल्क प्राप्ति सेवा) के लिए निजी सूचना प्रदायकर्ताओं से निविदाएँ बुलाईं। इंफो एज को यह मौका मिला, पर प्रोजेक्ट आगे नहीं बढ़ा। संजीव बीकचंदानी को चार साल और प्रतीक्षा करनी पड़ी।

## इंटरनेट का साथ मिला, लॉञ्च हुई नौकरी डॉट कॉम

सन् 1996 में प्रगति मैदान नई दिल्ली में आयोजित आईटी एशिया प्रदर्शनी में उन्होंने पहली बार इंटरनेट देखा। एक स्टॉल पर उन्होंने डज़ल्यूडज़ल्यूडज़ल्यू पढ़ा तो वे जिज्ञासावश वहाँ पहुँच गए। उन दिनों हमारे देश में इंटरनेट नहीं आया था। संजीव बीकचंदानी ने इसे देखा-समझा तथा अप्रैल 1997 में वेबसाइट लॉञ्च की नौकरी डॉट कॉम। उन्हीं दिनों ऐसी कई अन्य जॉब साइट्स भी लॉञ्च हो गईं। दो साल तक संजीव बीकचंदानी को हर वर्ष 25 लाख प्रतिमाह घाटा हुआ। अपनी वेबसाइट का अस्तित्व बचाने के लिए सन् 1999 में उन्हें वेंचर कैपिटलिस्ट्स से सहायता लेनी पड़ी। धैर्य के साथ ईंट-से-ईंट जोड़ते हुए संजीव बीकचंदानी ने नौकरी डॉट कॉम को सबसे ज्यादा लोकप्रिय ही नहीं कारगर रिक्रूटमेंट वेबसाइट बना दिया।

## भविष्य देखते संजीव कोई मौका नहीं छोड़ते

सन् 2006 में इंफो एज के स्टॉक एक्सचेंज में सूचीबद्ध होने के बाद तो उन्होंने पलटकर नहीं देखा। नौकरी डॉट कॉम आज लगभग 1.60 करोड़ रिज्यूंस का डाटाबेस

है। 30 हजार से ज्यादा कॉरपोरेट्स इनके जरिए उपयुक्त कर्मचारी तलाश करते हैं। इंफो एज की 44 फीसदी इक्विटी के मालिक हैं, संजीव बीकचंदानी। 5.32 लाख शेयर उन्होंने अपने सहकर्मियों को आवंटित किए हैं, जिन्हें वे अपनी सफलता की बुनियाद मानते हैं। टर्नओवर व कमाई बढ़ने के साथ इंफो एज ने एक वेबसाइट जीवनसाथी डॉट कॉम को भी अधिगृहीत किया तो क्वाड्रेंगल (ऑफ लाइन एक्जीक्यूटिव सर्च बिजनेस) और 99 एक्रेश डॉट कॉम वेबसाइट्स भी लॉञ्च की। इंफो एज के टर्नओवर में नौकरी डॉट कॉम व क्वाड्रेंगल की हिस्सेदारी 92 फीसदी है। संजीव बीकचंदानी कहते हैं—''शिक्षा, हेल्थकेयर, फार्मा, एफएमसीजी टेलीकॉम और बीमा सेक्टर में आगामी वर्षों में नौकरियों की संभावनाएँ और बढ़ेंगी, पर अब कोई भी कंपनी उन्हें ही मौका देगी, जो उनके मापदंडों पर खरे साबित हों। युवाओं को इसलिए शिक्षाकाल में ही जॉब मार्केट में छोटा-बड़ा जो भी काम मिले, उनके जरिए अपनी प्रतिभा निखारनी चाहिए और कारोबारी सेक्टर की कार्यप्रणाली सीखना-समझना चाहिए।''

### अमेरिकी युवाओं से लें काम की प्रेरणा

सही कह रहे हैं संजीव बीकचंदानी। दुनिया का सुपर पावर देश अमेरिका इसका उदाहरण है। वहाँ वयस्क होते ही युवक-युवतियाँ अवकाश के दिनों में पार्ट टाइम जॉब करके अपनी पॉकेट मनी जुटाते हैं। वे रेस्राँ में डिश वॉशर की नौकरी करते हैं तो कार वॉश भी करते हैं। पॉकेट मनी तो बहाना है। शिक्षाकाल में प्राप्त यह कार्यानुभव उनकी शॉप फ़्लोर क्षमता बढ़ा देती है। इसके बाद वे किसी भी काम को हेय दृष्टि से नहीं देखते और जहाँ भी काम करते हैं, वहाँ अपनी प्रतिभा व क्षमता से अलग पहचान बनाते हैं। भारतीय अभिभावकों को इससे सबक सीखना चाहिए और अवकाश के दिनों में अपने बच्चों को जो काम मिले, उसे करने की प्रेरणा देनी चाहिए।

संजीव बीकचंदानी का स्पष्ट आशय है—''यूनिवर्सिटी डिग्री अच्छी नौकरी का केवल गेटपास होती है। तीखे व तीव्र प्रतिस्पर्धी मार्केट में सफलता का मूलमंत्र है—व्यक्ति विशेष की क्षमता और लक्ष्यभेदी प्रवृत्ति, यानी अपने लक्ष्य पर फोकस करें और आगे बढ़ें... !''

> "There is an explosion on the job front today in our country. New sectors like Telecom, IT, BPO, Oil & Gas and Entertainment are vying with

banks,finance,insurance, reality, construction, electronics, designing, manufacturing and petrochemicals to attract talents. The prospects and opportunities available in India are excellent today and pay in many job matches the top dollar salaries earned globally."

□

द बॉस
सेवक नहीं, स्वामी बनो

# 10

अचल बकेरी

# सिंफनी लिमिटेड

## सिंफनी की बुनियाद—पिता की चुनौती, दोस्तों का साथ

गुजरात के एक बिल्डर परिवार में जनमे अचल बकेरी अहमदाबाद के स्कूल ऑफ प्लानिंग ऐंड आर्किटेक्चर से आर्किटेक्ट की डिग्री प्राप्त करने के बाद अमेरिका चले गए थे। वहाँ से एमबीए की डिग्री लेकर लौटे तो अपने पिता अनिल बकेरी के रियल एस्टेट व्यापार में सहयोगी बन गए। सन् 1987 में उनके पिता ने नया मकान बनवाया। ऊँची छत व लंबे-चौड़े बरांडे के कारण मकान के कुछ हिस्से को वातानुकूलित (एयर कंडीशन) बनाना आसान नहीं था। अहमदाबाद की 48 डिग्री सेल्सियस गरमी से सबकी तरह बकेरी परिवार भी हैरान-परेशान था। आर्किटेक्ट्स ने अनिल बकेरी को सलाह दी कि वे एयरकूलर लगवा लें। उन दिनों मध्यमवर्गीय परिवार लोकल असेंबल्ड डेजर्ट कूलर्स उपयोग करते थे, वे बदसूरत होने के साथ शोर मचाते थे। उनमें धूल जमती थी तो लीक भी करते थे। बिल्डर पिता ने आर्किटेक्ट पुत्र को चुनौती दी कि एयर कंडीशनर लुक के वैसे ही परफॉर्मेंसवाले एयरकूलर डिजाइन करो। अचल बकेरी ने नेशनल इंस्टीट्यूट ऑफ डिजाइन के अपने डिजाइनरों की मदद ली। एक साल की मशक्कत के बाद

काकोफोनी (बेसुरे) एयरकूलर्स को अचल बकेरी की टीम ने सिंफनी (सुरीले) बना दिए और उनका नामकरण किया—'सिंफनी कूलर्स।'

### मार्केट बनाने के साथ मार्केट में की घुसपैठ

सन् 1988 में इन्हें मार्केट में लॉन्च करने के पूर्व उन्होंने बकेरी हाउस में परिवार के मित्र-परिजनों को इकट्ठा किया और उन्हें अलग-अलग डिजाइन के छह सिंफनी एयरकूलर्स दिखाए। 35 हजार रुपए मूल्य (तब) के एयर कंडीशनर्स के मुकाबले 4300 रुपए मूल्य रेंज के सिंफनी एयरकूलर्स मित्र-परिजनों ने सराहे तो अचल बकेरी ने उन्हें मार्केट भेजने की रणनीति बनाना शुरू की।

### बदली कूलर के प्रति सोच, बनाया आम से खास

उन दिनों एयरकूलर्स फुटपाथ की दुकानों पर बिकते थे। अचल बकेरी न्यू जनरेशन सिंफनी कूलर्स वहाँ डिस्प्ले भी नहीं करना चाहते थे। उन्होंने अखबारों में बड़े विज्ञापन देकर सिंफनी एयरकूलर्स की खूबियाँ लोगों को बताई और व्यापारियों को डीलर्स बनने का आमंत्रण दिया। कई व्यापारियों ने रुचि दिखाई, पर अचल बकेरी ने अहमदाबाद के जाने-माने उन चार शोरूम्स को चुना, जो फ्रिज, ए.सी., टी.वी. जैसे व्हाइट गुड्स ही बेचते थे। गुजरात में मिली सफलता से उत्साहित अचल बकेरी ने सारे देश में सिंफनी कूलर्स का मार्केटिंग-डिस्ट्रिब्यूशन नेटवर्क स्थापित किया। सड़कों पर बिकनेवाले कूलर्स को देश के भव्य शोरूम्स में पहुँचाने के पीछे अचल बकेरी की मंशा थी कि एयरकूलर्स भी लग्जरी लाइफ स्टाइल सामान की सूची में शामिल हों।

### नाम जमा, काम बढ़ा और मुनाफा चढ़ा

सिंफनी एयरकूलर्स लोगों ने इतने पसंद किए कि इनका उत्पादन बढ़ाने के लिए अचल बकेरी को परिवार की टेक्सटाइल प्रोसेसिंग इकाई के बेसमेंट में इंजेक्शन मोल्डेड डाइज जैसी मॉडर्न मशीनें स्थापित करवानी पड़ी।

सन् 1989 में सिंफनी का नया मॉडल लॉन्च हुआ तो उसे भी प्रमोट करने के लिए प्रिंट मीडिया में बड़े विज्ञापन जारी किए गए। इसने सिंफनी कूलर्स की माँग व बिक्री तीन गुना बढ़ा दी। सिंफनी ने सन् 1990 में इलेक्ट्रॉनिक मीडिया के जरिए देश में पहली बार एयरकूलर्स को प्रमोट किया। प्रिंट व इलेक्ट्रॉनिक मीडिया के इस प्रमोशन ने सिंफनी कूलर्स की बिक्री 10 गुना बढ़ा दी। अचल बकेरी का हौसला इतना बढ़ गया कि सन् 1994 में उन्होंने सिंफनी लिमिटेड को बीएसई में 35 रुपए प्रीमियम के साथ 45 रुपए प्रति शेयर-मूल्य पर सूचीबद्ध करवाया।

## जोश ने होश खोया, भारी पड़ी एक चूक

और फिर जवानी के जोश ने होश खोया और हो गई एक चूक। सिंफनी पब्लिक लिमिटेड कंपनी बनी तो अचल बकेरी को शेयरधारकों से सलाह मिलने लगी कि वे भी क्रॉम्पटन ग्रीव्ज, उषा, पोलर की तरह विंटर प्रोडक्ट्स भी बनाएँ और कंपनी की एक ही उत्पाद पर निर्भरता घटाएँ। अचल बकेरी ने अन्य कंज्यूमर ड्यूरेबल्स—गिजर्स, रूम हीटर्स, एक्जास्ट फैन, वाशिंग मशीन, वाटर प्यूरीफायर का अध्ययन किया तो पाया कि कंपनियाँ वर्षों से एक जैसे उत्पाद बना रही हैं। उत्पादों के लुक व परफॉर्म में सुधार के लिए किसी ने कोई पहल नहीं की है। इनोवेटिव नेचर के अचल बकेरी ने जोखिम उठाई। कई अभिनव लाइफ स्टाइल उत्पाद लॉन्च किए। मसलन, सिंफनी ने दुनिया की पहली टॉप लोडिंग टंबल वॉश प्लास्टिक बॉडी वाशिंग मशीन बनवाई, पर कैशरिच प्रतिस्पर्धियों की क्षमता के आकलन में चूक हो गई। सिंफनी की प्लास्टिक बॉडी-वाशिंग मशीन लॉन्च होने के पहले ही वीडियोकॉन जैसे प्रतिस्पर्धियों ने मार्केट में स्थापित अपनी वाशिंग मशीनों के मूल्य घटाकर मैदान रपटीला कर दिया। स्वाभाविक था, देसी-विदेशी दिग्गज निर्माता कंपनियों का सिंफनी मुकाबला नहीं कर पाई और घाटे की घाटी में फँस गई। सिंफनी के शेयर-मूल्य ऐसे धराशायी हो गए कि इनकी ट्रेडिंग ही थम गई। वित्त वर्ष 2002 में कंपनी का कुल घाटा 31 करोड़ रुपए हो गया और इसे रुग्ण होकर बीआईएफआर की शरण में जाना पड़ा। मित्र-परिजनों ने अचल बकेरी को सलाह दी कि वे दिवालिया होने की घोषणा करके पुश्तैनी व्यापार में लौट जाएँ या अमेरिका लौट जाएँ, पर उद्यमी प्रवृत्ति के अचल बकेरी को हारकर पलायन रास नहीं आया।

## कूलर-गीजर ने उबारा, सिंफनी बनी मार्केट लीडर

अचल बकेरी से चूक हुई थी, पर दुर्दिनों में उन्होंने धैर्य नहीं खोया था। उन्होंने एक बार फिर कमर कसी और सिंफनी लिमिटेड को उबारने की रणनीति बनाई। सन् 2007 में उन्होंने केवल कूलर्स व गिजर्स पर फोकस करते हुए और सिंफनी कूलर्स के लुक व परफॉर्मेंस को और सुधारा-सँवारा। उत्पादन लागत घटाई व डीलर्स नेटवर्क को फैलाने पर ध्यान दिया। मुनाफा मार्जिन बढ़ने से देखते-देखते सिंफनी लि. कर्जमुक्त हो गई। जिन शेयरों को तीन रुपए मूल्य पर खरीदार नहीं मिल रहे थे, वे 600 रुपए मूल्य की रेंज पर पहुँच गए। सिंफनी एक बार फिर मार्केट लीडर बन गई। सिंफनी के ट्रैक पर लौटने से अचल बकेरी संतुष्ट नहीं हुए। वे थमे नहीं। शेयरधारकों ने एक ही उत्पाद से निर्भरता घटाने की सलाह दी थी। अचल बकेरी ने इसके बजाय एक ही मार्केट पर निर्भरता घटाने का निर्णय लिया। उन्होंने तय किया कि वे विदेशी मार्केट में एंट्री लेंगे। सिंफनी की

मार्केटिंग टीम को दुनिया के 60 देशों में नियुक्त किया। सिंफनी एयरकूलर निर्यात करने वाली पहली भारतीय कंपनी बन गई। ग्लोबल मार्केट में अचल बकेरी को सही मायने में सन् 2008 में अवसर मिला। सिंफनी कूलर्स को मार्केट लीडर बनाने के लिए अचल बकेरी ने देशव्यापी रिटेलर्स की संज़्या 300 से 15000 करने के साथ उन्हें समय पर उत्पाद पहुँचाने के लिए सीएफए नेटवर्क और बिक्री बाद बेहतर सेवा के लिए एएसपी (अधिकृत सर्विस प्रोवाइडर) नेटवर्क स्थापित किया। इसके अलावा वेब आधारित इन-हाउस ईआरपी सॉफ़्टवेयर खरीदा, जिससे अब सिंफनी लि. सारी दुनिया के अपने रिटेलर्स को जोड़ रही है।

## विदेश में देखे व बनाए कमर्शियल कूलर

एयरकूलर तकनीक के पेटेंट अधिकार के साथ सन् 1930 में मैक्सिको में एडम गोइटल ने एक कंपनी स्थापित की थी, जिसका सन् 1992 में नाम था इंटरनेशनल मेटल प्रोडक्ट्स (इंपको)। कंपनी किसी और के आधिपत्य में थी। यूएस की इक्विटी फर्म ने इस कंपनी में पूँजी निवेशित की थी, पर कंपनी दुर्दिनों का सामना कर रही थी। कर्ज में डूबी कंपनी को उबारने के अनुभवी अचल बकेरी ने इंटरनेशनल मेटल प्रोडक्ट्स को खरीद लिया। अपना अस्तित्व दाँव पर लगाकर भारतीय पूँजी से सबसे पहले कंपनी को कर्जमुक्त किया।

इस अधिग्रहण से अचल बकेरी को अमेरिकन मार्केट में एंट्री मिल गई और मिले ऐसे उत्पाद जो सिंफनी ने विकसित नहीं किए थे। सिंफनी प्लास्टिक बॉडी के पोर्टेबल कूलर्स बनाती थी, जबकि इंपको का मैक्सिकन संयंत्र मेटल बॉडी के इतने बड़े कूलर्स बनाता था, जो पूरे घर और फैक्टरी को कूल कर दे। अचल बकेरी ने देखा कि मैक्सिकन कूलर्स के आकार व परफॉर्मेंस में फर्क है, पर तकनीक समान है। अचल बकेरी ने भारत में निर्मित सिंफनी कूलर्स निर्यात किए तो मैक्सिको में कूलर्स भी बनाने लगे। एक साक्षात्कार में उन्होंने कहा है कि हाल ही में हरिद्वार में सिंफनी ने बाबा रामदेव के आश्रम में दो लाख वर्गफीट के हॉल को एयरकूल्ड किया है। सिंफनी ने अमेरिका में भी यह परफॉर्मेंस दोहराया है। सेंट्रल अमेरिका स्थित वॉलमार्ट के सुपर सेंटर में सिंफनी के बड़े एयरकूलर लगे हुए हैं। अचल बकेरी ने घरेलू व कमर्शियल बड़े सिंफनी कूलर्स की उत्पादन लागत घटाने के लिए भी प्रयोग किए हैं। सन् 2004-05 के पहले वे डिजाइन (मोल्डर) देकर कूलर्स के प्लास्टिक कंपोनेंट्स लघु उद्योगों से बनवाते थे। इनके उत्पादकों को अब उन्होंने अपने प्लांट के नजदीक बुलवा लिया है, ताकि सिंफनी के टेक्नोक्रेट्स गुणवज़ा पर नियंत्रण रख सकें और लॉजिस्टिक खर्च घटे। सिंफनी के प्लांट के नजदीक आज 8-9 मोल्डर सिंफनी के लिए प्लास्टिक कंपोनेंट्स बना रहे हैं।

## बनाई दुनिया की सबसे बड़ी एयरकूल कंपनी

एक ही उत्पाद की कई वैरायटी विकसित करके, अपने उत्पादों को लोकल व ग्लोबल मार्केट में पहुँचाकर और उत्पादन लागत घटाकर सिंफनी लिमिटेड अब सालाना 300 करोड़ रुपए का कारोबार कर रही है, पर इससे महज़्वपूर्ण यह है कि गुजराती उद्यमी अचल बकेरी ने अहमदाबाद को कूलर मार्केट में वही दर्जा दिलवा दिया है, जो करसनभाई ने अहमदाबाद को डिटरजेंट मार्केट में दिलवाया। सिंफनी लि. आज दुनिया की सबसे बड़ी एयरकूलिंग कंपनी है। अचल बकेरी को अकसर लोग कहते हैं कि वे इनोवेटिव उद्यमी हैं, उन्हें दूसरे उत्पाद भी बनाना चाहिए, पर वे कहते हैं—''मेरा अपना मार्केट इतना बड़ा है कि मैं इसे भी कभी पूरी तरह 'फीड' नहीं कर पाऊँगा।''

## अब जागरूक हैं ठंडी हवा के दीवाने

अचल बकेरी सही कह रहे हैं। मध्यमवर्गीय परिवारों की आय बढ़ने के साथ लोग पंखों से एयरकूलर पर शिफ़्ट हो गए। अब वे सस्ते के भ्रम में नहीं पड़ते, बल्कि अपने पैसे का पूरा मूल्य वसूल करते हैं। यह सही है कि ज्यादा कीमत व मेंटेनेंस खर्च के कारण वे एयर कंडीशनर्स नहीं ले सकते। अचल बकेरी को भरोसा है कि एसी के लुकवाले सुरीले व पर्यावरण हितैषी सिंफनी कूलर्स को देशी या विदेशी प्रतिद्वंद्वी आसानी से अब क्षति नहीं पहुँचा पाएँगे।

मित्रो, पहली पारी की हार से हताश होने के बजाय अचल बकेरी जब बिना लाइफ सेविंग जैकेट के कुशलता से तैरना सीख गए तो उनके लिए घरेलू स्विमिंग पूल छोटा हो गया और वे बड़े ताल की खोज में विदेश पहुँच गए और बन गए अपने उद्योग के गोल्ड मेडलिस्ट।

> दक्षिण अफ्रीका में कहीं सोने की खोज की गई। हर कोई सोने की तरफ दौड़ पड़ा। यह पागलपन से भरी एक दौड़ थी, जिसमें लोग एक-दूसरे पर गिरे पड़ रहे थे। इस पागल भीड़ से दूर एक युवक लोहे से बेलचे बना रहा था। दौड़े जा रहे लोगों में से एक यह देखने के लिए रुका कि वह युवक क्या कर रहा है। उसने पूछा, तुम इन बेलचों से क्या करोगे? युवक ने कहा, मेरे सामने बिजनेस की एक सुनहरी संभावना है, जो कोई भी सोना खोदने जाएगा, उसे मुझसे एक बेलचा जरूर खरीदना होगा।

□

द बॉस

सेवक नहीं, स्वामी बनो

# 11

### अयोध्या रामी रेड्डी

# रामकी समूह

### सूरत प्लेग बना रामकी की प्रेरणा

हम प्रतिदिन प्रति व्यक्ति औसतन 200 से 600 ग्राम कचरा सड़कों पर फेंक रहे हैं। तदनुसार हमारे देश में हर रोज लगभग दो लाख टन सॉलिड वेस्ट निकलता है। वेस्ट के असुरक्षित डिस्पोजल के कितने भयावह परिणाम हो सकते हैं, इसकी मिसाल है 16 साल पहले सूरत में हुआ प्लेग प्रकोप। वहाँ चोक हुई ड्रेनेज लाइंस चूहों का उन्मुक्त सैरगाह बन गई थी और प्लेग महामारी की तरह फैल गया था। 52 लोगों की अकाल मृत्यु हुई। पाँच लाख से ज्यादा बाशिंदे अपना घर-व्यापार छोड़कर पलायन कर गए। नगर निगम को महीनों मशक्कत करनी पड़ी, तब हालात सामान्य हुए। हर बुराई में एक सबक के साथ एक बड़ी संभावना छुपी होती है। अयोध्या रामी रेड्डी ने सूरत के प्लेग प्रकोप में अपने लिए कारोबारी संभावना खोजी और 16 साल पहले स्थापित किया रामकी ग्रुप, जिसका सालाना टर्नओवर हो गया है एक अरब डॉलर (5500 करोड़ रुपए)। शहरी वेस्ट के अलावा फार्मा व रसायन उद्योगों के घातक वेस्ट मैनेजमेंट के अलावा रामकी समूह रियल एस्टेट, फार्मा उद्योग व फाइनेंस मार्केट में भी सक्रिय है। समूह के कुल

व्यापार में सिरमौर बिजनेस वेस्ट मैनेजमेंट की हिस्सेदारी 20 फीसदी (1070 करोड़ रुपए) से ज्यादा है।

## काम आए बीस साल की नौकरी के सबक

उस्मानिया विश्वविद्यालय से सिविल इंजीनियरिंग में पोस्ट ग्रेजुएट अयोध्या रामी रेड्डी ने अपना कॅरियर नौकरी से शुरू किया था। गेन्नॉन डंकरले और रिलायंस इंडस्ट्रीज में दो दशक तक वरिष्ठ पदों पर कार्य करते हुए उन्होंने इंवायरमेंटल इंजीनियरिंग व सिविल कंस्ट्रक्शन के अलावा वेस्ट मैनेजमेंट का जो मैदानी अनुभव प्राप्त किया, वही रामकी ग्रुप की सफलता की बुनियाद है। रामी रेड्डी ने नौकरी करते हुए देखा था कि शहरीकरण व औद्योगिकीकरण तेजी से बढ़ने के कारण नगर निगमों के लिए वेस्ट मैनेजमेंट चुनौती बन गया है। वेस्ट का कलेक्शन, ट्रांसपोर्टेशन व डिस्पोजल उनके बूते की बात नहीं है। निजी क्षेत्र के उद्योग खासकर फार्मा, रसायन सेक्टर के अलावा अस्पतालों से भारी मात्रा में निकलने वाले घातक वेस्ट का सुरक्षित डिस्पोजल एक बड़ा बोझ और अतिरिक्त काम है। रासायनिक वेस्ट की तो ट्रीटमेंट के बाद ट्रेंचिंग ग्राउंड पर डालने के बावजूद 25 से 30 साल तक चौकसी करनी पड़ती है।

## सुप्रीम कोर्ट ने खत्म कराया 10 साल का इंतजार

रामी रेड्डी ने इस वेस्ट के मैनेजमेंट में अपने लिए भारी कमाई की संभावना देखी तो यह भी महसूस किया कि यह उद्योग ऐसी समाज-सेवा भी होगी, जिसकी हमारे देश में सख़्त जरूरत है। सन् 1994 में उन्होंने वेस्ट मैनेजमेंट को व्यापार बनाया। पहले दस साल (1994-2004) तक उन्हें अपेक्षित सफलता नहीं मिली, फिर आइसमेल्ट हुआ। सन् 2003 में सुप्रीम कोर्ट ने क्लास-वन शहरों के नगर निगमों को आदेश दिया कि वे अपने-अपने क्षेत्रों में सॉलिड वेस्ट का वैज्ञानिक डिस्पोजल करें। इसके बाद ऑस्ट्रेलिया के साथ हुए एक द्विपक्षीय समझौते के तहत हमारे देश को वेस्ट मैनेजमेंट की मॉडर्न तकनीक मिली।

## बहुत संभावनाएँ हैं कचरे को ठिकाने लगाने में

सन् 2005 में केंद्र सरकार ने पहल की और पब्लिक-प्राइवेट पार्टनरशिप के तहत वेस्ट मैनेजमेंट करने वाले राज्यों को अनुदान देने की घोषणा की और जन्मा एक नया उद्योग सेक्टर वेस्ट मैनेजमेंट। एक आकलन के अनुसार हमारे देश में इस उद्योग का सालाना व्यापार 8 बिलियन डॉलर हो सकता है। ऐसी बड़ी संभावनावाले उद्योग क्षेत्र में रामकी ग्रुप की रामको इंविरो इंजीनियर्स अर्ली बर्ड्स है तो अन्य उल्लेखनीय कंपनियाँ हैं

एंटोनी वेस्ट हैंडलिंग सेल, ए-2 जेड, इंफ्रास्ट्रक्चर, एसपीएमएल इंफ्रा और आई.एल. ऐंड एफ.एस. वेस्ट मैनेजमेंट अर्बन सर्विसेस। वेस्ट मैनेजमेंट उद्योग में सक्रिय ये कंपनियाँ शहरी के अलावा बॉयोमेडिको वेस्ट, इलेक्ट्रॉनिक यानी इ-वेस्ट के अलावा कई घातक वेस्टेज का डिस्पोजल करती हैं। इलेक्ट्रॉनिक वेस्ट इनके लिए सबसे ज्यादा फायदे का सौदा है, जिसके एक टन वैज्ञानिक डिस्पोजल से इन्हें करीब 75 से 80 हजार रुपए कमाई होती है। शहरी सॉलिड वेस्ट से सबसे कम कमाई (प्रति टन करीब 500 से 700 रुपए) होती है, पर इसकी मात्रा अत्यधिक होने से बॉय प्रोडक्ट्स मिलते हैं। वेस्ट मैनेजमेंट कंपनियाँ इस सॉलिड वेस्ट से ऊर्जा उत्पादन कर रही हैं।

### कचरे से सब भागते हैं दूर, सोच बदलना जरूरी

वेस्ट मैनेजमेंट उद्योग के लिए केवल विन-विन हालात ही नहीं हैं, बल्कि कई चुनौतियाँ भी हैं, जैसे वे शहर के नजदीकट्रेंचिंग ग्राउंड चाहते हैं, जो उनका ट्रांसपोर्टेशन व्यय घटाए, पर शहरों के आकार बढ़ने से उन्हें नजदीक जमीन आवंटित नहीं की जा रही है। यही नहीं, कोई आवासीय बस्ती यह नहीं चाहती कि ट्रेंचिंग ग्राउंड उनके घर के नजदीक हो। दूसरी बड़ी मुसीबत है परंपरागत सफाईकर्मी व सड़कों से बिकाऊ कचरा बीनकर जीवनयापन करने वाले लोग बाधा खड़ी करते हैं। सांत्वना की बात यह है कि शहरी आबादी सतर्क व सचेत हो गई है। लोग नगर निगम पर दबाव डालने लगे हैं कि सॉलिड वेस्ट का सुरक्षित डिस्पोजल करे। अब लोग इसके लिए वाजिब शुल्क चुकाने को भी तैयार हैं।

> "People don't mind being challenged to do better if they know the request is coming from a caring heart." —Ken Blanchard

□

## इन्हें भी जानें

# ली का शिंग

**स्कूल ड्राप आउट**
**संपदा–२५.५ बिलियन डॉलर**
**( करीब १३७५ अरब रुपए )**

चीन के एक गरीब अध्यापक के पुत्र हैं—ली का शिंग। सन् 1940 में जापानी हमले के बाद ली के परिवार को हांगकांग में शरण लेना पड़ी। पिता का निधन हो गया तो 15 वर्ष की उम्र में पढ़ाई छोड़कर उन्हें प्लास्टिक के सामान बेचकर परिवार का पेट भरना पड़ा। 32 वर्ष की उम्र में मित्र-परिजनों से कर्ज लेकर ली ने प्लास्टिक सामान बनाने की एक छोटी सी इकाई स्थापित की और कुछ ही सालों में सजावटी फूलों के वे सबसे बड़े सप्लायर बन गए।

कारोबारी जगत् में अवसरवादिता को अवगुण नहीं माना जाता। 1969 में हांगकांग में दंगे हुए। वहाँ से पलायन करने वालों की अचल संपदा औने-पौने दामों में खरीदकर ली हांगकांग के सबसे बड़े लैंडलार्ड बन गए। इसके बाद ब्रिटिश कंपनी हचिंसन को अधिग्रहित किया, जिसने उन्हें रातोंरात कई उद्योग क्षेत्रों में एंट्री दिलवा दी। एक दर्जन देशों के कंटेनर बिजनेस पर उनका कब्ज़ा हो गया। ली ने हांगकांग इलेक्ट्रिक, कनाडियन इंपीरियल बैंक और हस्की ऑइल की कोर इक्विटी खरीद ली। रिटेल आउटलेट्स की विश्वव्यापी शृंखला और मोबाइल फोन सेवा ऑरेंज लॉञ्च की। कई देशों में अचल संपदा खरीदकर वे एशिया महाद्वीप के सबसे धनी बन गए। ली का शिंग की 55 देशों के एक दर्जन से ज्यादा उद्योग क्षेत्रों पर गहरी पकड़ है। उन्हें हांगकांग में सुपरमैन के नाम से भी जाना जाता है।

□

द बॉस
सेवक नहीं, स्वामी बनो

# 12

## मकरंद व रिंकू अप्पलवार

# एंबी पॉलियांर्स लिमिटेड

### नहीं बने सरकारी नौकर, चुनी मन की राह

सन् 2011 में इन ऐंड ब्रॉडस्ट्रीट-एक्सिस बैंक बिजनेस गौरव अवॉर्ड से नवाजे गए मकरंद अप्पलवार के पिता मोरेश्वर बलवंत कभी महाराष्ट्र सरकार के प्रिंसिपल सेक्रेटरी थे। 43 वर्षीय मकरंद ने इंजीनियरिंग शिक्षा प्राप्त करने के बाद ब्यूरोक्रेट बनने की संभावना को ठुकराया और सन् 1994 में अपनी पत्नी रिंकू को भागीदार बनाकर एक पॉलियांर्स ट्रेडिंग फर्म स्थापित की। चार साल पॉलियांर्स की ट्रेडिंग करने के बाद इस दंपति ने पॉलियांर्स उत्पाद बनाते हुए मैन्यूफैक्चरिंग सेक्टर में एंट्री लेने का निर्णय लिया। मकरंद व रिंकू ने अपनी बचत पाँच लाख रुपए के अलावा सिडबी से 62 लाख रुपए कर्ज प्राप्त किया और एंबी पॉलियांर्स लिमिटेड (ईपीएल) की स्थापना की। ईपीएल आज फ़्लैक्सीबल इंटरमीडिएट बल्क कंटेनर्स, जंबो बैग्स, बुने हुए बोरे, कंटेनर लाइनर्स, सिंचाई उपकरणों के सुरक्षा कवर, केनॉल लाइनर्स, फ़्लैक्सी वाटर टैंक्स और कार कवर्स जैसे कई पॉलियांर्स उत्पाद बनाती है।

## देश में चमकी, विदेशियों को भाई एंबी पॉलियांर्स

ईपीएल के टर्नओवर में निर्यात मार्केट का हिस्सा आधे से ज्यादा है, जो इस बात का प्रमाण है कि ईपीएल के उत्पाद विदेशी ग्राहकों ने पसंद किए हैं। एंबी पॉलियांर्स प्लास्टिक रॉ मैटेरियल व प्लास्टिक ग्रेन्यूअल्स भी निर्यात करती है। कंपनी की सिलवासा स्थित मैन्यूफैक्चरिंग इकाई से बननेवाले उत्पादों में सिरमौर जंबो बैग्स और बुने हुए बोरे घरेलू मार्केट में हिंदुस्तान यूनिलीवर और आईटीसी जैसे एफएमसी दिग्गजों के अलावा अग्रणी सीमेंट, रसायन, पोल्ट्री फीड्स व खाद निर्माता कंपनियाँ उपयोग करती हैं। मकरंद अप्पलवार की मानें तो अधिकतम क्षमता, मजबूती व सुरक्षा को सुनिश्चित करने वाले इंटरमीडिएटरी बल्क कंटेनर बनाने में उन्होंने दक्षता हासिल करके प्लास्टिक सेक्टर में अपनी खास पहचान बनाई है।

## गृहलक्ष्मी ने ली लक्ष्मी की सुध, उठाया बड़ा कदम

ग्लोबल मार्केट में एंबी पॉलियांर्स की एंट्री में रिंकू अप्पलवार ने अपने पति का अच्छा साथ निभाया है। ईपीएल ने सन् 2007 में निर्यात मार्केट पर फोकस करने का निर्णय लिया तो सबसे पहले मकरंद व रिंकू को अपनी मैन्यूफैक्चरिंग सुविधाओं के उन्नयन के साथ कार्यशील पूँजी जुटाने के लिए भारी मशक्कत करनी पड़ी थी। रिंकू ने इस समस्या का तत्कालीन हल खोजते हुए मार्केट से कर्ज उठाया था। वित्त वर्ष 2007 व 2008 की बैलेंस शीट्स में निजी साहूकारों को देय ब्याज ने रिंकू को बेचैन कर दिया। उन्होंने अपनी व अपने पति की मेहनत की कमाई में लग रही इस सेंध को रोकने का संकल्प लिया। फाइनेंस मैनेजमेंट में दक्ष रिंकू ने कंपनी के मुनाफे में साहूकारों की इस अवांछित हिस्सेदारी को घटाने के लिए शेयर मार्केट को चिह्नित किया। ईपीएल फरवरी 2010 में स्टॉक मार्केट में सूचीबद्ध हुई।

## स्मार्ट तरीके से बढ़ाई विदेशों में पैठ

पब्लिक इश्यू के जरिए शेयर मार्केट के निवेशकों से प्राप्त 39 करोड़ रुपए से पति–पत्नी ने सबसे पहले उत्पादन क्षमता 5000 टन से बढ़ाकर 18200 टन की तो कुछ पैसा कार्यशील पूँजी के लिए भी रिजर्व रखा और पूरी तैयारी के साथ निर्यात शुरू किया। अंतरराष्ट्रीय मार्केट को उत्पादों की सप्लाई से घरेलू मार्केट की तुलना में मकरंद व रिंकू को ज्यादा मुनाफा मिला तो उन्होंने निर्यात व्यापार बढ़ाया। तद्नुसार कंपनी के टर्नओवर 39 करोड़ (सन् 2009) में निर्यात आय का हिस्सा 22 करोड़ रुपए हो गया तो सन् 2012 में 53 करोड़ रुपए। इसके साथ ही एंबी पॉलियांर्स ने 60 हजार यूरो निवेश करके एक

विदेशी कंपनी ग्लोबल पैक की 25 फीसदी इक्विटी खरीदी। इस भागीदारी ने ईपीएल के उत्पादों की पूर्वी यूरोपियन देशों में घुसपैठ बढ़ाई।

## आय के साथ पर्यावरण संतुलन भी

मकरंद व रिंकू अप्पलवार अब घरेलू और विदेशी आय को संतुलित करना चाहते हैं। इस मंशा से उन्होंने वाटर स्टोरेज के फ़्लैक्सी टैंक्स बनाना शुरू किए हैं। ईपीएल के फ़्लैक्सीबल वाटर टैंक्स की कीमत है प्रति लीटर 90 पैसे से 1.40 रुपए, जो मार्केट में स्थापित अन्य समान टैंक से बेहद कम है। लागत घटाने के अलावा ईपीएल के वाटर टैंक्स परिवहन में भी आसान हैं। बांग्लादेश ने सुनामी के समय एंबी के वाटर टैंक्स खरीदे थे। इसके अलावा मकरंद अप्पलवार ने बड़ी कंपनियों को बल्क पैकेजिंग के लिए परामर्श सेवा शुरू की है। वे अपने क्लाइंट्स के लिए फिलिंग स्टेशन और हैंडलिंग सिस्टम भी विकसित करने लगे हैं। मकरंद व रिंकू पर्यावरण के प्रति भी सचेत उद्यमी हैं। दादरा-नगर हवेली स्थित उनकी फैक्टरी 2,10,000 वर्गफीट भूखंड पर फैली हुई है। यहाँ 3,00,000 वर्गफीट का ग्रीन कैंपस विकसित किया गया है। सलीके से जल प्रबंधन करके जल बचाओ अभियान में भी वे सक्रिय हैं।

## पति-पत्नी एक-दूसरे के पूरक बन जाएँ तो छू सकते हैं आसमाँ

मकरंद व रिंकू अप्पलवार ने साबित किया है कि निजी ही नहीं, जीवन के अन्य क्षेत्रों में भी पति-पत्नी एक-दूसरे के पूरक बन जाएँ तो वे आसमाँ छू सकते हैं। रिंकू इस बात के लिए हम सबकी खास बधाई की हकदार हैं कि उन्होंने साधारण गृहिणी बनकर अपनी शिक्षा को बरबाद नहीं किया, बल्कि अपने पति के कारोबार में अपनी जिज़्मेदारी चिह्नित की और उसका सलीके से निर्वहन भी किया।

□

# इन्हें भी जानें

# रिचर्ड ब्रानसन

**स्कूल ड्राप आउट**
**संपदा-4.2 बिलियन डॉलर**
**( करीब 220 अरब रुपए )**

वर्जिन ग्रुप यूके के संस्थापक रिचर्ड ब्रानसन हम भारतीयों को उच्छृंखल उद्यमी लगें, पर वे ऐसे बिजनेस टायकून हैं, जिन्होंने संभावनाओं पर दाँव लगाकर 400 कंपनियों का विशाल उद्योग समूह स्थापित किया, अटलांटिक को नौका से पार करने का विश्व रिकॉर्ड तोड़ा, और गरम हवा के गुब्बारे से 10,000 किमी. हवाई यात्रा का कीर्तिमान बनाया है। रिचर्ड आठ वर्ष की उम्र में स्कूल गए, पर वहाँ उन्होंने पढ़ाई से ज्यादा कमाई के लिए जुगाड़ की—क्रिसमस ट्री उगाए, सिगार बेची। 16 वर्ष की उम्र में मित्रों के साथ एक मैगजीन 'स्टूडेंट' लॉञ्च की। युवाओं की संगीत में रुचि देखी तो वे डाक से डिस्काउंट मूल्य पर कटआउट रिकॉड्‌र्स बेचने लगे। सन् 1971 में पहली रिकॉर्ड शॉप खोली—'वर्जिन', जहाँ गद्दों-तकियों, सोफा के साथ ग्राहकों को फ्री कॉफी सर्व की जाती थी। रिचर्ड की शॉप शृंखला बड़ी हुई तो उन्होंने रिकॉर्डिंग स्टूडियो स्थापित किया, जिसे वे मशहूर गायकों को किराए पर देने लगे। वर्जिन लेबल से रिचर्ड ने माइक आइलफील्ड का एलबम ट्यूबूलर बेल्स और एक अन्य विवादास्पद एलबम सेक्स पिस्टल लॉञ्च किए, जिन्होंने बिक्री के कीर्तिमान बनाए। इसके बाद रिचर्ड ब्रानसन ने जो कमाया या जहाँ से भी कर्ज मिला, नए-नए उद्योग क्षेत्र में निवेश किया। परिणाम, वर्जिन आज ऐसा ग्लोबल उद्योग समूह है, जो दर्जनों किस्म के कारोबार कर रहा है, जिसमें वर्जिन एयरलाइंस, वर्जिन मोबाइल, वर्जिन रेल व वर्जिन कोला जैसे बड़े व तीव्र प्रतिस्पर्धी कारोबार शामिल हैं।

□

द बॉस
सेवक नहीं, स्वामी बनो

# 13

आर.सी. बेद

# सिद्धि विनायक लॉजिस्टिक्स

## हादसे में बचे, नहीं खोया हौसला

अगस्त 1988 में पश्चिम बंगाल में पेट्रो पदार्थों से भरा एक ट्रक रेलवे ब्रिज से टकरा गया। ऐसा भीषण विस्फोट हुआ कि ब्रिज का लोहा मोम की तरह पिघल गया। 42 लोगों की मृत्यु हो गई। भारतीय रेलवे ने ट्रक मालिक पर दावा ठोक दिया। ट्रक मालिक ने बीमा कंपनी से क्षतिपूर्ति करने को कहा। बीमा कंपनी ने लोक निर्माण विभाग पर दोषारोपण किया कि सड़क पर ऊँचा स्पीड ब्रेकर बना हुआ था। लोक निर्माण विभाग ने इसके जवाब में भारतीय रेलवे पर आरोप लगाया कि उनके विभाग ने कम ऊँचाई का ब्रिज बनाया था, इसलिए यह हादसा हुआ। बॉल अपने कोर्ट में लौटती देखकर भारतीय रेलवे ने चुप्पी साध ली और ट्रक मालिक आर.सी. बेद बच गए।

आर.सी. बेद ने अपनी सारी बचत निवेश करके टाटा 1616 ट्रक खरीदा था। कारोबार शुरू करने के दूसरे ही दिन यह हादसा हुआ तो इसे अशुभ संकेत मानते हुए शुभेच्छुओं ने उन्हें सलाह दी कि वे यह व्यापार बंद कर दें। जमीन से जुड़े उद्यमी बेद ने यह सलाह नहीं मानी। और परिणाम! सन् 1988 में सूरत में स्थापित उनकी कंपनी सिद्धि

विनायक लॉजिस्टिक्स के बेड़े में आज करीब 3700 भारी वाणिज्यिक वाहन हैं। ट्रैक्टर परिवहन के कुल राष्ट्रीय व्यापार के आधे हिस्से पर इस कंपनी का कब्ज़ा है। 'सिद्धि विनायक' एलपीजी की भी अग्रणी ट्रांसपोर्टर है।

## बेस्ट ट्रांसपोर्टर, रतन टाटा की भी पसंद

आर.सी. बेद सिद्धि विनायक लॉजिस्टिक्स को एक साधारण ट्रांसपोर्टर नहीं, बल्कि कॉरपोरेट लॉजिस्टिक सर्विस प्रोवाइडर कहते हैं। सही भी है। 'सिद्धि विनायक' देश के जिन उद्योगों के कल-कारखानों को परिवहन सेवा प्रदान कर रही है, उनमें वेस्टर्न कोल्ड फील्ड्स, टाटा समूह, रिलायंस समूह, जान डीरे, फोर्स, टैफे, एचएमटी, महिंद्रा ऐंड महिंद्रा, एस्कॉर्ट्स, सोनालीका, भारत पेट्रोलियम, इंडियन ऑयल, अमूल, व्हर्लपूल, हीरो होंडा, वेल्सपून, एल ऐंड टी, एस्सार स्टील, स्टरलाइट कॉपर, हिंदुस्तान जिंक, मारुति या जेसीबी जैसे दिग्गज उद्योग समूह शामिल हैं। टाटा समूह की कंपनियों ने तो सिद्धि विनायक को बेस्ट ट्रांसपोर्टर अवार्ड से नवाजा है। सन् 2008-09 में टाटा मोटर्स के भारी वाणिज्यिक वाहन (100 ट्रक) का सर्वाधिक ऑर्डर देने पर रतन टाटा ने आर.सी. बेद को अपने साथ डिनर पर आमंत्रित किया था। हाल ही में आर.सी. बेद ने 525 आयशर ट्रक खरीदे हैं। इसके साथ सिद्धि विनायक लॉजिस्टिक लिमिटेड देशव्यापी 62 शाखाओं की ऐसी कंपनी हो गई है, जिसे 1111 वाणिज्यिक वाहनों की एकमुश्त सर्वाधिक खरीद के लिए लिज़्का अवार्ड से नवाजा गया है।

## सुस्ती, बदहाली के बीते दिन, 91 में बदले हालात

एक अशुभ शुरुआत को अत्यंत शुभ बना देनेवाले आर.सी. बेद की कारोबारी सफलता व सक्सेस के पहले ट्रांसपोर्ट इंडस्ट्री के तत्कालीन हालात पर गौर करें…। गड्ढों के बीच तब सड़क खोजनी पड़ती थी। टाटा मोटर्स जैसी गिनी-चुनी कंपनियाँ देश में जो भारी वाणिज्यिक वाहन बना रही थीं, वे भी साधारण ही होते थे। उन्हें चलाने के लिए सतर्क व ईमानदार ड्राइवर नहीं मिलते थे। एकतरफा लोड के भरोसे ट्रक रवाना किए जाते थे। एक दिन में 250-300 किमी. चल ले तो ट्रक मालिक खुश हो जाते थे।

सन् 1991 में आर्थिक सुधार कार्यक्रम व उदारीकरण के साथ देश की सुप्त अर्थव्यवस्था ने नई करवट ली। उद्योग-धंधे का बिजनेस मंत्र हो गया—'पी-थ्री' यानी प्रोडक्टिविटी, परफॉर्मेंस व प्रॉफिटेबिलिटी।

कल-कारखाने के चक्के तेजी से घूमने लगे। हर उद्योग के मार्केट्स में न्यू टेक्नोलॉजी उत्पादों की सुनामी आ गई। सरकार भी 'इंफ्रास्ट्रक्चर' पर उदारता से निवेश करने लगी। सड़कों के हालात सुधरने लगे। उद्योग ने खुली बाँहों से इस बदलाव का स्वागत किया।

देश में कभी अधिकतम 250 एचपी के ट्रक बनते थे। अब न्यू जनरेशन इंजन, एसी केबिन और ज्यादा क्षमता के तेजी से दौड़नेवाले कार्गो भारत में भी बनने लगे। वोल्वो ने यहाँ भी 520 एचपी का 200 टन भारवाहक पावरफुल ट्रक लॉञ्च किया। टाटा मोटर्स ने 285 एचपी, महिंद्रा नवीस्टार (संयुक्त कंपनी) ने 260 एचपी के भारवाहक वाहन बनाना शुरू किए। 'थ्री-पी' लक्ष्य को प्राप्त करने के लिए उद्योगों को समय पर भारी मात्रा में कच्चा माल जुटाना, बिक्री योग्य माल तत्काल मार्केट लौटाना जरूरी हो गया, पर ट्रांसपोर्ट कारोबारी असमंजस में थे।

## दिनभर भटकते, तंबाकू-गुटखा खाते थे बेद

एक परंपराप्रेमी परिवार में जनमे, विधिवत् शिक्षा से वंचित आर.सी. बेद का 16 वर्ष की उम्र में विवाह हो गया था। विवाहोपरांत अपना व्यापार शुरू करने के लिए उनके पास पूँजी नहीं थी। एक ब्रीफकेस लेकर वे सारे दिन मार्केट में भटके, पर अपेक्षित सफलता को तरसते रहे। मधुमेह और उच्च रक्तचाप जैसे राजरोगों के बावजूद सतत तंबाकू गुटखा सेवन करने वाले आर.सी. बेद सन् 1988 में ट्रांसपोर्टर बने थे। इसके पाँच साल बाद ही देश की अर्थव्यवस्था को तेजी से दौड़नेवाले पहिए मिले तो बेद को सबसे पहले आभास हुआ कि फुटकर ट्रांसपोर्ट व्यवसाय में संभावना सीमित है, जबकि 'कॉरपोरेट लॉजिस्टिक सर्विसेस' कतिपय शर्तों के साथ अच्छे धनोपार्जन व तेजी से उन्नति का जरिया बन सकती है।

## पकड़ी रफ़्तार की राह, पहियों से बरसा पैसा

आर.सी. बेद ने टाटा मोटर्स का ग्लोबल ट्रक खरीदा और एक प्रयोग किया। टाटा मोटर्स के पूना संयंत्र से मिला लोड 1800 कि.मी. दूर जमशेदपुर पहुँचाना था। टाटा का पुराना ट्रक 4018 यह यात्रा 6 दिन में पूरी करता था। आर.सी. बेद ने टाटा के ज्यादा शक्तिशाली ट्रक के लिए कुशल ड्राइवर खोजा और उसे यह यात्रा चार दिन में पूरी करने की चुनौती के साथ प्रोत्साहन राशि का प्रलोभन दिया। यह प्रयोग सफल हुआ तो उन्होंने टाटा के न्यू-जनरेशन पावरफुल ट्रकों का बड़ा बेड़ा बनाने का निर्णय लिया, पर इसके पहले वे ट्रैक्टर निर्माता जॉन डीरे, टैफे, टाटा केमिकल्स व टाटा स्टील के लॉजिस्टिक डिपार्टमेंट में पहुँचे। वहाँ उन्होंने कहा कि तत्पर सेवा के लिए क्या वे अतिरिक्त फ्रेट (भाड़ा) चुकाएँगे। उद्योगों के लॉजिस्टिक विभाग के हेड्स ने सहमति प्रदान की, पर सशर्त। शर्त थी कि यदि निर्धारित समयावधि में आर.सी. बेद के कार्गो गंतव्य स्थल पर पहुँचे तो ही अतिरिक्त भाड़ा मिलेगा, अन्यथा साधारण भाड़ा उन्हें स्वीकार करना होगा।

आर.सी. बेद ने एक साक्षात्कार में कहा है—"परंपरागत ट्रक एक दिन में 300 कि.मी. चलते हैं, जबकि न्यू-जनरेशन कार्गो 700 कि.मी.। इन कार्गो की परिचालन लागत 40 फीसदी ज्यादा है। इनसे होनेवाली आय पुराने जमाने के भारवाहक वाहनों से तीन गुना ज्यादा है। इस आय को सतत बनाए रखने की एक ही शर्त है—लौटती यात्रा के लिए तत्काल 'लोड' मिलना।" आर.सी. बेद यह भी जानते हैं कि तेजी से दौड़ने वाले ज्यादा क्षमता के कार्गो के मुनाफादेय संचालन की दूसरी शर्त है—"ऐसे कुशल ट्रक चालक जो प्रोफेशनल हों और हो प्रतिबद्ध।" जमीन से जुड़े आर.सी. बेद ने न्यू-जनरेशन हाईपावर कार्गो और प्रतिबद्ध स्टाफ जुटाकर सिद्धि विनायक लॉजिस्टिक को शीर्ष पर पहुँचाया है।

## बेटों ने बढ़ाई पिता की ऊर्जा

दिलचस्प बात यह है कि उद्यमी पिता की चार संतानों में से दो राजकुमार और दीपककुमार पिता जैसे ही उद्यमी हैं और कारोबार में उन्हें सहयोग प्रदान कर रहे हैं। बड़े पुत्र दीपक दस साल पहले कारोबार से तब जुड़ गए थे, जब उनके पिता मात्र 40 ट्रकों के मालिक थे और एक शाखा से कारोबार का संचालन कर रहे थे। 40 ट्रकों से 3700 ट्रक व एक शाखा से 62 शाखाओं का नेटवर्क बनाने में दीपक ने पिता का हाथ बँटाया। दीपक की तरह उनके छोटे भाई राजकुमार भी ग्रेजुएशन डिग्री प्राप्त करने के बाद आठ साल पहले पारिवारिक व्यापार में सहयोगी बने। दोनों भाइयों ने संपूर्ण देश का सघन दौरा किया है। उन्होंने यह यात्रा पर्यटन के लिए नहीं की, बल्कि जहाँ गए वहाँ उन्होंने कारोबारी संपर्क बढ़ाए। आर.सी. बेद कहते हैं—"मैंने जो शुरुआत की थी, उसे शीर्ष पर पहुँचाने में राज व दीपक ने जो श्रम किया, सूझबूझ का परिचय दिया, उससे मेरा यह विश्वास पुख़्ता हुआ है कि फैमिली-रन बिजनेस को शिक्षित संतान प्रोफेशनल बनाकर कमाल करने लगी है।"

राजकुमार बेद

## एक और करिश्माई गुजराती

दीपककुमार बेद

आर.सी. बेद ने साबित किया है कि वे भी गुजरात की उसी माटी के उद्यमी हैं, जो धीरूभाई, करसनभाई पटेल, गोविंदभाई काकड़िया और गोविंद अडानी के कारोबारी करिश्मे के लिए सारी दुनिया में जानी जाती है। आर.सी. बेद को इन दिग्गज उद्योगपतियों के समकक्ष रखना कुछ लोगों को शायद रास नहीं आए, पर वे याद

करें···धीरूभाई ने एक पेट्रो कंपनी में क्लर्की से, करसनभाई ने सरकारी लैब से, गौतम अडानी ने डायमंड कटिंग ट्रेनिंग से तो गोविंदभाई काकड़िया भी स्कूली पढ़ाई के बिना डायमंड-किंग बने हैं। आर.सी. बेद भी इसी राह पर चल पड़े हैं।

> "The one who don't have fire in his belly is poor."

□

# इन्हें भी जानें

## पेंसी हू

**बिजनेस मैनेजमेंट**
**संपदा-3.5 बिलियन डॉलर**
**( करीब 170 अरब रुपए )**

मकाऊ के गैंबलिंग उद्योग में एकाधिकार के साथ स्टेनले हू ने अपना वाणिज्यिक साम्राज्य फैलाया। कई देशों के इंटरटेनमेंट, टूरिज्म, शिपिंग, बैंकिंग, रियल एस्टेट और एयर ट्रांसपोर्ट सेगमेंट्स में स्टेनले ने इतना पैसा कमाया कि वे हांगकांग के टॉप-टेन धनपतियों की सूची में पहुँच गए। स्मगलिंग से लेकर चीनी माफिया से नजदीकी के भी उन पर आरोप लगे तो 1971 तक हांगकांग में कई पत्नियाँ रखने की कानूनी छूट के चलते स्टेनले ने अपनी युवावस्था में कई महिलाओं से रिश्ते बनाए और चार विवाह किए। स्टेनले की दूसरी पत्नी की पाँच संतानों में सबसे बड़ी हैं पेंसी हू। जनवरी 2011 में 17 संतानों, 4 पत्नियों और कई प्रेमिकाओं के दबाव में स्टेनले ने अपने कारोबारी साम्राज्य का बँटवारा किया। पुत्री पेंसी को उन्होंने समूह की होल्डिंग कंपनी शून टाक का मैनेजिंग डायरेक्टर बनाया। इसके साथ पेंसी पिता की केसिनो व होटल ऑपरेटर फर्म एसटीडीएम, हांगकांग व मकाऊ के बीच संचालित फास्ट फैरी सेवा और स्पेस नीडल लुकवाले 36 मंजिला मकाऊ टॉवर की सर्वेसर्वा बन गईं। पेंसी की स्वतंत्र कारोबारी उपलब्धि है। एमजीएम रिसोर्ट्स इंटरनेशनल यूएस के साथ एमजीएम ग्रांड मकाऊ की स्थापना जो स्टार होटल प्रापर्टी के साथ दुनिया का दूसरा सबसे कमाऊ गैंबलिंग सेंटर का संचालन करती है। पार्टी गर्ल होने के साथ पेंसी हू रफ-टफ बिजनेस वुमन है, और कहती हैं कि महिला होने से संवेदनशील हूँ तो महिला होने से ही हर खूबसूरत चीज को पसंद करती हूँ।

□

द बॉस
सेवक नहीं, स्वामी बनो

# 14

श्याम बागड़ी

## बागड़ीज इंडिया

### बापू की मॉय एक्सपेरिमेंट विद ट्रूथ बनी प्रेरणा

नगरीय आपाधापी ने हमारा रहन-सहन और खान-पान पूरी तरह से बदल डाला है। नेचुरल फूड्स की जगह पैक्ड व जंक फूड्स—बिस्किट, सैंडविच, बर्गर, पिज्जा से लेकर पालिश्ड दाल-चावल व प्रदूषित सब्ज़ी-फलों के सेवन के कारण आज हर शख़्स कब्ज़, एसिडिटी, ब्लडप्रेशर, मधुमेह, हृदयरोग जैसी लग्जरी बीमारियों से हैरान परेशान है। चिकित्सा वैज्ञानिकों की मानें तो ब्रेकफास्ट में यदि फाइबरयुक्त हेल्दी फूड्स का सेवन करें तो कई बीमारियों से बच सकते हैं। पेप्सीको, केलॉग्स, नेस्ले, डॉ. ओएटकर, ग्लैक्सो स्मिथ, मेरिको, ब्रिटानिया, आईटीसी जैसी दिग्गज कंपनियाँ ओट्स (जई), कॉर्नफ़्लेक्स या हॉर्लिक्स जैसे कई उत्पाद बना रही हैं, पर हमारे देश में सही मायने में पहली बार किसी भारतीय ने हेल्दी ब्रेकफास्ट खाद्यान्न बनाए तो वे शख़्स हैं श्याम बागड़ी।

दिल्ली के ऐसे परिवार में जनमे हैं श्याम बागड़ी, जो विगत 50 सालों से गेहूँ से मैदा व सूजी बना रहा है। बागड़ी परिवार की दिल्ली स्थित फ़्लोर मिल्स गेहूँ के प्रोसेस्टेड

वैल्यू एडेड प्रोडक्ट्स पारले, ब्रिटानिया, नेस्ले को सप्लाई करती है। 70 के दशक में श्याम बागड़ी इस पुश्तैनी व्यापार से जुड़े तो उन्होंने देखा कि मैदा व सूजी बनाने के बाद चोकर या भूसा (ब्रान) भारी मात्रा में बचता है, जिसे पशुआहार के रूप में बेचा जा रहा है। श्याम बागड़ी ने कभी महात्मा गांधी की आत्मकथा 'मॉय एक्सपेरिमेंट विद ट्रूथ' में पढ़ा था कि चोकर या भूसा पौष्टिक आहार है, इनका सेवन करें तो कई बीमारियों से बचेंगे।

## बड़ी मुश्किल से समझ आई सेहत की बात

इस जानकारी ने श्याम बागड़ी को प्रेरित किया और संयोग से इस कार्य को शुरू करने के लिए उन्हें अपने परिवार की फ़्लोर मिल से ब्रान आसानी से उपलब्ध था। उन्होंने ब्रान की वैज्ञानिक छनाई-बिनाई के बाद सिकाई (रोस्टिंग) करने की इन-हाउस तकनीक विकसित करवाई और 500 ग्राम के पैक में व्हीटेक्स ब्रांड नेम से 'व्हीट ब्रान' लॉञ्च किया। अपने किस्म का यह तब पहला ऐसा उत्पाद था, जिसके बारे में विक्रेता व उपभोक्ता दोनों ही अनभिज्ञ थे। श्याम बागड़ी ने डिस्ट्रिब्यूटर्स को यह अनूठा उत्पाद बताया, उसके गुणधर्म समझाए, पर वे इसे रिटेल मार्केट में पहुँचाने को तैयार नहीं हुए। उनका सोच था कि भारतीय ग्राहक ब्रेकफास्ट की अपनी परंपरागत चटपटी डिसेज-कचोरी-समोसा, इडली-डोसा, भजिए-पकौड़े या पोहा-जलेबी के बदले गेहूँ या जई का भूसा पसंद नहीं करेंगे। इसे तो वे पशुआहार मानते हैं। श्याम बागड़ी इस तीखे रिस्पांस से हताश नहीं हुए और व्हीटेक्स बेचने के लिए वे खुद दिल्ली की गलियों में भटके। संयोग से ग्राहकों ने व्हीटेक्स को पसंद किया तो रिटेलर्स का सोच भी बदला और हेल्दी ब्रेकफास्ट फूड्स का एक नया मार्केट जनमा।

सन् 1993 में श्याम बागड़ी ने एक और उत्पाद ओट ब्रान (जई-चोकर) और दो साल बाद इसका वैल्यू एडेड प्रोडक्ट फल व गिरी (नट्स) मिश्रित मूसली ओट्स लॉञ्च किया। विज्ञापन एजेंसी के सुझाव पर सन् 1995 में श्याम बागड़ी ने अपने सरनेम में एक 'आर' और जोड़ा तथा जनमा फायबर हेल्दी ब्रांड बागड़ीज (बी-ए-जी-आर-आर-वाई)।

## तय किया केवल हेल्दी फूड्स ही बनाएँगे और बेचेंगे

पौष्टिक उत्पाद बनाने के मूल लक्ष्य पर फोकस करते हुए इसके बाद बागड़ीज इंडिया ने कई उत्पाद लॉञ्च किए। बागड़ी को मित्र-परिजनों ने सलाह दी कि वे मैदा व सूजी भी बागड़ीज ब्रांड के बैनर तले लॉञ्च करें, जिनका मार्केट बहुत बड़ा है, पर उन्होंने

इस दलील के साथ इस सुझाव को नकार दिया कि बागड़ीज ब्रांड के बैनर तले वे केवल हेल्दी फूड्स ही बनाएँगे और बेचेंगे। यही कारण है कि सन् 2004 में उन्होंने कार्नफ़्लेक्स लॉञ्च किया था, पर बहुत जल्दी इसलिए विद-ड्राकर लिया क्योंकि मार्केट में मौजूद कॉर्नफ़्लेक्स पौष्टिक अनाज से नहीं बन रहे थे। अत्यधिक ग्लायसेमिक (शकर युक्त) रिफाइंड अनाज से बनने के कारण कॉर्नफ़्लेक्स में लौह तत्व व पथ्य आहार (डायटरी फाइबर) बहुत कम थे। चार साल की इन-हाउस रिसर्च के बाद सितंबर 2011 में बागड़ीज इंडिया ने ब्रान मिश्रित कॉर्नफ़्लेक्स लॉञ्च किया है, जो एक बार फिर अपने किस्म का अनूठा व अकेला उत्पाद है।

## विस्तार की राह पर सफलता के कदम

बागड़ी परिवार आज भी मैदा व सूजी बना रहा है तो बागड़ीज इंडिया के बैनर तले श्याम बागड़ी पुश्तैनी व्यापार के चोकर (वेस्ट ब्रान) से दिल्ली स्थित अपने फूड प्रोसेसिंग संयंत्र में व्हीट ब्रान, व्हीट ओट्स व ओट ब्रान बना रहे हैं। बद्दी (हिमाचल प्रदेश) स्थित बागड़ीज इंडिया का संयंत्र ब्रान मिश्रित पाँच किस्म के कॉर्नफ़्लेक्स और 16 किस्म की मूसली बनाता है। श्याम बागड़ी गाजियाबाद में 15 करोड़ रुपए लागत की एक और फूड प्रोसेसिंग यूनिट स्थापित कर रहे हैं। इसके साथ बागड़ीज इंडिया की ओट्स उत्पादन क्षमता 4500 से 9000 टन और मूसली उत्पादन क्षमता 1500 से 3000 टन हो जाएगी। गुणवत्ज़ायुक्त हेल्दी फूड प्रोडक्ट्स के प्रति प्रतिबद्धता के कारण श्याम बागड़ी इंग्लैंड और स्कॉटलैंड से ओट्स व अमेरिका से मूसली के लिए बादाम और सोया आधारित ऑक्सीकृत (एंटी ऑक्सीडेंट्स) आयात करते हैं। कंपनी का सालाना टर्नओवर 45 करोड़ रुपए (2010-11) हो गया है।

## कंपनी छोटी, लेकिन संकल्प बड़ा

भारतीय ब्रेकफास्ट खाद्यान्न मार्केट का अनुमानित आकार है 500 से 600 करोड़ रुपए। एकल परिवार और स्वास्थ्य के प्रति चेतना बढ़ने से यह मार्केट 30 प्रतिशत की सालाना दर से ग्रो हो रहा है। ओट्स की बिक्री तो 40 फीसदी बढ़ रही है। अपने दिग्गज प्रतिद्वंद्वियों—नेस्ले, पेप्सीको, कैडबरी, ग्लैक्सो स्मिथ, पारले, ब्रिटानिया, डॉमिनो, एमटीआर की तुलना में बागड़ीज इंडिया की सामर्थ्य बौनी है, पर गुणवत्ज़ायुक्त उत्पाद बनाने का सोच व संकल्प कई गुना बड़ा है। बागड़ीज इंडिया के टर्नओवर को दोगुना करने का लक्ष्य श्याम बागड़ी ने अपनी पुत्री दिव्या व पुत्र आदित्य को सौंपा है। दिव्या नए उत्पादों के विकास के साथ पैकेजिंग पोर्टफोलियो सँभालती हैं तो आदित्य का दायित्व है मार्केटिंग व ब्रांड बिलिंग।

एक बहादुर योद्धा को एक बार शक्तिशाली दुश्मन के खिलाफ युद्ध लड़ना था। दुश्मन के सैनिकों की संज्या बहुत ज्यादा थी। उस योद्धा ने अपने सैनिकों को जहाजों में भरा, दुश्मन देश तक समुद्र का सफर किया, सिपाहियों और गोला-बारूद को उतारा और फिर उन जहाजों को जलाने का आदेश दिया, जो उन्हें वहाँ तक लाए थे। युद्ध के पहले अपने सैनिकों को संबोधित करते हुए उसने कहा—आप देख रहे हैं कि जहाज जला दिए गए हैं। इसका मतलब है कि हम यहाँ से तब तक जिंदा नहीं लौट सकते, जब तक कि हम जीत न पाएँ। हमारे पास कोई विकल्प नहीं है। या तो हम जीतेंगे या फिर हम मर जाएँगे। वे जीत गए।

हर वह आदमी जो किसी काम में जीत हासिल करना चाहता है, उसे अपने जहाज जलाने के लिए तैयार रहना चाहिए और अपने पीछे हटने के सारे रास्ते बंद करने को इच्छुक रहना चाहिए। यही करके आप यह सुनिश्चित कर सकते हैं कि आपके मस्तिष्क  में जीतने की वह धधकती हुई प्रबल इच्छा बनी रहेगी, जो कि सफलता के लिए अनिवार्य है।

□

द बॉस
सेवक नहीं, स्वामी बनो

# 15

## वेलेरी रोजिकी वागोनेर

# जिप डायल मोबाइल सॉल्यूशंस प्रा.लि.

### मस्ड कॉल मार्केटिंग : सहज और सस्ती इंटरफेज

वे कैलिफोर्निया से भारत आई हैं। भारतीय खानपान व रहन-सहन आत्मसात करने में उन्हें थोड़ा वक्त लगा, पर अब वे मटन दुकान पर हुक से लटके मांस को देखकर नाक-भौं नहीं सिकोड़ती, सड़क किनारे बड़े चाव से कॉफी पी लेती हैं, मोहल्ले की गोडाउननुमा किराना दुकान से खरीदी करती हैं, चटपटी भारतीय डिशेज पसंद करने लगी हैं, कामचलाऊ दक्षिण भारतीय भाषाएँ बोल लेती हैं, साड़ी भी पहन लेती हैं। वे कहती हैं कि मैं पक्की इंडियन बन गई हूँ, हालाँकि रोटी बेलती हूँ तो मेरी होम कंट्री (भारत) का नक्शा बन जाता है। ये हैं जिप डायल की संस्थापक सीईओ वेलेरी रोजिकी वागोनेर (Velerie Rozycki Wagoner : www.zipdial.com)।

अपने दो सहकर्मी मित्र संजय स्वामी और आमिया पाठक के साथ वेलेरी द्वारा स्थापित जिप डायल मोबाइल सॉल्यूशंस प्रा.लि. का कारोबार भी उनकी ही तरह दिलचस्प है। जब आप प्रोडक्ट या सर्विस का कोई प्रमोशन कैंपेन देखते हैं तो वहाँ जिप डायल का लोकल फोन नंबर भी दिखाई देता है। इस नंबर पर कॉल करते हैं तो शुल्क आपको न

चुकाना पड़े, इसलिए कॉल तत्काल डिसकनेक्ट हो जाता है, पर आपका नंबर जिप डायल के प्लेटफॉर्म पर दर्ज हो जाता है। जिप डायल इसे उत्पादक या विक्रेता तक पहुँचा देता है। इसके बाद वह कंपनी कूपन, प्रमोशनल संदेश या उपहार भेजकर आपको लुभाती है और अपना ग्राहक बना लेती है। जिप डायल ने इस तकनीक से हमारे देश में पहली बार मिस्ड कॉल को मॉस मार्केटिंग का सहज व सस्ता जरिया बनाया है।

## अमेरिकी बाला को भारत ने लुभाया, बना कर्मभूमि

स्टेनफोर्ड यूनिवर्सिटी की पोस्ट ग्रेजुएट वेलेरी अपनी रिसर्च के लिए भारत के एक एनजीओ से जुड़ी थी। एनजीओ की मदद से उन्होंने कर्नाटक सहित भारत के गाँवों की यात्रा की। हमारे देश की ग्रामीण आबादी की सहनशीलता—'जो जैसा है वैसा जीवन' वाली लाइफ स्टाइल ने उन्हें लुभाया। सन् 2008 में वे दूसरी बार भारत आईं तो यहीं रह गईं। इस बार उन्होंने बेंगलुरु की नवस्थापित मोबाइल पैमेंट कंपनी एमचेक को ज्वॉइन किया था। एमचेक के स्ट्रेटेजिक हेड (रणनीतिकार) की हैसियत से उन स्थानों पर वेलेरी ने बैंक व बीमा सेवाएँ पहुँचाईं जो इनसे वंचित थे। उन्होंने इस नौकरी के दौरान एमचेक का कॉल सेंटर भी विकसित किया।

## दोस्तों की गपशप से आया मिस्ड कॉल प्रमोशन आइडिया

एमचेक के सीईओ संजय स्वामी और एक अन्य कंपनी झपक डॉट कॉम के डायरेक्टर अमिया पाठक वेलेरी के मित्र बन गए थे। एक दिन गपशप करते हुए इस तिकड़ी को सूझा कि मिस्ड कॉल ब्रांड्स प्रमोशन के साथ मॉस मार्केटिंग का आसान जरिया बन सकते हैं। तीनों ने अपनी बचत निवेश करके एक कंपनी स्थापित की जिप डॉयल मोबाइल सॉल्यूशंस और अपना-अपना वर्क पोर्टफोलियो बाँटा। वेलेरी ने ऑपरेशंस, स्वामी ने रणनीति बनाने की तो पाठक ने तकनीकी जवाबदेही सँभाली और इसके बाद इन तीनों ने अपने सोच को मूर्त रूप देने की तकनीक विकसित की।

## ग्राहकों और ट्राई को नाखुश किए बिना इनोवेटिव ब्रांड प्रमोशन

सन् 2010 की इंडियन प्रीमियर लीग में जिप डॉयल ने 40 लाख मोबाइल फोनधारकों को क्रिकेट स्कोर उपलज़्ध करवाकर यह दिलचस्प सर्विस लॉञ्च की। इस कैंपेन में उनके बिजनेस पार्टनर थे—वीडियोकॉन, प्रोक्टर ऐंड गैंबल तथा जिलेट। इसी श्रृंखला में वर्ल्ड कप फुटबॉल के दौरान जिप डॉयल ने केएफसी व पेप्सी को प्रमोट किया। आज जिप डॉयल सात दिग्गज ब्रांड्स के साथ 50 से ज्यादा लोकल बिजनेस फर्मों को मोबाइल मार्केटिंग सेवाएँ प्रदान कर रही है। वेलेरी के अनुसार स्थानीय टेलर, ज़्यूटी सैलून, रियल

एस्टेट एजेंट, इवेंट मैनेजमेंट फर्म्स भी अब ट्राई के प्रतिबंधों की अवहेलना किए बिना मोबाइल के जरिए अपने ग्राहकों से संपर्क बढ़ाना चाहती हैं। मार्च 2011 से ट्राई ने एसएमएस वैरीफिकेशन अनिवार्य कर दिया है। इस नए कानून ने जिप डायल के लिए एक नई सर्विस एसएमएस फ्री वैरीफिकेशन को जन्म दिया है। जिप डॉयल यह सेवा बैंकों व बीमा कंपनियों को प्रदान करने लगी है।

### सम्मान ने बढ़ाया हौसला, महिलाओं के लिए प्रेरणा

वेलेरी रोजिकी वागोनेर को सन् 2011 में वुमन इन लीडरशिप फोरम ने लीडिंग इन टेक्नोलॉजी अवॉर्ड से नवाजा है। मुंबई में आयोजित अवार्ड समारोह में देश के नामी इंटरप्रिन्योर्स व एक्जीक्यूटिव्स ने हिस्सा लिया। इस समारोह को संबोधित करते हुए वेलेरी ने कहा—''सामान्यत: टेक्नोलॉजी सेक्टर में महिलाओं को शिक्षा की कमी व सामाजिक परंपराओं की बेड़ियों जैसी कई बाधाओं से जूझना पड़ता है। मैं यह देखकर खुश हूँ कि बिना प्रोत्साहन भारत में अमेरिका से भारत में ज्यादा महिलाएँ टेक्नोलॉजी सेक्टर में कार्यरत हैं। यह अवार्ड जिप डॉयल की तकनीक व क्वालिटी सर्विसेस को ऐसी मान्यता है, जो हमारा मनोबल बढ़ाएगी।''

भारत को अपनी कर्मभूमि बनाने वाली वेलेरी इस बात की भी मिसाल है कि देश और लिंगभेद का प्रतिभा से कोई लेना-देना नहीं है। महिलाएँ भी पुरुषों के क्षेत्र में साधिकार न केवल दखलअंदाजी कर सकती हैं, बल्कि ऐसे कारनामे कर सकती हैं, जो पुरुषों को चौंकन्ना कर दे।

□

## इन्हें भी जानें

# यूरी मिलनेर

स्नातक/एमबीए
संपदा-1 बिलियन डॉलर
(करीब 55 अरब रुपए)

रशियन इंस्टीट्यूट ऑफ इकोनॉमिक्स के चीफ डिप्टी डायरेक्टर बोरिस मिलनेर व चिकित्सक माँ बेट्टी मिलनेर के पुत्र यूरी मिलनेर ने व्हार्टन स्कूल ऑफ बिजनेस से एमबीए की डिग्री प्राप्त करने के बाद वर्ल्ड बैंक सहित कई इंवेस्टमेंट ब्रोकरेज कंपनियों में नौकरी की। सन् 2000 में वे एक इंवेस्टमेंट फंड के सीईओ बन गए। सन् 2005 में यूरे मिलनेर ने डिजिटल स्कॉय टेक्नोलॉजिज की स्थापना की और वेंचर कैपिटलिस्ट की हैसियत से सिलिकॉन वेली में एंट्री ली। वे सोशल मीडिया के ऐसे रिस्कटेकर इंवेस्टर हैं, जो फर्स्ट जनरेशन टेक्नोप्रिनर्स की कंपनी को बिना उसकी बैलेंस शीट देखे पूँजी निवेश कर रहे हैं।

यूरी मिलनेर ने जिन 25 इंटरनेट कंपनियों में पूँजी लगाई है, इनमें से झिंगा (सोशल गेमिंग कंपनी) ट्विटर, स्पोटी फॉय, ग्रुपॉन (इ-कॉमर्स), झॉकडॉक, 360 बॉय डॉटकॉम जैसे विश्वप्रसिद्ध वेबसाइट्स शामिल हैं। यूरी ने इन कंपनियों में जब पूँजी निवेश की थी, तब ये भ्रूण अवस्था में थीं। सिलिकॉन वेली के कथित दिग्गज निवेशक आज अपनी इस चूक के लिए खुद को कोसते हैं, जिसका पूर्वानुमान लगाकर मात्र दो वर्ष में यूरी मिलनेर ने अपनी कंपनी डिजिटल स्कॉय टेक्नोलॉजिज (मेल डॉट रू ग्रुप) को शून्य से 12 बिलियन डॉलर की कंपनी बना दिया है और वे स्वयं बन गए हैं नवोदित रशियन कुबेर।

□

द बॉस

सेवक नहीं, स्वामी बनो

# 16

हितेंद्र चतुर्वेदी

## रिवर्स लॉजिस्टिक्स कंपनी प्रा.लि.

### करिश्माई कारोबारी का कारोबारी करिश्मा

वैश्विक मार्केट का हिस्सा बन जाने के बाद हमारे देश में भी ऐसी कारोबारी संभावनाएँ जनमी हैं, जो साधारण पूँजी पर असाधारण सूझबूझ और साहस से आपको सफल व संपन्न कारोबारी बना सकती हैं। शर्त है नया सोच, अपने सोच पर दृढ़ विश्वास और उसे दूसरों तक पहुँचाने का धैर्य। ऐसे ही करिश्माई कारोबारी हैं हितेंद्र चतुर्वेदी। उन्हें जानने के पहले आइए जानें क्या है—उनका कारोबारी करिश्मा।

### बड़ा मार्केट है रिवर्स सप्लाई का

रिटेल मार्केट में उत्पाद व्हाया खुदरा विक्रेता उत्पादक से उपभोक्ता तक पहुँचते हैं। इस प्रक्रिया में 4 से 5 फीसदी उत्पाद साधारण डिफेक्ट्स, परिवहन में रिपेयरेबल क्षति (स्क्रैच-डेंट्स आदि), उत्पाद की लाइफ व वारंटी अवधि की समाप्ति जैसे कारणों से उत्पादकों या रिटेलर्स के पास लौट आते हैं। ग्राहक भी अकसर उत्पाद के कालातीत वर्सन को उन्नत उत्पाद जैसे बेसिक सेलफोन के बदले उन्नत सेलफोन, साधारण टीवी के

बदले एलसीडी/एलईडी, सेमी ऑटोमैटिक वाशिंग मशीन के बदले एडवांस मशीन, छोटे फ्रिज के बदले बड़े फ्रिज, विंडो एसी के बदले स्प्लिट एसी खरीदते हैं। वे चाहते हैं कि उन्हें पुराने पर वर्किंग उत्पाद का भी थोड़ा-बहुत मूल्य मिले। ग्लोबल मार्केट में ऐसे उत्पादों को सेलेबल बनाना रिवर्स सप्लाई सिस्टम कहा जाता है। वैश्विक स्तर पर यह एक बड़ा मार्केट है।

## रिवर्स लॉजिस्टिक्स 3 साल में 100 करोड़

भारत में पहली बार उत्पादक, ओईएम (ओरिजनल इक्विपमेंट मैकर्स), रिटेलर्स ही नहीं, ग्राहकों को भी रिवर्स सप्लाई साल्यूशंस उपलज़्ध करवाने के लिए हितेंद्र चतुर्वेदी ने सन् 2008 में जो कंपनी रिवर्स लॉजिस्टिक्स कंपनी प्रा.लि. स्थापित की, उसका टर्नओवर मात्र 3 साल में 100 करोड़ हो गया है। कंपनी के संस्थापक प्रबंध निदेशक हितेंद्र चतुर्वेदी के अनुसार यह तो शुरुआत है। देश के सकल घरेलू उत्पाद का पाँच फीसदी हिस्सा रिवर्स सप्लाई सॉल्यूशंस के अभाव में तोल के मोल यानी स्क्रैच बनकर बिक रहा है। तदनुसार यह इतना बड़ा अदोहित मार्केट है कि पायोनियर की हैसियत से रिवर्स लॉजिस्टिक्स का सालाना कारोबार अगले साल 500 करोड़ रुपए हो जाएगा। हितेंद्र चतुर्वेदी का लक्ष्य तो इससे भी बड़ा है। हम रिवर्स लॉजिस्टिक्स को वन बिलियन डॉलर कंपनी बनाना चाहते हैं और इस महज़्वाकांक्षा की प्राप्ति के लिए बहुत जल्दी श्रीलंका, मध्य-पूर्व के देशों और अफ्रीका में भी पहुँच जाएँगे।

## रिजेक्टेड सामान की बरबादी से आया आइडिया

आइए, अब जानें कि भारत में हितेंद्र चतुर्वेदी ने अपने सोच को कैसे साकार किया। टेक्नोक्रेट हितेंद्र ने शिक्षा प्राप्त करने के बाद 17 साल अमेरिका में नौकरी की है। वे माइक्रोसॉफ़्ट की ओईएम (ओरिजनल इक्विपमेंट मैन्यूफैक्चरिंग) बिजनेस यूनिट के हेड रहे तो इसके पूर्व उन्होंने वहाँ एक आईटी रिटेल लॉजिस्टिक कंपनी में भी नौकरी की। 17 साल बाद वे देश लौटे तब उनकी ऐसी कोई मंशा नहीं थी कि वे अपना कारोबार शुरू करेंगे, पर भारतीय रिटेल मार्केट में ग्राहकों द्वारा विभिन्न कारणों से रिजेक्टेड सामान की बरबादी देखी तो उनके उद्यमी मनमानस में रिवर्स सप्लाई सॉल्यूशंस कंपनी स्थापित करने का बीजारोपण हुआ। एक साक्षात्कार में उन्होंने कहा है—''जब उन्होंने यह सोच दूसरों से शेयर किया और वेंचर कैपिटलिस्ट से निवेश के लिए संपर्क किया तो उन्हें 'शेखचिल्ली' के खिताब से नवाजा गया।'' इस प्रतिक्रिया से हताश होने के बजाय नए सोच में छुपी संभावना पर भरोसा ही वह टर्निंग पॉइंट है, जिसने हितेंद्र चतुर्वेदी को सफल व संपन्न कारोबारी ही नहीं, एक नए व्यापार का पायोनियर बनाया है।

## सप्लाई चेन बनाकर ग्राहकों को संतुष्ट किया

हितेंद्र चतुर्वेदी ने सबसे पहले रिवर्स सॉल्यूशंस प्रा.लि. की सप्लाई चेन बनाई। तदनुसार आज उन्हें उत्पादक, ओईएम मैकर्स, रिटेलर्स और उपभोक्ता से डिफेक्टेड, रिजेक्टेड या एक्सचेंज में प्राप्त उत्पाद मिलते हैं। कंपनी के वैल्यू एडेड सेंटर (वर्कशॉप) में जाँचने-परखने के बाद अपेक्षित छोटे-मोटे रिपेयरिंग के बाद इन पर ग्रीनडस्ट का लोगो लगाकर वापस मार्केट में बिक्री के लिए भेज दिया जाता है। यहाँ ये उत्पाद उन ग्राहकों को लुभाते हैं, जो महँगे सेलफोन, लैपटॉप, फ्रिज, वाशिंग मशीन, एसी आदि खरीदना तो चाहते हैं, पर उनका वास्तविक मूल्य नहीं चुका सकते। हितेंद्र चतुर्वेदी बताते हैं कि सप्लाई चेन से ज्यादा उन्हें ग्राहकों को समझाने में मशक्कत करनी पड़ी। ग्राहकों के जिन तीन वाजिब सवालों का संतोषनजक समाधान पेश करना पड़ा, वे थे—महँगे ब्रांडेड उत्पाद कम मूल्य पर क्यों बेच रहे हैं, क्या उत्पाद नए जैसा काम करेगा और क्या इनकी वारंटी मिलेगी।

हितेंद्र चतुर्वेदी ने सूझबूझ के साथ ग्राहकों की इन पहेलियों को भी हल किया है। उन्होंने रिपेयरेबल पर रिजेक्टेड उत्पाद में संपूर्ण सुधार किया, डिफेक्टेड लुक को सँवारा, पर छोटे-छोटे स्क्रैच नहीं हटाए बल्कि ग्राहकों को उन्हें बताते हुए समझाया कि इस कारण से कंपनी ये उत्पाद कम मूल्य पर बेच रही है। मशीन में 'जीरो डिफेक्ट' है, इसका विश्वास दिलवाने के लिए उन्होंने उत्पाद पर ग्रीनडस्ट लोगो लगाया तो कई उत्पादकों से टाईअप करके एक साल की वारंटी दिलवाई।

## दिग्गजों को लुभाया, फ्रेंचाइजी स्टोर खोले

परिणाम! आज रिवर्स सॉल्यूशंस को सैमसंग, एलजी, फिलिप्स, लेनोवो, तोशीबा, हेर, व्हर्लपुल, गोदरेज, इलेक्ट्रोलक्स, वीडियोकोन व होम शॉप जैसे 18 दिग्गजों से उत्पाद मिलते हैं। इन कंपनियों का कहना है कि वेयर हाउस में रिपेयरेबल डिफेक्ट्स के सामान की भीड़ बढ़ रही थी। वेयर हाउस के लिए बड़ी जगह जुटाना व उनकी देखरेख महँगा सौदा हो गया है। रिवर्स लॉजिस्टिक्स प्रा.लि. व्हाया अपने वैल्यू एडेड सेंटर (रिपेयरिंग वर्कशॉप) ग्रीन डस्ट वेबसाइट और फ्रेंचाइजी रिटेल नेटवर्क के जरिए इन कंपनियों से प्राप्त उत्पादों को बिक्री के लिए फिर मार्केट पहुँचा देती है। हितेंद्र चतुर्वेदी ने इस मंशा से देश में 50 फ्रेंचाइजी स्टोर खोल दिए हैं। उनका लक्ष्य है सन् 2012 की समाप्ति तक इनकी संज़्या 100 से ज्यादा हो जाए।

पर्यावरण हितैषी सोच व संकल्प से प्रेरित हितेंद्र चतुर्वेदी ने अपनी कंपनी का लोगो ग्रीनडस्ट चिह्नित किया है। वेस्ट रीड्यूज, रीयूज, रिपेयर व रीसायकल करके उन्होंने जहाँ पर्यावरण को सुरक्षित किया है, वहीं सही मायने में साबित किया है कि रिवर्स

लॉजिस्टिक्स 'ग्रीन' कंपनी है। अपनी इस पहल को उत्पादकों, ग्राहकों खासकर नई पीढ़ी के ग्राहकों से मिले समर्थन से वे खुश हैं और कहते हैं कि रिवर्स लॉजिस्टिक्स ने सबके लिए 'विन-विन' हालात पैदा किए हैं। उत्पादकों व ग्राहकों का पैसा बच रहा है, पर्यावरण का भला हो रहा है और कंपनी भी मुनाफा अर्जित कर रही है। संक्षेप में कहें तो करिश्माई मार्केटियर हितेंद्र चतुर्वेदी ने उत्पादकों और उपभोक्ता दोनों को रिजेक्टेड उत्पादों का मूल्य उन्हें दिलवाकर एक नया रिटेल मार्केट बनाया है और उन ग्राहकों को कम मूल्य पर महँगे ब्रांडेड उत्पाद उपलज़्ध करवाए हैं, जो उनका वास्तविक मूल्य नहीं चुका सकते। इन सबसे बड़ी उपलज़्धि यह है कि उन्होंने कई लोगों के लिए रोजगार और एक नई किस्म के फ्रेंचाइजी स्टोर के मालिक बनने के अवसर पैदा किए हैं।

> "Twenty years from now you will be more disappointed by the things you didn't do than by the ones you did do. So throw off the bowlines, sail away from the safe harbor. Catch the trade winds in your sails. Explore. Dream. Discover!"
>
> —Mark Twain

□

द बॉस
सेवक नहीं, स्वामी बनो

# 17

नितिन व रोहन गुप्ता

# एट्टेरो रीसायक्लिंग

### इ-वेस्ट का हब बन रहे हमारे जैसे देश

मोबाइल फोन, पीसी, लैपटॉप, प्रिंटर्स, फ्रिज, वॉशिंग मशीन जैसे उपकरणों का चलन बढ़ने तथा इनके सतत तकनीकी उन्नयन के कारण सारी दुनिया में इ-वेस्ट बढ़ रहा है। इस खतरनाक वेस्ट का आधा-अधूरा यानी अवैज्ञानिक डिस्पोजल पर्यावरण व आम आदमी के स्वास्थ्य को दुष्प्रभावित कर रहा है। यूएस व यूरोप में इ-वेस्ट के डिस्पोजल के कड़े व प्रभावी नियम हैं। इनके अभाव में भारत जैसे विकासशील देश इ-वेस्ट का 'हब' बन गए हैं। मॉनिटर्स, प्रिंटर्स, की-बोर्ड्स, सीपीयू, टाइपराइटर्स, पीवीसी वायर्स आदि की शक्ल में इ-वेस्ट विकसित देशों को भेजे जा रहे हैं। यहाँ इन उपकरणों के निर्माता व उपभोक्ता तो लापरवाह हैं ही, पर जो विदेशी कंपनियाँ अपने देश में कानून के डर से इ-वेस्ट के डिस्पोजल पर पैसा खर्च करती हैं, वे भी हमारे यहाँ थोड़े से पैसे के लालच में इसे कबाड़ियों को बेच रही हैं। कबाड़ी इस वेस्ट को औने-पौने दाम पर खरीदते हैं और सायनाइड व सल्फ़्यूरिक एसिड में गलाकर सोना, चाँदी, ताँबे जैसी धातु तो निकाल लेते हैं, पर शेष जहरीला घोल नजदीक के नाले में बहा देते हैं। निस्संदेह अब

हमारे देश में भी इ-वेस्ट को लेकर कानून बन गया है, पर हम सब जानते हैं कि कानूनों के क्रियान्वयन में हम कितने धीर-गंभीर हैं। दिलचस्प बात यह है कि भारत सरकार से पहले इस दिशा में जिन दो युवकों ने कारगर पहल की, वे हैं—नितिन गुप्ता व रोहन गुप्ता।

वैश्य व्यापारी परिवार में जनमे इन भाइयों ने उच्च शिक्षा प्राप्त करके अपने कॅरियर की शानदार शुरुआत की थी। आईआईटी दिल्ली से इलेक्ट्रिक इंजीनियरिंग में बी.टेक. व यूएस से एमबीए डिग्री प्राप्त करने के बाद नितिन वहीं सेटल हो गए थे। लोटस इंटरवर्क्स यूएस में वे काम कर रहे थे। केमिकल इंजीनियर उनके छोटे भाई रोहन ने बेंगलुरु में इंफोसिस को जॉइन किया था। रोहन ने भागीदारी में ऑनलाइन मूवी रेंटल कंपनी सिनेस्प्राइट भी लॉञ्च की, पर दोनों ही भाइयों के जन्मजात उद्यमी संस्कार उन्हें उत्प्रेरित करते थे कि उनका अपना स्वतंत्र उद्योग व्यापार हो।

## पुराने लैपटॉप से मिली इ-वेस्ट की समझ और प्रेरणा

सन् 2007 में एक वाकया हुआ। नितिन ने रोहन को एडवांस लैपटॉप उपहार में दिया। रोहन अपना पुराना लैपटॉप डिस्पोज करने पहुँचे तो उन्होंने देश में इ-वेस्ट के हालात जाने। उन्हें लगा कि इ-वेस्ट मैनेजमेंट सबकी भलाई के साथ उनके लिए कमाई का कारोबार बन सकता है। रोहन ने अपना यह निष्कर्ष नितिन के साथ शेयर किया। नितिन इ-वेस्ट के अमेरिकन कानून-कायदे जानते थे। उन्होंने भी माना कि भारत में इलेक्ट्रॉनिक उपकरणों की बढ़ती बिक्री के साथ भारत सरकार को विलंब से ही सही, इ-वेस्ट के वैज्ञानिक डिस्पोजल के नियम-कानून बनाना पड़ेंगे। नितिन व रोहन ने सरकारी पहल की प्रतीक्षा नहीं की और सन् 2008 में स्थापित की एक कंपनी एट्टेरो रीसायक्लिंग। लैटिन में Attero का मतलब है—वेस्ट।

## कई चुनौतियों का किया सामना और खोजे समाधान

गहन मनन-चिंतन के बाद नितिन व रोहन ने समयपूर्व जोखिम उठाई। वे जानते थे कि उन्हें अपने इस उद्यम को सफल बनाने के लिए कई चुनौतियों का मुकाबला करना पड़ेगा, जैसे—

1. वेंचर कैपिटलिस्ट्स को प्रोजेक्ट में निवेश के लिए तैयार करना।
2. सरकारी विभागों में अनुमतियाँ प्राप्त करना, जो तब इ-वेस्ट को गंभीर समस्या ही नहीं मानते थे।
3. यूएस व यूरोप में निर्माता व उपभोक्ता अपने इ-वेस्ट को डिस्पोज करने पर पैसा खर्च करते हैं, जबकि भारत में इसे कबाड़ी को बेचने से पैसा मिलता है।

तदनुसार एट्टेरो रीसायक्लिंग को मुनाफाअर्जक बनाना आसान नहीं था।

4. दोनों भाइयों को न केवल इ-वेस्ट के वैज्ञानिक डिस्पोजल की तकनीक जुटानी थी, बल्कि उसका भारतीयकरण भी करना था। उन्हें ऐसी तकनीक चाहिए थी, जो इ-वेस्ट में समाहित मूल्यवान धातु पूरी शुद्धता और पूरी मात्रा में लौटाए, ताकि वे लागत व मुनाफा निकाल सकें।
5. भारत एक बड़ा देश है। यहाँ के लोग अपने पैसे का पूरा मूल्य प्राप्त करने के लिए वह सब करने से नहीं चूकते, जो दूसरों को नुकसान पहुँचाए। तदनुसार इ-वेस्ट का सारे देश से कलेक्शन भी बड़ी चुनौती थी।
6. इ-वेस्ट के संयंत्र के लिए ऐसी लोकेशन खोजना व वहाँ भूखंड प्राप्त करना, जो लॉजिस्टिक लागत नहीं बढ़ाए।

## बनाने वाले ही नहीं जानते उनके इ-वेस्ट का क्या होगा

ऐसा नहीं है कि नितिन व रोहन की हर कारोबारी रणनीति कारगर साबित हुई। उन्हें पहला झटका तब लगा, जब कंपनियों ने उन्हें इ-वेस्ट बिना मूल्य देने में आना-कानी की। नितिन बताते हैं कि आईटी व दूरसंचार कंपनियाँ सबसे ज्यादा प्रॉफिटेबल इ-वेस्ट (चिप्स, प्रिंटेड सर्किट बोर्ड्स व सेलफोन आदि पैदा करती हैं, पर वहाँ लोग यह भी नहीं जानते थे कि इनका डिस्पोजल किसकी जवाबदेही है। एक जानी-मानी आईटी कंपनी ने उन्हें परचेज विभाग में भेजा तो वहाँ से उन्हें एचआर विभाग में धकेल दिया गया। कंपनियों के ऐसे हालात से उपभोक्ता के सोच का अनुमान लगाया जा सकता है। उनके गहन होमवर्क का ही सुफल है कि पहली व दूसरी असफलता के बाद नितिन ने दो ग्लोबल वेंचर कैपिटलिस्ट को उनके प्रोजेक्ट में सीड कैपिटल निवेश करने को तैयार कर लिया। प्रारंभिक पूँजी की अड़चन मिटी तो नितिन व रोहन ने सारी दुनिया में इ-वेस्ट को डिस्पोजल करने की तकनीक खोजी और एक अमेरिकन कंपनी से अनुबंध किया। उत्तराखंड में टेक्स हॉलीडे को ध्यान में रखकर रुड़की में उन्होंने 36,000 टन सालाना इ-वेस्ट डिस्पोजल क्षमता का संयंत्र स्थापित किया, जिसका पूर्व राष्ट्रपति डॉ. एपीजे अब्दुल कलाम ने शुभारंभ किया।

## विदेशी पूँजी पानेवाली पहली इ-वेस्ट मैनेजमेंट कंपनी

नितिन व रोहन के साहस व सूझबूझ को सराहना पड़ेगा कि उन्होंने दो साल मशक्कत करके हर बाधा को बौना कर दिया। आज एट्टेरो रीसायक्लिंग देश की पहली ऐसी इ-वेस्ट मैनेजमेंट कंपनी है, जिसमें इंटरनेशनल फाइनेंस कॉरपोरेशन ने भी पूँजी निवेश की है। भारत सरकार के पर्यावरण मंत्रालय से भी मान्यता प्राप्त करने वाली पहली

कंपनी है एट्टेरो रीसायक्लिंग। यही नहीं, नितिन व राहुल की देखादेखी आज कई अन्य उद्यमी इ-वेस्ट मैनेजमेंट करने लगे हैं। विडंबना यह है कि देश में इ-वेस्ट फैला हुआ है और एट्टेरो रीसायक्लिंग इस क्षमता का 10 से 20 फीसदी दोहन ही कर पा रही है।

रोहन गुप्ता

## घर बैठे अपने इ-वेस्ट सौंपिए एट्टेरो को

एट्टेरो रीसायक्लिंग की वेस्ट डिस्पोजल प्रक्रिया सबसे अनूठी व अलग है। इ-वेस्ट दो किस्म के होते हैं—एक जिनमें बहुमूल्य धातु सोना, चाँदी, ताँबा, प्लेटिनम होता है। दूसरे टी.वी., फ्रिज, कंप्यूटर मॉनिटर्स, जिनमें ग्लास या प्लास्टिक ज्यादा होता है। ये डिस्पोजल लागत भी नहीं लौटाते। एट्टेरो रीसायक्लिंग प्रॉफिटेबल इ-वेस्ट से 99.90 शुद्धता की मूल्यवान धातु निकालने के बाद शेष अवशेष को सरकार द्वारा मान्यता प्राप्त लैंडफिल्स को सौंप रही है। एट्टेरो रीसायक्लिंग के 200 क्लाइंट्स हैं, जिनमें शामिल है जनरल इलेक्ट्रिक, एलजी, केपीएमए, नोकिया, सीमेंस, एचसीएल, टाटा टेली सर्विसेस, विप्रो, वीसा, लीला ग्रुप आदि। आम उपभोक्ता भी ऑनलाइन (Attero.co.In) अप्रोच करके घर बैठे अपने इ-वेस्ट एट्टेरो को सौंप सकते हैं। नितिन व रोहन ने बेंगलुरु, हैदराबाद व चेन्नई में वेयर हाउस स्थापित कर दिए हैं, जहाँ सबसे ज्यादा इ-वेस्ट निकलता है।

□

## द बॉस
**सेवक नहीं, स्वामी बनो**

# 18

### नवीन तिवारी

# इनमोबी

### 35 की उम्र, तीन साल में 205 देश

दुनिया के दूसरे सबसे बड़े (प्रथम गूगल की एड मोब) मोबाइल एड नेटवर्क का संचालन करने वाली इनमोबी के चार संस्थापकों में प्रमुख हैं नवीन तिवारी। मात्र तीन सालों में उन्होंने इनमोबी के सारी दुनिया में 20 दफ़्तर खोल दिए हैं। दुनिया के 205 देशों के एक लाख से ज्यादा विज्ञापनदाता व पब्लिशर्स के हर माह 50 अरब इंप्रेशंस (विज्ञापन) इनमोबी पाँच महाद्वीपों के 19.50 करोड़ लोगों तक पहुँचा रही है। नवीन तिवारी की उम्र अभी 35 वर्ष है और उनका दावा है कि वे जब 40 वर्ष के होंगे, तब इनमोबी का टर्नओवर वन अरब डॉलर करीब (55 अरब रुपए) होगा। दिलचस्प बात यह है कि नवीन चाहें तो आज ही इनमोबी को इससे ज्यादा राशि में बेच सकते हैं।

आईआईटी कानपुर में प्रोफेसर रहे उनके पिता और अध्यापन कर चुकी उनकी दादी को उम्मीद थी कि नवीन भी इस परंपरा को आगे बढ़ाएँगे। नवीन ने आईआईटी कानपुर से मैकेनिकल इंजीनियरिंग की पढ़ाई करने के बाद हार्वर्ड बिजनेस स्कूल से एमबीए डिग्री प्राप्त की और यूएस में मैकेंजी ऐंड कंपनी और कैलिफोर्निया की एक

फाइनेंस फर्म रिवर वेंचर में शानदार नौकरी प्राप्त कर ली। मैकेनिकल इंजीनियरिंग की पृष्ठभूमि के बावजूद उन्हें यूएस प्रवास में आईटी सेक्टर ने लुभाया।

## दोस्त मिले, दिमाग चले, मोबाइल बना एड प्लेटफॉर्म

आईआईटी कानपुर के अपने सहपाठी अमित के. गुप्ता और अभय सिंघल को उन्होंने सन् 2006 में समझाया कि दुनिया में मोबाइल फोन का चलन बढ़ रहा है। भारत में भी टेलीकम्युनिकेशंस सेक्टर में निजी क्षेत्र के उद्यमियों की एंट्री ने मोबाइल फोन का उपयोग बढ़ा दिया है। आईआईटी रुड़की के मोहित सक्सेना को भी नवीन ने समझाया कि 5 से 10 साल में दुनिया की आधी से ज्यादा आबादी मोबाइल फोन यूजर्स हो जाएगी। हम सबको एकजुट होकर मोबाइल सेवा से जुड़ा उद्योग स्थापित करना चाहिए।

समान विचारों के भागीदार मिल गए तो अपनी और उनकी बचत के साथ वेंचर कैपिटलिस्ट फर्म मुंबई एंजिल्स से प्राप्त 5 लाख डॉलर की पूँजी से नवीन ने जुलाई 2006 में किराए पर प्राप्त दो सर्वर से मुंबई में एसएमएस आधारित प्लेटफॉर्म एम-खोज लॉन्च किया। अन्य लोकल सर्च कंपनियों की तरह एम-खोज भी तब फ़्लॉप साबित हुआ। नवीन ने एक साक्षात्कार में कहा है कि यह तब समय पूर्व कोशिश थी और हम प्रतीक्षा नहीं कर सकते थे।

नवीन तिवारी ने यूएस प्रवास के दौरान यह भी देखा था कि मोबाइल वेबसाइट्स व एप्लीकेशन डेवलपर मोबाइल पेज पर उपलब्ध शेष जगह पर विज्ञापन प्रसारित करते हैं। विज्ञापन का यह सबसे सस्ता माध्यम है। प्रिंट व इलेक्ट्रॉनिक मीडिया की तुलना में इसकी पहुँच भी आसान व ज्यादा है। इससे कभी भी, कहीं भी विज्ञापन प्रसारित किए जा सकते हैं। यही नहीं, विज्ञापनदाता की जरूरत व बजट के अनुसार उनका संदेश किसी शहर, प्रांत, देश तक सीमित रखा जा सकता है तो सारी दुनिया में भी एक साथ भेजा जा सकता है। नवीन से उनके भागीदार सहमत थे। अतः उन्होंने तय किया कि वे भारत में मोबाइल एड नेटवर्क स्थापित करेंगे।

## पोर्टफोलियो बाँटे, कम समय में बड़ी सफलता

सन् 2009-10 में चारों भागीदारों ने एमखोज का नाम बदला इनमोबी और मोबाइल एड जारी करने की तकनीक से लेकर मार्केटिंग नेटवर्क बनाने के लिए अपना-अपना पोर्टफोलियो बाँटा। अमित के. गुप्ता ने बिजनेस डेवलपमेंट, अभय सिंघल ने विज्ञापन बिक्री, मोहित सक्सेना ने टेक्नोलॉजी पोर्टफोलियो सँभाला। नवीन तिवारी ने वेंचर कैपिटलिस्ट्स से निवेश जुटाने के साथ इनमोबी की टेक्नोक्रेट टीम बनाने की जवाबदेही सँभाली। क्लेनर पर्किंस काउफील्ड ऐंड बायर्स, शेरपालो वेंचर्स, सॉफ़्ट बैंक, मुंबई

एंजिल्स से प्राप्त निवेश से नवीन तिवारी के नेतृत्व में इनमोबी तीन सालों में द्रुतगति से दौड़ी है।

## 165 देशों से विज्ञापन इकट्ठी करती है इनमोबी

एक साक्षात्कार में नवीन तिवारी ने कहा है—"मैंने लोगों को नौकरी दी, पर इसके पहले उन्हें अपना विजन बेचा। उन्हें समझाया कि हमारी महत्त्वाकांक्षा बड़ी है और हम लक्ष्य पर पहुँच गए तो वे भी लाभान्वित होंगे। शर्त है नौकरी नहीं भागीदार बनो।" इनमोबी के अन्य तीन सहसंस्थापकों ने भी कोई कसर नहीं छोड़ी। मोहित सक्सेना ने 250 टेक्नोक्रेट्स की टीम से मोबाइल एड प्रसारित करने की ऐसी तकनीक विकसित की कि इनमोबी मोबाइल एड जारी करने का ग्लोबल सॉल्यूशंस बन गई। परफॉर्मेंस आधारित मोबाइल नेटवर्क बनाया, जो विज्ञापनदाता व पब्लिशर्स के संदेश सारी दुनिया में प्रसारित करने के साथ यह भी बताने लगा कि कब कितने लोगों ने विज्ञापन देखा। इसके साथ इनमोबी ने दुनिया के प्रमुख वाणिज्यिक क्षेत्र में अपने कार्यालय खोले। सबसे पहले मुंबई से इंडियन सिलिकॉन वैली बेंगलुरु इनमोबी का मुख्यालय शिफ्ट किया। भारत में आज बेंगलुरु, नई दिल्ली, मुंबई में इनमोबी के दफ्तर हैं तो जोहांसबर्ग, लंदन, नैरोबी, न्यूयॉर्क, पेरिस, सेन फ्रांसिस्को, सियोल, सिंगापुर, टोक्यो कार्यालयों में पदस्थ सेल्स टीम 165 देशों से विज्ञापन इकट्ठे करती है। इनमोबी का सबसे बड़ा मार्केट यूएस है, जहाँ की सेल्स टीम में 70 युवा कार्यरत हैं तो यूरोप में 50 और जापान व दक्षिण एशिया महाद्वीप में 40-40।

## कामयाबी के तीन साल, गूगल-एप्पल को तगड़ी टक्कर

नवीन तिवारी उनके भागीदार व उनके सहयोगियों की सबसे बड़ी उपलब्धि है—मात्र तीन सालों में इनमोबी को गूगल के एडसोब व एप्पल के आई एड का मजबूत प्रतिद्वंद्वी बना देना। 15 बिलियन डॉलर के इस वैश्विक मार्केट में गूगल की हिस्सेदारी 60 फीसदी है तो इनमोबी करीब 10 फीसदी मार्केट शेयर के साथ दूसरे क्रम पर है। प्रति इंप्रेशन 40 फीसदी शेयर के साथ इनमोबी का अनुमानित टर्नओवर करीब 550 करोड़ रुपए (100 मिलियन डॉलर) हो गया है। हालाँकि, नवीन तिवारी अभी भी मुनाफा अर्जन का दावा नहीं करते हैं। वे कहते हैं—"हमने जो पाया-कमाया, वह अभी प्रोडक्ट डेवलपमेंट, मानवीय संसाधन जुटाने और अधिग्रहण पर निवेश किया है।"
इनमोबी ने दो बड़े अधिग्रहण भी किए हैं। इंग्लैंड की मेटाज़्लो सॉल्यूशंस के बाद स्पोऊट को खरीदा है। हाल ही में मोबाइल पेमेंट प्लेटफॉर्म 'पे स्मार्ट' लॉन्च कर दिया है।

## सबकुछ होगा एक स्मार्ट डिवाइस से

नवीन तिवारी दूरंदेशी युवा टेक्नोप्रिनर हैं, जिन्होंने पाँच साल पहले पूर्वानुमान लगा लिया था कि मोबाइल फोन परस्पर संपर्क संचार ही नहीं, हमारा सीखने व खरीद करने का तौर-तरीका बदल देगा। स्मार्ट फोंस, टेबलेट्स, इ-गेमिंग सिस्टम ने इससे भी ज्यादा हमारा सोच बदला है। सारी दुनिया में हमारी पहुँच आसान कर दी है। अब हम हमेशा एक-दूसरे से जुड़े रहते हैं। हमारे पास समय बढ़ गया है। छोटे से डिवाइस के जरिए हम शॉपिंग व पेमेंट करने लगे हैं, रेल, हवाई यात्रा या मल्टीफ़्लैक्स में टिकट बुक करने लगे हैं। मोबाइल पर टी.वी. देख रहे हैं। नवीन तिवारी कहते हैं—''पाँच साल में दुनिया की आधी आबादी के मोबाइल फोन थ्रीजी तकनीक पर शिफ़्ट हो जाएँगे।'' वस्तुतः वे भारतीय युवा टेक्नोप्रिनर से कह रहे हैं कि इस मार्केट में किसी नए आइडिया के साथ एंट्री लें तो उन्हें ज्यादा प्रतीक्षा नहीं करनी पड़ेगी।

"Think global long before others."

□

द बॉस
सेवक नहीं, स्वामी बनो

# 19

## गौरव जैन और पल्लवी गुप्ता

# मस्त कलंदर

### बुद्धि-विवेक से अपने लिए पैसा और प्रसिद्धि

आईटी सेक्टर में मनचाही नौकरी पाना आज टेक्नोक्रेट युवाओं की सबसे बड़ी चाह हो गई है। ऐसे एक्सक्लूसिव जॉब मार्केट में आईटी सेक्टर की शानदार नौकरी स्वेच्छा से छोड़कर रेस्ताँ की स्थापना जैसी अनूठी पहल वे करते हैं, जिनका लक्ष्य होता है—'मास्टर बनो, सर्वेंट नहीं'। ऐसे विरले युवा उद्यमी बुद्धि-विवेक से अपने लिए पैसा और प्रसिद्धि कमाते हैं, चाहे उनकी शुरुआत छोटी व अटपटी हो।

### मस्त कलंदर का मूल विचार—घर जैसा खाना

दक्षिण भारत के तीन प्रमुख शहर बेंगलुरु, चेन्नई व हैदराबाद में लोकप्रिय उत्तर भारतीय रेस्त्राँ शृंखला मस्त कलंदर के संस्थापक गौरव जैन और पल्लवी गुप्ता (पति-पत्नी) ऐसे ही टेक्नोप्रिनर हैं। उत्तर प्रदेश में जनमे हैं गौरव और पंजाब में जन्मी हैं पल्लवी। बेंगलुरु की एक बड़ी आईटी कंपनी में शानदार नौकरी करते हुए वे दोनों परेशान थे कि उन्हें घर से दूर घर जैसा खाना नहीं मिलता। एक रात दोस्तों के साथ

धमा-चौकड़ी के बाद वे देर से सोए थे। सुबह अर्ली लंच के लिए कई उत्तर भारतीय रेस्ट्राँ में गए, पर उन्हें खाना नहीं मिला। थके-माँदे घर लौटकर वे खिचड़ी पका रहे थे कि बिजली कौंधी—"उनकी तरह कई उत्तर भारतीय घर से दूर दक्षिण भारत में नौकरी कर रहे हैं। क्यों न वे एक रेस्ट्राँ खोलें जो घर जैसा ताजा, गरमा-गरम, सुस्वादु और गुणवत्तायुक्त खाना सर्व करे। यह भोजन हाइजैनिक होने के साथ अफोर्डेबल भी हो।"

## एक सपने के लिए सबकुछ लगाया दाँव पर

गौरव जैन ऐसे परिवार में जनमे हैं, जो रिटेल कारोबार करता है। पल्लवी बेंगलुरु की आईटी कंपनी में रिटेल सलाहकार थी। दोनों ने बी-स्कूल में साथ-साथ पढ़ाई करते हुए कभी यह स्वप्न सँजोया था कि वे अपना उद्यम शुरू करेंगे। सन् 2005 में पहला रेस्ट्राँ खोलने के पहले उन्होंने कई बार गहन विचार-विमर्श किया। कभी अनुभव की कमी ने तो कभी पूँजी की कमी ने उन्हें हतोत्साहित किया, पर फिर दक्षिण भारत में उत्तर भारतीय रेस्ट्राँ के लिए उन्होंने अपनी बचत के अलावा मित्र-परिजनों से मिले कर्ज को दाँव पर लगा ही दिया। अपने वेंचर का नाम भी उन दोनों ने बेहद दिलचस्प रखा- 'मस्त कलंदर।'

## अच्छे और ताजे खाने में मुनाफे का गणित

एक साक्षात्कार में उन्होंने कहा है कि बेंगलुरु के बेन्नेरघट्टा रोड पर स्थापित मस्त कलंदर के पहले आउटलेट के शेफ, वेटर व अन्य सहयोगी उनके सोच से असहमत थे। मसलन, जब उन्होंने शेफ से कहा कि मस्त कलंदर की सारी डिशेज एमडीएच मसाले, अन्नपूर्णा आटा, सनफ़्लावर ऑयल और अमूल बटर व चीज में पकेंगी तो शेफ बोला—"ऐसे भोजन की लागत इतनी होगी कि आप अपना मुनाफा नहीं निकाल पाएँगे।" सर्विस स्टाफ को उन्होंने कहा कि मस्त कलंदर में लंच व डिनर अलग-अलग पकेगा तो जवाब मिला—"रेस्ट्राँ में दिन में एक बार भोजन पकाया जाता है और ऑर्डर मिलने पर गरम करके सर्व किया जाता है।" पल्लवी ने उनसे कहा—"पर हमारे किचन में तो डिप फ्रिजर ही नहीं होगा। हम ताजा सामान से वैसे ही भोजन पकाएँगे जैसे घर में पकाया जाता है।" जवाब मिला—"आप दोनों पगला गए हैं, अपनी पूँजी गँवा देंगे।" पर, ऐसा नहीं हुआ। चार-पाँच साल में ही बेंगलुरु के बाद चेन्नई और हैदराबाद में रेस्ट्राँ खुलते गए। सन् 2005 में मस्त कलंदर रेस्ट्राँ की संख्या दस हुई तो आज दो दर्जन रेस्ट्राँ बेंगलुरु, चेन्नई व हैदराबाद में उत्तर भारतीय डिशेज सर्व कर रहे हैं। मस्त कलंदर में एक बार के

भोजन का व्यय अन्य रेस्राँ से थोड़ा महँगा है, पर इसकी सबसे बड़ी खूबी है—'घर से दूर, घर जैसा भोजन।'

## बिजनेस मंत्र : ग्राहक बढ़ाओ, लागत व मुनाफा निकालो

मस्त कलंदर रेस्राँ श्रृंखला की इन-हाउस कार्यप्रणाली को बनाने व लागू करने के लिए भी गौरव व पल्लवी को भारी बौद्धिक कसरत करनी पड़ी है। हर शहर के लिए उन्होंने एक सेंट्रल किचन बनवाया है, जहाँ मसाले, सब्ज़ी व अन्य सामान से भोजन की आंशिक कुकिंग कर ली जाती है। इस किचन से शहर के सारे रेस्राँ को यह अधपका सामान भेजा जाता है, जो टेबल या होम डिलीवरी ऑर्डर मिलते ही उन्हें तत्काल पूरा पकाकर सर्व करते हैं। भोजन परिवहन के लिए तापमान नियंत्रक आयातित बॉक्सेस उपयोग किए जाते हैं। मस्त कलंदर रेस्राँ श्रृंखला के लिए पापड़ राजस्थान से, अचार मेरठ व जयपुर से तथा गुड़ हापुड़ (उत्तर प्रदेश) से खरीदा जाता है। मस्त कलंदर रेस्राँ श्रृंखला का कारोबारी मंत्र या कहें कि मुनाफा अर्जन फार्मूला है—'एक ग्राहक से इतना कमाओ कि वह बार-बार आए, अपने मित्र-परिजनों को भी लाए, यानी ग्राहक बढ़ाओ और अपनी लागत व मुनाफा निकालो।' यही हुआ है। मस्त कलंदर के 30 फीसदी ग्राहक माह में कम-से-कम छह बार खुद आते हैं और अपने साथ अपने मित्र-परिजनों को भी लाते हैं। 'ज्यादा टर्नओवर, कम मुनाफा' के बेसिक सूत्र पर चलते हुए मस्त कलंदर अनुमानित 20 करोड़ रुपए का सालाना टर्नओवर करने लगा है।

## दुनिया को लुभाते मरजी के मालिक प्रोफेशनल दंपति

दिलचस्प बात यह है कि गौरव व पल्लवी की जिस पहल को शुरुआत में शेखचिल्ली का सपना कहा गया था, उसने उन वेंचर कैपिटलिस्ट को लुभाया है, जो पूँजी निवेश करने के पहले प्रोजेक्ट की गहराई तक चीरफाड़ कर देते हैं। फूट प्रिंट वेंचर के पहले पूँजी निवेश से मस्त कलंदर रेस्राँ श्रृंखला का पहला विस्तार हुआ था। अब हेलॉयन वेंचर ने इस प्रोजेक्ट में पूँजी निवेश किया है। इसके साथ गौरव व पल्लवी की महत्वाकांक्षा बढ़ गई है। उनका लक्ष्य है—तीन सालों में 100 आउटलेट्स की देशव्यापी श्रृंखला बनाने के बाद मस्त कलंदर रेस्राँ की विदेशों में भी शुरुआत।

गौरव व पल्लवी प्रोफेशनल दंपती हैं। दोनों ने अपने-अपने पोर्टफोलियो बाँट लिए हैं। पल्लवी मस्त कलंदर रेस्राँ श्रृंखला के बैक-एंड परिचालन की देखरेख करती हैं तो गौरव का दायित्व है कि फ्रंट-एंड परिचालन। दोनों ने अपने जीवन को भी निजी व

कारोबारी पोर्टफोलियो में बाँट लिया है और खुश हैं कि वे अब किसी के नौकर नहीं हैं, बल्कि अपनी मरजी के मालिक हैं।

> "Revolution is always led by the middle class. They are rich enough to worry about the future, not just the present. The mind of middle class is workshop where the future of society is shaped."

□

द बॉस
सेवक नहीं, स्वामी बनो

# 20

नागेश व सुरेश नाडार

# ए.पी. मनी ऐंड संस वेज ऐंड फ्रूट प्रा.लि.

## गुमटी से की शुरुआत, फेरी भी लगाई

रिटेल सेक्टर में वॉलमार्ट जैसे सुपर मार्केट्स के भारत आगमन की आहट से सहमे या सहम जाने वाले रिटेलर्स के लिए सबक और प्रेरणा है ताजा सब्ज़ी व फल रिटेलिंग कंपनी ए.पी. मनी ऐंड संस। दिलचस्प बात यह है कि ए.पी. मनी ऐंड संस के संस्थापकद्वय नागेश नाडार व सुरेश नाडार ने फ़्लाईओवर के नीचे पिता की सब्ज़ी की गुमटी से अपना कॅरियर शुरू किया था। स्व. पिचामनी नाडार के पुत्र हैं नागेश व सुरेश। नागेश 13 वर्ष की उम्र में पिता के सहायक बन गए थे। कुछ साल बाद सुरेश भी उसी व्यापार से जुड़े, जो पिता व बड़े भाई करते थे। सन् 1983 में पिता के निधन तक नाडार बंधु रोड साइड सब्ज़ी विक्रेता बने रहे। पहला ब्रेक तब मिला, जब उन्होंने साइकिल चलित गाड़ी खरीदी और वे गली-गली में फेरी लगानेवाले सब्ज़ी-फल विक्रेता बन गए। इसके बाद दोनों भाई ने कैटरर्स से ऑर्डर लेना शुरू किए और वे बन गए फेरी वाले के साथ सेमी होलसेल सब्ज़ी-फल विक्रेता।

## ग्राहक के सुझाव ने दी नया करने की प्रेरणा

सन् 1998 में बड़ा मौका मिला। एक ग्राहक ने सलाह दी कि यदि वे सब्ज़ी के प्लास्टिक बैग बना दें तो ग्राहक छँटनी करने के झंझट से बच जाएँ। इस आसान तरीके ने उनकी अलग पहचान बनाई और बिक्री बढ़ाई। ग्राहक सिखाते गए, नाडार बंधु सीखते गए। इस क्रम में उनकी अगली पहल थी रेडी-टू-कूक वेजीटेबल पैक (कटी हुई सब्ज़ी), जो अतिव्यस्त मुंबइया परिवारों खासकर कामकाजी जोड़ों को खूब रास आए।

## सुपर मार्केट बना मील का पत्थर

और फिर सन् 2002 में उनकी इस छोटी-छोटी पहल को बड़ा मौका तब मिला जब हीरानंदानी कंस्ट्रक्शंस ने चेंबूर से 15 कि.मी. दूर मुंबई में निर्माणाधीन रेसीडेंसियल कॉम्प्लेक्स में हैंको सुपर मार्केट्स खोला। नाडार बंधु ने हीरानंदानी कंस्ट्रक्शंस कंपनी से संपर्क किया और पैक्ड सुपर मार्केट्स सब्ज़ी बेचने का सुझाव दिया। एक माह के प्रयोग के बाद कंपनी को पैक्ड सब्ज़ी सप्लाई करने का जो अनुबंध हुआ, वह नाडार बंधुओं के लिए मील का पत्थर साबित हुआ। नागेश व सुरेश नाडार ने इसके साथ स्थापित की ए.पी. मनी ऐंड संस। इसके बाद वे कई सुपर मार्केट्स को ताजा सब्ज़ी व फल की आपूर्ति करने लगे तो चेंबूर में ही उन्होंने 2000 वर्गफीट की रिटेल शॉप खोल दी।

## ताजगी के लिए भरपूर जतन करते हैं, मेहनतकश साथी

आज ए.पी. मनी ऐंड संस की पैकेजिंग यूनिट है। स्टॉक कीपिंग यूनिट्स (स्टैंडर्ड एसकेयू) ताजा फल व सब्ज़ी की इस तरह पैकिंग करती है कि उनकी ताजगी बनी रहे। नाडार बंधु आज भी सुबह तीन बजे होलसेल एग्रीकल्चर प्रोड्यूस मार्केटिंग कमेटी के नवी मुंबई स्थित मार्केट से ताजा सब्ज़ी व फल खरीदते हैं। पैकेजिंग यूनिट के 200 कर्मचारी धुलाई व सफाई तथा छँटनी व कटाई के बाद अलग-अलग वजन के फल-सब्ज़ी पैक तैयार करते हैं। नाडार बंधु कहते हैं कि ए.पी. मनी ऐंड संस की सफलता की बुनियाद हैं कर्मचारी। इनमें से जो सीधे ग्राहक से जुड़े हुए हैं, वे हमें ग्राहकों का फीडबैक देते हैं। वे ही बताते हैं कि ग्राहक क्या चाहता है। इसके बाद बैक ऑफिस स्टाफ जो वेजीटेबल्स की सफाई, धुलाई, छँटनी, कटाई व पैकिंग करता है। नाडार बंधु अपनी इस टीम को क्वालिटी कंट्रोल मैनेजर्स मानते हैं। उनके कर्मचारी बीड़ी तक नहीं पीते। यह अनुशासित टीम ही उनकी सफलता व संपन्नता की बुनियाद है।

### 25 करोड़ का टर्नओवर, जरूरतमंदों को रोजगार

कंपनी के रिटेल डिवीजन के चेंबूर (मुंबई) में दो और एपीएसी मार्केट वाशी (नवी मुंबई) में एक रिटेल आउटलेट्स हैं। मुंबई व नवी मुंबई में कंपनी का होलसेल डिवीजन अकबर अली, डी-मार्ट व हैंको जैसे डिपार्टमेंटल स्टोर्स व सुपर मार्केट्स, बड़े होटलों, कैंटीनों व कैटरर्स को ताजा सब्ज़ी उपलब्ध करवाता है। छह लाख रुपए के दैनिक औसत टर्नओवर के साथ ए.पी. मनी ऐंड संस ने 2010-11 में 25 करोड़ रुपए के टर्नओवर पर 80 लाख रुपए मुनाफा अर्जन किया है, पर इससे ज्यादा महत्त्वपूर्ण है 200 से ज्यादा लोगों को रोजगार। इनमें चेंबूर के बेगर्स होम के अनाथ शामिल हैं। ए.पी. मनी ऐंड संस में कार्यरत ये किशोर स्कूल जाते हैं, जिसका खर्च कंपनी वहन करती है तो तीन साल पूरे करने पर हर कर्मचारी के अनिवार्य जीवन बीमा की प्रीमियम भी कंपनी चुकाती है।

कंपनी के अपने टेंपो पैकेट्स को अलग-अलग स्टोर्स के साथ नियमित ग्राहकों को होम डिलीवर करते हैं। ए.पी. मनी ऐंड संस फोन व इ-मेल से भी ऑर्डर बुक करती है। कंपनी का फेसबुक पेज भी है। 49 वर्षीय नागेश व 45 वर्षीय सुरेश नाडार अब चाल के पुश्तैनी मकान से चेंबूर के एक लग्जरी अपार्टमेंट में शिफ़्ट हो गए हैं, पर पिता की सीख नहीं भूले हैं—''ग्राहक को ताजा व अच्छी सब्ज़ी-फल ही दो और उनकी हर माँग पूरी करो।''

> "To think big, have conviction in your ideas and the courage to see them through."

□

# इन्हें भी जानें

## सेम गोई

**स्कूल ड्राप आउट**
**संपदा-1.2 बिलियन डॉलर**
**( करीब 60 अरब रुपए )**

ग्रामीण किराना दुकान से 1.3 बिलियन डॉलर का ग्लोबल फूड्स एंपायर स्थापित करके वैश्विक धनकुबेरों की सूची में पहुँचने वाले सेम गोई सिंगापुर में स्प्रिंग रोल किंग (स्थानीय बोली में पोपिह किंग) के नाम से मशहूर हैं। उनकी कंपनी ती यीह जिया फूड मैन्यूफैक्चरिंग के सिंगापुर, मलेशिया, चीन और अमेरिका स्थित कारखाने दुनिया के 49 देशों में एशियन फ्रोजन फूड्स बेच रहे हैं। सेम गोई चायनीज प्रॉपर्टी मार्केट के भी बड़े निवेशक हैं तो ऊर्जा, मैन्यूफैक्चरिंग व हेल्थ केयर सेक्टर में भी सक्रिय हैं। उनके शब्दों में कहें तो छोटे से वे विशेष और फिर विशाल बने हैं। प्रतिस्पर्धी मार्केट में सफलता का मंत्र है—थ्री एस यानी स्माल, स्पेशलिटी व स्ट्रॉन्ग।

सेम गोई जब 6 वर्ष के थे तो राजनीतिक उथल-पुथल के कारण उनके परिवार को चीन से सिंगापुर पलायन करना पड़ा था। दुर्दिनों में एक मैकेनिकल रिपेयर शॉप में नौकरी करते हुए सेम ने जाना कि मशीनों को असेंबल करने में वे दक्ष हैं। सेम गोई का पहला बिजनेस था स्थानीय चीनी समुदाय के साहूकारी नेटवर्क से प्राप्त कर्ज से अपनी रिपेयर शॉप। सेम ने जहाजों की रिपेयरिंग करके अच्छी कमाई की। रिपेयरिंग शॉप के नजदीक स्थित स्प्रिंग रोल स्किंस बनाने वाली कंपनी ली यीह जिया फूड के भागीदारों के परस्पर झगड़े का सेम गोई ने फायदा उठाया और कंपनी को खरीद लिया। सेम ने अपनी मशीनी दक्षता से उत्पादन प्रक्रिया का नवीनीकरण किया। ऑटोमैटेड फूड्स प्रोसेसिंग संयंत्र लगाया और बन गए स्प्रिंग रोल किंग।

□

द बॉस
सेवक नहीं, स्वामी बनो

# 21

अमित डेविड विल्सन

# रिलाएबल रिकॉर्ड्स

## लीक से हटकर सोच

हमारे पास कई ऐसे दस्तावेज होते हैं, जिनकी हमें तत्काल जरूरत नहीं होती, पर हम उन्हें खोना भी नहीं चाहते। ऐसे कागजात हम सावधानी से सहेजते भी हैं, पर जरूरत पड़ने पर वे नहीं मिलते और मिलते हैं तो दयनीय हाल में। सरकारी और निजी दफ़्तरों में तो अकसर कर्मचारी महज़्वपूर्ण दस्तावेज खोजते हैं। इसी तरह परिवार में ऐसी कई चीजें होती हैं, जिनकी चाहे कोई उपयोगिता न हो, पर उन्हें भावनात्मक लगाव के कारण हम जीवनपर्यंत सहेजते हैं और चाहते हैं कि अगली पीढ़ी को उन्हें सौंपे। संपन्न व विकसित देशों में ऐसी कई कंपनियाँ हैं, जो अपने क्लाइंट्स के लिए ऐसे दस्तावेज या वस्तुएँ अपनी कस्टडी में सुरक्षित रखती हैं। मसलन अमेरिका में 46 हजार स्टोरेज सुविधाओं ने सन् 2009 में 22 अरब डॉलर (करीब 1100 अरब रुपए) का कारोबार किया। आप यह जानकर शायद चौंकेंगे कि अब हमारे देश में भी एक कंपनी है रिलाएबल रिकॉर्ड्स, जिसने अपने कॉरपोरेट व निजी क्लाइंट्स के लिए ग्रेटर नोएडा में 7000 वर्गफीट का स्टेट-ऑफ-द-आर्ट वेयर हाउस स्थापित किया है और पहले ही वर्ष

में ब्रेक-ईवन (मुनाफा नहीं तो घाटा भी नहीं) मुकाम हासिल कर लिया है। यह दरशाता है कि सीमित ही सही पर हमारे यहाँ भी इस दिलचस्प सेवा की जरूरत है।

## अमेरिका से मिली प्रेरणा, पत्नी से मिला प्रोत्साहन

रिलाएबल रिकॉर्ड्स की संकल्पना सँजोनेवाले शख़्स हैं—अमित डेविड विल्सन। आईआईएम बेंगलुरु से एमबीए डिग्री प्राप्त अमित यह वेंचर स्थापित करने से पहले डायशे बैंक और वेंचर कैपिटल फर्म एवेंड्यूज कैपिटल में नौकरी कर रहे थे। एक दिन उन्होंने एक बिजनेस मैगजीन में पढ़ा कि अमेरिका में ऑफिस रिकॉर्ड्स व निजी सामान का स्टोरेज एक बड़ा बिजनेस है तो उन्हें लगा कि यह सेवा व सुविधा तो हमारे देश में भी उपलब्ध होनी चाहिए। अमित ने यह विचार मैनेजमेंट कंसल्टेंट व चार्टर्ड अकाउंटेंट फर्म माइंड वर्क्स में कार्यरत अपनी पत्नी पूजा कोठारी के साथ शेयर किया। अमित को पूजा से प्रोत्साहन मिला। यही नहीं, पूजा के एक सहकर्मी चार्टर्ड अकाउंटेंट नितिन धवन इस प्रोजेक्ट में भागीदार बन गए और सन् 2010 में जन्मी रिलाएबल रिकॉर्ड्स।

## एक से भले तीन, जुटाई विश्वस्तरीय सेवाएँ

अमित डेविड विल्सन, नितिन धवन और पूजा कोठारी ने अपने सोच को व्यापार में बदलने के लिए अपनी सारी बचत के अलावा अपने मित्र-परिजनों से कर्ज लेकर 10 लाख रुपए इकट्ठा किए। सीड कैपिटल जुटाने से ज्यादा कठिन था भारत में क्लाइंट्स की अमानत सुरक्षित रखने का एक फूलप्रूफ सिस्टम विकसित करना और उसके लिए जरूरी बुनियादी सुविधाएँ जुटाना। तीनों भागीदारों ने ग्रेटर नोएडा में 7000 वर्गफीट का वेयर हाउस तैयार करवाया। इस वेयर हाउस में ऐसा स्टोर रूम बनवाया, जहाँ सीज फायर सिस्टम लगा हुआ है, जो 70 डिग्री से ज्यादा तापमान होने पर आग को नियंत्रित करने वाला केमिकल पाउडर छिड़कने लगता है। 15 किलो वजन वहनकर सके ऐसी दोहरी परत वाले मोटे व मजबूत विशेष कारुगेटेड बॉक्स बनवाए गए, जो पानी सोख लेते हैं। गोदरेज से कस्टमाइज्ड हैवी ड्यूटी स्टील शेल्फ बनवाई गई। हर पखवाड़े पेस्ट ट्रीटमेंट (कीटनाशक) सुविधा जुटाई। हर क्लाइंट्स के बॉक्स को चिह्नित करने के लिए ओ नेल सॉफ़्टवेयर और मोटोरोला से बारकोड स्कैनर खरीदा। स्टोरेज एरिया में प्रवेश नियंत्रण के लिए फिंगर प्रिंट रीडिंग सिस्टम स्थापित किया तो क्लाइंट्स की संतुष्टि के लिए परंपरागत ताला-चाबी के साथ सुरक्षा गार्ड्स भी नियुक्त किए।

## सोशल मीडिया से मार्केटिंग, पारखियों ने खूब परखा

सुरक्षित स्टोरेज सुविधा जुटाने के बाद अमित, नितिन व पूजा की टीम के एक और

सदस्य आईआईटी खड़गपुर से कंप्यूटर साइंस और आईआईएम कोलकाता से एमबीए डिग्री प्राप्त आदेश सरवन ने सोशल मीडिया नेटवर्क से रिलाएबल रिकॉर्ड्स की सेवाओं को प्रमोट किया। परिचित कॉरपोरेट्स ने तो उन पर तत्काल भरोसा कर लिया, पर कई नए क्लाइंट्स ने स्टोर रूम के फोटो मँगवाए। कुछ ने तो सुरक्षा सिस्टम को प्रत्यक्ष देखा व परखा, तब अपने महत्त्वपूर्ण दस्तावेज उन्हें सौंपे। कॉरपोरेट क्लाइंट्स से ही उन्हें सुझाव मिला कि दस्तावेजों के साथ फोटो एलबम, महँगे परिधान, ट्राफीज, स्मृति चिह्न, पुस्तकों जैसी बड़ी वस्तुओं को सुरक्षित सहेजने की सेवा भी प्रदान करें। रिलायंस रिलाएबल बहुत जल्दी ऐसे सामान भी सुरक्षित रखने लगेगी, जो स्टैंडर्ड बॉक्स में नहीं रखे जा सकते।

## मौका मिलते ही मालिक बनने की सोच

हमारे देश के लिए अनजान इस सेवा को मिले रिस्पांस से उत्साहित अमित विल्सन अब रिलाएबल रिकॉर्ड्स की स्टोर क्षमता 50 हजार बॉक्स करने जा रहे हैं तो वे चंडीगढ़, बेंगलुरु और मुंबई में भी यह सेवा शुरू करने की तैयारी कर रहे हैं।

स्पष्ट है कि अब उच्च शिक्षा प्राप्त भारतीय युवा न केवल लीक से हटकर सोचने लगे हैं, वरन् वे अपने सोच को लागू करने की जोखिम भी उठाने लगे हैं। अमित, नितिन व पूजा की इस पहल में एक और संकेत छुपा हुआ है—कॅरियर की शुरुआत चाहे नौकरी से करो, पर अपने लिए उद्योग-व्यापार की संभावना खोजो, ताकि मौका मिलते ही मालिक बन सको।

> "Winners see writing on the wall, well in advance."

□

# इन्हें भी जानें

## जेक वेल्श

**केमिकल इंजी./पी-एच.डी.**
**संपदा—720 मिलियन डॉलर**
**( करीब 40 अरब रुपए )**

सलेम हाईस्कूल की हॉकी टीम के खिलाड़ी पराजय के बाद लॉकर रूम में एक-दूसरे को कोस रहे थे कि एक प्रौढ़ महिला दनदनाते हुए आई और अपने पुत्र से बोली—मूर्ख, हारना नहीं जानते तो खेलना छोड़ दो। अपनी माँ से मिली ऐसी बाल्यकालीन सीख से ही जेक वेल्श ने अमेरिका के ओल्ड टाइमर औद्योगिक समूह जनरल इलेक्ट्रिक का ऐसा कायाकल्प किया कि कंपनी की मार्केट वैल्यू 12 बिलियन डॉलर से 280 बिलियन डॉलर हो गई। जेक वेल्श ने केमिकल इंजीनियरिंग की स्नातक डिग्री और डॉक्ट्रेट (पी-एच.डी.) प्राप्त करके सन् 1960 में जूनियर इंजीनियर की हैसियत से जीई को ज्वॉइन किया था। यहाँ ब्यूरोक्रेसी से जूझते हुए 49 वर्ष की उम्र में वे कंपनी चेयरमैन बन गए। इसके बाद जेक ने बाँहें चढ़ाई और क्रूरता के साथ जीई की बाउंड्रीलेस सर्जरी (हर हाल में परिणामोन्मुखी) करते हुए यश और अपयश दोनों कमाए। जेक वेल्श ने सबसे पहल जीई की 9 लेयर की ब्यूरोक्रेसी को छिन्न-भिन्न किया और वे सब कारोबार बेच दिए, जिसमें कंपनी नंबर वन या टू नहीं थी। 20 साल में उन्होंने 600 से ज्यादा अधिग्रहण किए। 'काम करो या बोरिया-बिस्तर बाँधो' की सख़्ती के साथ एक लाख से ज्यादा स्टाफ को नौकरी से निकाला। जेक वेल्स ने यदि अपयश कमाया तो उनके ऐसे प्रशंसक भी हैं, जो उनके साथ नरक यात्रा को तैयार हैं, क्योंकि हजारों कर्मचारियों को 'स्टॉक ऑप्शन' देकर जेक ने मिलेनियर बनाया है।

□

# द बॉस
सेवक नहीं, स्वामी बनो

# 22

देविता सर्राफ

## वीयू टेक्नोलॉजिस

### एस्किमो को बेच दे बर्फ

जेनिथ कंप्यूटर्स के चेयरमैन राज सर्राफ की बेटी देविता सर्राफ व्यू टेक्नोलॉजिस की फाउंडर सीईओ हैं। मुंबई के इस मारवाड़ी परिवार का पर्सनल कंप्यूटर का स्थापित कारोबार है, लेकिन देविता ने अपना सफर लग्जरी इलेक्ट्रॉनिक्स और इंटेलीजेंट गैजेट्स के साथ शुरू किया है। मुंबई से शुरुआती पढ़ाई के बाद देविता ने अमेरिका और लंदन से बिजनेस एडमिनिस्ट्रेशन, मार्केटिंग और लीडरशिप के गुर सीखे हैं। देविता में मार्केटिंग की जबरदस्त प्रतिभा है। लोग कहते हैं देविता एस्किमो को बर्फ बेच सकती हैं। 11 साल की उम्र में जब उनके दोस्त कहानियाँ पढ़ रहे होते थे देविता हैंडबुक ऑफ मार्केटिंग के फंडे सीख रही थी। वे स्वयं कहती हैं—"मुझे मार्केटिंग बेहद पसंद है और बिजनेस मेरे खून में है।" नई टेक्नोलॉजी और गैजेट्स को लेकर देविता बचपन से दीवानी थीं। देविता के पिता कहते हैं, "हमने देविता में बचपन से ही खुद सीखने की आदत डाली। जब वह चार साल की थी तब से वह हमारे साथ प्रेस कॉन्फ्रेंस और ऑफिस ओपनिंग जैसे कार्यक्रमों में जाने लगी थी।" देविता कहती हैं कि बचपन में अपने दादाजी के साथ मैं

उनके ऑफिस पहुँच जाती थी और हैरान रहती थी कि ये गैजेट कैसे काम करते हैं। ज्यादा-से-ज्यादा जानने की कोशिश ने मुझमें आत्मविश्वास भर दिया कि मैं भी कुछ नया कर सकती हूँ। इस कोशिश में मैंने अपनी खूबियों और कमजोरियों को भी पहचाना। मैंने महसूस किया कि मेरे अंदर नया करने करने की भूख है और मुझे एक मंजिल पर पहुँचने के बाद मुझे ठहरना नहीं आता।

## मार्केटिंग में हासिल की दक्षता

मुंबई के क्वीनमैरी स्कूल से प्रारंभिक शिक्षा के बाद देविता ने मुंबई के एच.आर. कॉलेज में दाखिला लिया। 18 वर्ष की उम्र में यूनिवर्सिटी ऑफ साउथ कैलिफोर्निया में बैचलर ऑफ बिजनेस की पढ़ाई के लिए देविता अमेरिका जाने लगी तो उनके पिता की एक ही इच्छा थी कि वह अमेरिकी लोगों और विशेषज्ञों से अमेरिकी आर्ट ऑफ मार्केटिंग सीखे। देविता बताती हैं कि मैं जब मार्केटिंग की वहाँ क्लास अटेंड करती थी तो मेरा लक्ष्य होता था कि मैं विषय में पूरी तरह डूब जाऊँ, फिर भले ही बिजनेस मार्केटिंग हो या इ-कॉमर्स की कोई क्लास। मैंने मार्केटिंग की थ्योरी और प्रैक्टिकल ज्ञान सबकुछ बड़ी गंभीरता के साथ अपने अंदर उतारा। मैनेजमेंट मार्केटिंग में स्पेशलाइजेशन के साथ लंदन ऑफ इकोनॉमिक्स से गेम थ्योरी और स्ट्रेटेजिक थिंकिंग की भी पढ़ाई की।

## सीधे गहरे पानी में छलाँग

देविता अमेरिका से लौटी तो उनके पिता ने तुरंत ही बड़ा फैसला लेते हुए उन्हें परिवार की मूल कंपनी जेनिथ की मार्केटिंग और न्यू प्रोडक्ट्स की जिम्मेदारी सौंप दी। पिता के फैसले को पूरी गंभीरता से लेते हुए देविता भी मैदान में कूद पड़ी। प्रोग्रेसिव सोच और कुछ कर गुजरने के नजरिए के साथ यह अपनी पढ़ाई को आजमाने का भी एक अच्छा मौका था। तदनुसार सबसे पहले उन्होंने अपने नई टीम बनाई, खुद मार्केट में उतरीं और बड़े ही स्मार्ट तरीके से ऐसे लक्ष्य तय किए जो पूरे किए जा सकें। किसी भी काम को करने का उनका फंडा बड़ा ही स्पष्ट है—'जस्ट डू इट' यानी सोचने और एनालिसिस करने में ज्यादा वक्त मत गँवाओ, बल्कि सीधे गहरे पानी कूद पड़ो।

## हाई ऐंड गैजेट्स का नया मार्केट

2006 तक अपनी काबिलियत और कार्यशैली से देविता ने सबको मोहित कर लिया, खासकर अपने पिता को। अब तक देविता ने पिता के स्थापित कारोबार को आगे बढ़ाया था, लेकिन पहली सफलता के बाद उन्हें अपने सपने पूरे करने थे, जो वह बचपन से देखती आ रही थी। अपनी खुद की लक्जरी गैजेट्स बनाने वाली कंपनी शुरू करने के

उनके सपने को पिता ने समर्थन दिया तो देविता ने व्यू टेक्नोलॉजिस (वीयू) नाम से नई कंपनी लॉञ्च की। देविता कहती हैं कि मैंने पाया कि भारत में हाई ऐंड गैजेट्स का मार्केट अभी उतना स्थापित नहीं हुआ जितना कि विदेशों में है। लोग विदेश जाते हैं और महँगे गैजेट्स खरीदकर लाते हैं। हमने सोचा कि यदि उन्हें वैसी ही चीजें भारत में वाजिब दाम में मिले तो इस सेगमेंट में अच्छी प्रगति की जा सकती है। बस, व्यू जन्मी और हम लक्जरी ऐंड इंटेलीजेंट इंटरनेट टी.वी., एलईडी, एलसीडी, डिजिटल स्क्रीन, फोटोफ्रेंस, कार टी.वी., वाटरप्रूफ टी.वी. और टचस्क्रीन गैजेट्स जैसे प्रोडक्ट्स-एसेसरीज लेकर मार्केट में उतर पड़े।

## न्यू एज उत्पादों की पूर्ति

व्यू टेक्नोलॉजिस के कई प्रोडक्ट्स ऐसे हैं जो भारत में पहली बार लॉञ्च हुए हैं। देविता बताती हैं कि उनके पिता की कंपनी जेनिथ टेक्नोलॉजी पर फोकस करती है, जबकि उनकी कंपनी इनोवेशन पर, लेकिन दोनों में कोई प्रतिस्पर्धा नहीं है। हम अफोर्डेबल और इनोवेटिव प्रोडक्ट्स व सर्विसेज पर विशेष ध्यान देते हैं। न्यू एज डिमांड भी यही है। वीयू टेलीप्रजेंस देविता का नया वेंचर है। वीडियो कॉन्फ्रेंसिंग की इस सुविधा को भी बेहद सराहना मिली है। कारोबार में नई ताजगी लाने और युवाओं को इनोवेशन के लिए प्रोत्साहित करने के काम में जुटी देविता को प्रधानमंत्री मनमोहन सिंह ने कॉपोरेट एक्सीलेंस इन स्मॉल मीडियम सेक्टर के फिक्की अवॉर्ड से सम्मानित किया है।

## यंग और वुमन इंटरप्रिन्योर बनने की चुनौती

आईटी-टेक्नोलॉजी और खासकर गैजेट्स वर्ल्ड में पुरुषों का दबदबा रहा है। ऐसे में देविता जैसे यंग और वुमन इंटरप्रिन्योर के लिए अपनी अलग जगह बनाना एक चुनौती था। देविता बताती हैं, ''यह सच है कि टेक इंडस्ट्री में पुरुषों का दबदबा है और ऐसा भारत ही नहीं सारी दुनिया में है। अमेरिका से लौटकर और वहाँ के माहौल में रमकर भारत लौटने के बाद मेरे लिए एक बने बनाए सेटअप में जमना थोड़ा मुश्किल था। लोग मेरी कम उम्र के कारण मुझे गंभीरता से नहीं लेते थे, पर बाद में मेरी पढ़ाई और काम के ढंग ने लोगों के सोच को बदल दिया। पुरुषों की दुनिया में एक महिला सीईओ होने के फायदे भी हैं और नुकसान भी, लेकिन कारोबार में उतार-चढ़ाव देखना और सफलता पाना महिला-पुरुष के भेद से ज्यादा जरूरी होता है। मेरे लिए इस बड़ी जिम्मेदारी को उठाना एक फुल टाइम जॉब है, कोई 'इगो ट्रिप' नहीं।'' अपनी कंपनी स्थापित करने और उसकी सीईओ बनने के बाद भी देविता को मार्केटिंग करना और उसके बारे में पढ़ना-लिखना बेहद भाता है। वे कहती हैं कि मार्केटिंग की कला आपको जुझारु व पारदर्शी

बनाए रखती है, क्योंकि आपको एक पूरी सप्लाई चैन और अपने कस्टमर के साथ विश्वास के रिश्ते बनाए रखना होता है।

## आउट ऑफ द बॉक्स थिंकर

TED-X (टेक्नोलॉजी इंटरटेनमेंट डिजाइन) जैसे अंतरराष्ट्रीय इनोवेशन प्रमोशन मंच से भारत के युवाओं के लिए कई मोरचों से आवाज बुलंद करनेवाली देविता कहती हैं कि अगर हम बड़ा सोचेंगे और खुले विचारों को पनपने देंगे तभी इनोवेटिव हो सकेंगे। 'आउट ऑफ द बॉक्स' सोचने का विकल्प हमेशा खुला रखना चाहिए। यह एक ऐसा हुनर है जिसमें आप मुश्किल से मुश्किल परिस्थिति में अपने-आप को बचाए और बनाए रख सकते हैं। खुद पर यह भरोसा रखिए कि आप कोई बदलाव ला सकते हैं, क्योंकि बदलाव ही एक ऐसी स्थिति है जिसकी जरूरत हमेशा होती है।

## बहुमुखी प्रतिभा की धनी

अपने पिता की प्रशंसा करते हुए देविता कहती हैं कि, ''डैडी ने मुझे चुनौती स्वीकार करने का हुनर सिखाया।'' लोग देविता को जब उनके पिता का उत्त़राधिकारी कहते हैं तो वे बड़े संयम से जवाब देती हैं—''अभी मुझे बहुत कुछ सीखना है।'' वॉल स्ट्रीट जनरल में वे कॉलम लिखती हैं। आईक्यू संबंधित इंटरनेशनल सोसाइटी मेनसा की सदस्य हैं। जापान के ओहारा स्कूल से इकेबाना आर्ट की सेकेंड टर्म टीचर और ट्रेंड ओडिशी डांसर भी हैं देविता।

□

द बॉस

सेवक नहीं, स्वामी बनो

# 23

मनीष सभरवाल

## टीम लीज

### विलाप नहीं, प्रयास करें

एक व्यक्ति की दो पत्नियाँ थीं। उस शख़्स का निधन हुआ तो एक पत्नी जोर-जोर से रोने लगी, पर दूसरी ने कोई विलाप नहीं किया। किसी ने पूछा तो वह बोली—"मेरी सौत के विलाप से यदि उसका पति जिंदा हो गया तो मैं भी विधवा नहीं रहूँगी।"

ऐसे ही विलाप का दुष्फल है कि हमारे देश में बेरोजगार हैं। बेरोजगारी नहीं। इस परस्पर विरोधाभासी सच्चाई का कारण है—हमारे साधारण स्कूल-कॉलेज ही नहीं, बल्कि बी-स्कूल और इंजीनियरिंग संस्थान क्लास रूम में जो पढ़ा रहे हैं, उसका शॉप फ़्लोर (वर्कप्लेस) से कोई लेना-देना नहीं है। परिणाम, कॉरपोरेट वर्ल्ड भारी वेतन देने को तैयार हैं, पर योग्य कर्मचारी नहीं मिलते। जो मिलते हैं, उनमें रोजगार पाने की पात्रता नहीं है। देश के जाने-माने हजारों शिक्षाविद् और लाखों शैक्षणिक संस्थान अकसर कहते हैं कि डिग्री देने के पहले हर छात्र को उसकी रुचि के अनुरूप वोकेशनल ट्रेनिंग मिलना चाहिए, पर यह 'विधवा विलाप' बनकर रह गया है। 'कुछ करें, कभी दुःखी नहीं होंगे। कुछ नहीं करें, हमेशा दुःखी रहेंगे।'

मनीष सभरवाल और उनके दोस्तों ने विधवा विलाप नहीं किया, बल्कि गुजरात में स्थापित की है देश की पहली वोकेशनल यूनिवर्सिटी 'टीम लीज'।

## इंडिया लाइफ से टीम लीज, दो अनूठे प्रयोग

श्रीराम कॉलेज ऑफ कॉमर्स, नई दिल्ली के पूर्व छात्र हैं मनीष सभरवाल। व्हार्टन में एमबीए की पढ़ाई करते हुए उनके सहपाठी जब भारी वेतनवाले जॉब के मंसूबे बना रहे थे, तब मनीष ने भारत में पेशन मैनेजमेंट फंड स्थापित करने की योजना बनाई। स्वदेश लौटे तो श्रीराम कॉलेज के अपने दो मित्र अशोक रेड्डी और मोहित गुप्ता के साथ पेशन मैनेजमेंट फर्म खोली—इंडिया लाइफ। कुछ ही वर्षों में यह फर्म मानव संसाधन उपलज्ध करवाने लगी। सन् 2001 में इंडिया लाइफ को हेविट ने खरीद लिया। मनीष व उनके मित्रों ने टेंपरेरी स्टाफ की देश में बढ़ती माँग को देखते हुए टीम लीज स्थापित की। सन् 2007 में टीम लीज के पे-रोल्स पर 67 हजार कर्मचारी थे, जिन्हें अस्थायी कर्मचारियों की हैसियत से उद्योग जगत् को सप्लाई किया जाता था।

## भारतीय मेहनती और प्रतिभावान भी, पर कुछ कमी है

मानव संसाधन की आउटसोर्सिंग की इस दिलचस्प पहल की सफलता से उत्साहित होकर मनीष दस लाख लोगों को टीम लीज से जोड़ने का स्वप्न देखने लगे थे कि वैश्विक अर्थव्यवस्था विज़ीय संकट में उलझ गई। सभरवाल ने एक साक्षात्कार में कहा है—"हमारे लिए यह पीड़ादायी था कि हम अपने कर्मचारियों को निकालें, जबकि उनका कोई दोष नहीं था। दु:खी मन से हमने 25 हजार लोगों को नौकरी से निकाला। एचआर आउटसोर्सिंग करते हुए टीम लीज के मैनेजमेंट ने यह भी देखा कि उन्हें अपेक्षित कुशलता के 5 कर्मचारियों के चयन के लिए सौ का साक्षात्कार लेना पड़ता है।" मनीष सभरवाल कहते हैं कि एक बार मैं राजस्थान में साक्षात्कार ले रहा था। 800 बेरोजगार वहाँ मौजूद थे। मैंने और अशोक रेड्डी (टीम लीज के सहसंस्थापक व एमडी) ने देखा कि बाड़मेर व झुंझनु के ये युवा यदि बेंगलुरु में पढ़े होते तो बेरोजगार नहीं होते। ये मेहनती थे, प्रतिभावान थे, पर 'रा' (जॉब मार्केट के लिए अधपके) थे।

## लीक से हटकर सोचा, गुजरात से शुरू हुआ मिशन

इसका सहज हल था—वोकेशनल ट्रेनिंग। पर मनीष सभरवाल लीक से हटकर सोचने व करने वाले प्रोफेशनल उद्यमी हैं। उन्होंने साधारण वोकेशनल ट्रेनिंग सेंटर

खोलने के बजाय वैश्विक शिक्षा प्रणाली का अध्ययन किया तो पाया कि अमेरिका में कज़्युनिटी कॉलेज स्तर पर उच्च शिक्षा (यूनिवर्सिटी डिग्री) के लिए छात्रों का चयन होता है। केवल 35 फीसदी छात्र ही डिग्री कोर्सेस में प्रवेश करते हैं, शेष कज़्युनिटी कॉलेज से ही जॉब मार्केट में पहुँच जाते हैं।

टीम लीज के प्रबंधकों के सामने दो विकल्प थे—इस उद्यम को ग्रीन फील्ड प्रोजेक्ट (नई कंपनी की स्थापना) या ब्राउन फील्ड प्रोजेक्ट (स्थापित पर अदोहित कंपनी की खरीद) की तरह शुरू करें। नई कंपनी की स्थापना में समय ज्यादा खर्च होगा, अत: टीम लीज ने सन् 2006 में देवेश श्रीवास्तव द्वारा स्थापित इंडियन इंस्टीट्यूट ऑफ जॉब ट्रेनिंग (आईआईजेटी) की प्रथम चरण में 25 फीसदी और दूसरे चरण में 75 फीसदी इक्विटी खरीदी। इसके बाद आईआईजेटी का पुनर्गठन किया। 210 में से 50 सेंटर बंद किए, पर लक्ष्य बनाया दो साल में नई शैली के 400 सेंटर। इससे टीम लीज ने गुजरात सरकार से वोकेशनल ट्रेनिंग यूनिवर्सिटी की स्थापना और राज्य में 22 कज़्युनिटी कॉलेज खोलने की अनुमति प्राप्त की।

### अब लक्ष्य : लायक हाथों को हुनरमंद बनाना

आज टीम लीज छात्रों को उनकी प्रतिभा के अनुरूप दो सलाह देती है। एक वे जो कज़्युनिटी कॉलेज से जॉब मार्केट पहुँच जाएँ और दूसरे वे जो डिग्री कोर्स की पढ़ाई करें। मनीष सभरवाल कर्नाटक सरकार को भी समझा रहे हैं। उनकी योजना है राष्ट्रीय स्तर पर वोकेशनल यूनिवर्सिटी की स्थापना।

मनीष सभरवाल का अंतिम लक्ष्य है—''रोजगार की पात्रतावाले युवा तैयार करना।'' टीम लीज विश्वविद्यालय का बिना मुनाफा आधार पर तो आईआईजेटी का मुनाफा आधार पर संचालन कर रहे हैं। क्लास रूम शिक्षा वर्कप्लेस की जरूरतें पूरी नहीं करती—इस कटु सच्चाई पर विलाप करने के बजाय मनीष सभरवाल ने जो पहल की है, वह राष्ट्रीय स्तर पर बेरोजगारी का बड़े पैमाने पर उन्मूलन कर सकती है। सरकार व उद्योग जगत् सहयोग प्रदान करें तो यह पहल उन्हें भी राहत प्रदान करेगी।

> "Of our population of over a billion, 54% of India is below the age of 25. As predicted by the world development report 2007, our demographic tran-

sition and the peak will come in 2030. The asset- our youth (today 20 at that time will be 40- full of energetic and experienced) will hold the potential and promise to power our country to greater heights."

□

# 24

## जयप्रकाश गौड़

# जेपी ग्रुप

### इंफ्रास्ट्रक्चर सेक्टर में कीर्तिमान

20 हजार करोड़ रुपए सालाना टर्नओवर का जेपी ग्रुप आज निजी क्षेत्र का सबसे बड़ा ऊर्जा (पावर) उत्पादक है। तीसरा सबसे बड़ा सीमेंट उत्पादक है। राष्ट्रीय राजधानी क्षेत्र में सबसे बड़े लैंड बैंक का मालिक है। इंफ्रास्ट्रक्चर सेक्टर में जे.पी. ग्रुप ने फार्मूला वन ट्रैक, हिमाचल प्रदेश के पहाड़ों में 48 कि.मी. टनेल वाला हाइड्रो पावर प्रोजेक्ट—कंचन बांगटू और सबसे बड़ा अंडर ग्राउंड सरफेस पावर हाउस—नाप्था झाकरी, गुजरात में सरदार सरोवर बाँध, उज़राखंड में रॉक फील्ड टेहरी बाँध, मध्य प्रदेश में देश का दूसरा सबसे बड़ा सरफेस पावर हाउस—इंदिरा सागर का निर्माण निर्धारित समय से पहले पूरे करने के कीर्तिमान बनाए हैं। यह कहना अतिशयोक्ति नहीं होगा कि यमुना एक्सप्रेस पर टोल वसूली (36 साल तक), इसके आसपास 1.35 करोड़ रुपए की पाँच टाउनशिप, गुजरात व आंध्र प्रदेश में 1.30 करोड़ टन सीमेंट उत्पादन संयंत्रों में हिस्सेदारी के महज़्वाकांक्षी प्रोजेक्ट्स पूरे करने के बाद जेपी ग्रुप के प्रमोटर्स भी देश के अग्रणी कुबेरों में एक हो जाएँगे।

## जीतती है करिश्माई सेनापति की फौज

दिलचस्प बात यह है कि सन् 1958 से जयप्रकाश गौड़ ने कारपोरेट मैदान में जो बल्लेबाजी शुरू की, वह आज भी जारी है। हालाँकि अब वे ग्रुप के केवल नीति नियंता हैं। दैनंदिन कामकाज उन्होंने अपने पुत्रों मनोज, सन्नी व समीर, भानजे सुनील (भागीदार बहनोई एन.सी. शर्मा के पुत्र), भतीजे पंकज व सचिन (भागीदार छोटे भाई जे.पी. गौड़ के पुत्र) के अलावा चार बिजनेस भागीदारों के पुत्रों सुरेन (स्व. अजीतकुमार जैन के पुत्र), रणविजय, प्रवीण व नवीन (शरतकुमार जैन के पुत्र) एवं सुनील व सुनीता (सत्येंद्रकुमार जोशी के पुत्र व पुत्री) को सौंप दिए हैं। जेपी ग्रुप के सालाना टर्नओवर में 35 फीसदी की सालाना वृद्धि का श्रेय मनोज गौड़ को है। ग्रुप के प्रमोटरों की तीसरी पीढ़ी तक के 18 प्रमोटरों को 1968 से आज तक एकजुट रखने वाले शख़्स हैं, जयप्रकाश गौड़। आइए, एक झलक देखें कि परिवार ही नहीं कई परिवारों व एक ग्रुप ही नहीं ग्रुप ऑफ कंपनीज के कैसे करिश्माई सेनापति हैं, जयप्रकाशजी गौड़।

## शिक्षा और पारदर्शी भागीदारी को बनाया बुनियाद

उत्तर प्रदेश के एक ब्राह्मण परिवार में जनमे हैं, जयप्रकाश गौड़। थॉमसन कॉलेज ऑफ सिविल इंजीनियरिंग (अब आईआईटी रुड़की) से इंजीनियरिंग की स्नातक डिग्री लेने के बाद उन्होंने राज्य सिंचाई विभाग में सात वर्ष तक नौकरी की। इस दौरान माताटीला बाँध झाँसी पर जो कंस्ट्रक्शन अनुभव प्राप्त किया, उसने उन्हें उकसाया। सन् 1958 में जयप्रकाशजी ने नौकरी छोड़ी और भागीदारों के साथ कंस्ट्रक्शन क्षेत्र में प्रवेश लिया। राजस्थान में चार पुल बनाने का पहला बड़ा प्रोजेक्ट पूरा किया। यह भागीदारी फर्म लंबी पारी नहीं खेल पाई, पर इससे जयप्रकाश को मिल गया परस्पर रिश्तों के निर्वहन का मूल-मंत्र। सन् 1967-68 में अपने छोटे भाई व बहनोई के अलावा चार भागीदारों के साथ उन्होंने जेपी ग्रुप की स्थापना की। इस फर्म ने उन दिनों जम्मू-कश्मीर में चिनाब नदी पर सलाल डैम, हिमाचल प्रदेश में चेमेरा डैम व ओंकारेश्वर (मध्य प्रदेश) में बाँध बनाए। 1987 में रीवा (म.प्र.) में सीमेंट प्लांट स्थापित किया। सन् 1992 में जेपी ग्रुप ने पहला हाइड्रो पावर प्लांट स्थापित करके पावर सेक्टर में प्रवेश किया। सन् 2000 में ग्रेटर नोएडा में जेपी ग्रीन के साथ 18 होल का ग्रेग नार्मन सिग्नेचर गोल्फ कोर्स बनाने के साथ रियल एस्टेट सेगमेंट में शुरुआत की। सन् 2005 में यूपी सीमेंट कॉरपोरेशन को अधिगृहीत किया।

## बी-स्कूलों के लिए केस स्टडी—थिकर देन ब्लड

सन् 2006 में जेपी ग्रुप के सात प्रमोटर परिवारों ने एकमत से जयप्रकाशजी के बड़े पुत्र मनोज को ग्रुप का एक्जीक्यूटिव चेयरमैन नियुक्त किया। वन डाउन बेट्समैन की

हैसियत से मनोज की 'फास्ट इनिंग' आज भी जारी है। वे कहते हैं कि मैं क्रीज पर अजेय इसलिए हूँ कि सामने पिलर की तरह खड़े हुए हैं मेरे ओपनर पिता। जयप्रकाशजी ने अपने परिवार सहित ग्रुप के प्रमोटर परिवारों को एकजुट रखने में भी करिश्मा किया है। उनके एक भागीदार स्व. अजीत जैन के पुत्र सुरेश जैन कहते हैं कि सन् 1986 में दसवीं कक्षा में पढ़ रहा था कि पिता का अनायास निधन हो गया। गौड़ साहब हमारे घर आए। मेरी माँ से उन्होंने राखी बँधवाई और बोले—"उनके पति की शेयर होल्डिंग ग्रुप में सुरक्षित है। अब उनकी जगह उनका पुत्र मेरा भागीदार होगा।" सुरेश जयप्रकाश पावर वेंचर के आज मैनेजिंग डायरेक्टर हैं और कहते हैं कि सात परिवारों को चार दशक से आज तक एकजुट रखने की गौड़ साहब की रणनीति हार्वर्ड स्कूल को केस स्टडी 'थिकर देन ब्लड' की तरह पढ़ाना चाहिए। कई प्रसंग हैं, जो नई पीढ़ी को जानना चाहिए जैसे—"गौड़ साहब द्वारा सारे भागीदारों के परिवारों लिए एक साथ एक जैसे कलर टी.वी., वाहन व घरों की खरीद।"

जेपी ग्रुप जहाँ भी नया प्रोजेक्ट शुरू करता है तो प्रमोटरों में कोई एक सपरिवार साइट पर रहने लगता है। वे वहाँ सबसे पहले श्रमिकों के लिए अस्पताल व स्कूल बनवाते हैं। मनोज गौड़ कहते हैं—"मीडिया ने कई बार लिखा है कि जेपी ग्रुप की सफलता का कारण राजनेताओं से नजदीकी है, पर मीडिया ने यह गौर नहीं किया है कि अलग-अलग दलों की सरकारोंवाले 18 राज्यों और भूटान में हमने कई भीमकाय व जटिल प्रोजेक्ट निर्धारित समय व लागत में पूरे किए हैं, क्योंकि जेपी ग्रुप का हर प्रमोटर सप्ताह में साढ़े छह दिन काम करता है।"

□

## इन्हें भी जानें

# जॉर्जियो अरमानी

**कॉलेज ड्राप आउट**
**संपदा-7 बिलियन डॉलर**
**( करीब 385 अरब रुपए )**

जॉर्जियो अरमानी ने दो साल मेडिको शिक्षा ली और बीच में ही छोड़ दी। फोटोग्राफी सीखी, पर उसे भी पेशा नहीं बनाया। फौज की अनिवार्य नौकरी से मुक्त हुए तो मिलान के एक मेंसवेयर स्टोर में नौकरी कर ली। इसके बाद छह साल मशहूर निनो सेरुति के असिस्टेंट डिजाइनर रहे। 1970 में एक मित्र सर्गियो गेलोट्टी की सलाह पर डिजाइन स्टूडियो खोला और दुनिया के पहले फ्री-लांस डिजाइनर बन गए। यही कदम उनके जीवन का टर्निंग पॉइंट है। दुनिया के 50 देशों के ब्रांडेड उत्पादकों के शौकीन प्राइसटैग देखे बिना अरमानी ब्रांड के कपड़े, शूज, बैग्स, घड़ियाँ, चश्मे, ज्वेलरी, परज़्यूंस, कॉस्मेटिक्स खरीद रहे हैं। अरमानी एक बड़े जापानी वेंचर में भागीदार हैं, तो दुबई के एज़्मार समूह के साथ अरमानी स्टार होटल व रिसोर्ट श्रृंखला के भी मालिक हैं।

सौ से ज्यादा फिल्मों के कास्ट्यूज़्स डिजाइनर जॉर्जियो को बहुचर्चित फिल्म 'द अनटचेबल' ने स्टार डिजाइनर बनाया तो उन्होंने भी कई फिल्मी सितारों को फैशन आइकॉन बना दिया, उनमें विश्वप्रसिद्ध अभिनेता रिचर्ड गैरे शामिल हैं। मात्र ढाई दशक (1975-2000) में लोगों के पहनावे व सेलिब्रिटिज के वार्डरोज़्स को बदल देनेवाले जॉर्जियो अरमानी कहते हैं—''गैरजरूरी सजावट से बचाकर जो परिधान डिजाइन किए जाते हैं, वे ही व्यक्तिज़्व को निखारते हैं। फैशनेबल अवश्य बनें, पर फैशन के गुलाम नहीं बनें।''

□

# 25

## मुकेश पाटीदार

# गगन लेदर हाउस

### गरीबी से मुक्ति की जिद्द, दोस्त ने दिखाई कमाई की राह

इंदौर में जनमे मुकेश पाटीदार के पिता स्व. के.के. पाटीदार सरकारी स्वास्थ्य विभाग के तृतीय श्रेणी कर्मचारी थे। मुकेश को बचपन से ही जिद्द थी कि गरीबी से मुक्त होना है, चाहे सड़क पर ठेला क्यों न चलाना पड़े। सरकारी स्कूल में मुकेश को संयोग से एक सहपाठी मिला, जो उनकी ही तरह निर्धन परिवार में जन्मा था, पर खूब पैसे खर्च करता था। मुकेश ने उसका पीछा किया तो देखा कि वह स्कूल आने के पहले घर-घर पहुँचकर एसिड-फिनाइल बेचता है। जिज्ञासा तो शांत हो गई, पर बेचैनी बढ़ गई। मुकेश ने उससे पूछा—''तुम कहाँ से एसिड-फिनाइल खरीदते हो और उसे कैसे बेचते हो?'' मित्र ने कहा—''तुम यह काम नहीं कर सकोगे।'' मुकेश नहीं माने तो उसने कहा—''सुबह 6 बजे साइकिल और एक थैला लेकर मुझे मिलो।''

### बोतलों के धंधे में अठन्नी मुनाफा, कमाई बन गई एक नशा

''धनी होते ही चेहरा चमकने लगता है, हम चहकने लगते हैं, पर दो पैसा कमाने

के लिए कोई पत्थर तोड़ने को कहे तो चेहरा लटक जाता है, पसीना आ जाता है। जो इस पसीने में पैसे की खुशबू सूँघ लेते हैं, वे ही धनी होने का सच्चा सुख प्राप्त करते हैं।'' मुकेश पाटीदार बचपन से ही इसके लिए तैयार थे। सुबह वह दोस्त उन्हें एक घर ले गया। वहाँ पति-पत्नी अपने घर के बाथरूम में एसिड-फिनाइल बनाते थे। फेरीवाले उनसे बोतलें ले जाते, बेचकर मुनाफा कमाते और ग्राहकों से जितनी खाली बोतल लाते, उनके बदले भी अठन्नी (पचास पैसे) प्राप्त करते थे। मित्र की जमानत पर मुकेश को वहाँ से एसिड-फिनाइल की बोतलें एक दिन की उधारी में मिल गईं। मुकेश ने घर-घर दस्तक देकर दो घंटे में सारी बोतलें बेच दी और 6 रुपए कमाए। पहली कमाई और वह भी बचपन की कमाई जिनका नशा बन जाती है, वे पलटकर नहीं देखते। इसके बाद तो स्कूली पढ़ाई के दौरान मुकेश ने स्कूलों के बाहर टॉफी, कंपास जैसे सामान बेचे। पतंग की दुकान लगाई। 15 साल की उम्र में उन्होंने 1982 से 1988 तक एक लेदर गुड्स की शॉप पर नौकरी की। स्कूली पढ़ाई के बाद मुकेश पाटीदार कॉलेज पहुँचे तो सन् 1988 में एक राष्ट्रीय स्तर के लेदर गुड्स के शोरूम को सेल्समैन की हैसियत से ज्वॉइन किया। सन् 1996 में वे इस शोरूम के मैनेजर बन गए।

## नौकरी से अच्छा उद्यम, कच्चे मकान में कुटीर उद्योग

चीनी कहावत है—मीलों लंबी यात्रा पहले नन्हे कदम से शुरू होती है। जो इस कदम को उठाते समय ठिठकते नहीं, झिझकते नहीं, वे ही मंजिल पर पहुँचते हैं। इसी तरह अमीर बनने के लिए भी जरूरी है, शुरुआत। शुरुआत ही व्यक्ति को सिकंदर बनाती है। दूसरों से पहले जो शुरुआत करते हैं वे सबसे पहले शिखर पर पहुँचते हैं। सन् 1996 में मुकेश पाटीदार ने नौकरी नहीं मालिक बनने के स्वप्न के साथ जोखिम उठाई और तय किया कि वे खुद लेदर गुड्स बनाएँगे और बेचेंगे। उनके पास पूँजी नहीं थी, पर एसिड-फिनाइल बोतल को बेचने की कोशिश ने मुकेश को पक्का मार्केटमैन बना दिया। अपनी इस क्षमता के भरोसे उन्होंने सन् 1996 में अपने कच्चे मकान में ही लेदर गुड्स बनाने का एक कुटीर उद्योग और छोटा सा शोरूम खोला।

## शानदार लुक और कम लागत में कस्टमाइज्ड लेदर गुड्स

लघु उद्योग व शोरूम संचालन में मुकेश पाटीदार को सहयोगी के रूप में मिले छोटे भाई पुष्पेंद्र पाटीदार, जिन्होंने मुकेश को बैक ऑफिस से मुक्त किया तो मुकेश अपने उत्पादों को ब्रांडेड उत्पादों से भी बेहतर बनाने में जुट गए। अपने उत्पादों की डिजाइनों का श्रेय मुकेश अपनी पत्नी को भी देते हैं। सन् 1990 में कोलकाता में मुकेश का सुनीता से विवाह हुआ। वे जितनी सुघड़ गृहिणी हैं, उतनी ही क्रिएटिव आर्टिस्ट। वे गगन ब्रांड

के डिजाइनिंग पोर्टफोलियो की इंचार्ज हैं। उत्पादों का अपेक्षित स्तर आ गया तो मुकेश पाटीदार सीधे कॉरपोरेट दफ़्तरों में पहुँचने लगे। वे वहाँ कस्टमाइज्ड क्रिएटिव लेदर गुड्स के नमूने बताते। उनके द्वारा बनाए ब्रीफकेस, लैपटॉप बैग, पोर्टफोलियो बैग, वॉलेट्स, बेल्ट्स, मोबाइल कवर, फोल्डर्स, टेबल आइटम्स ट्रॉली बैग्स, शोल्डर बैग्स, लेडीज हैंड बैग्स शानदार लुक और कम लागत के साथ गुणवत्ता के कारण कंपनियों को पसंद आए। उन्हें कंपनियों से बल्क ऑर्डर मिलने लगे और आइसब्रेक होने लगा। आज सौ से ज्यादा कंपनियों के लिए मुकेश पाटीदार कस्टमाइज्ड लेदर गुड्स बना रहे हैं। इनमें से कई राष्ट्रीय स्तर की कंपनियाँ हैं।

## रिवर्स मार्केटिंग कर लुभाया यूरोप-अमेरिका को

मुकेश पाटीदार यहीं नहीं थमे हैं। उन्होंने यूके (लंदन) कनाडा, दुबई, मलेशिया, बैंकॉक, सिंगापुर और चीन के लेदर गुड्स के शोरूम्स देखे। वहाँ से सैंपल उत्पाद खरीदकर लोगों की पसंद और स्टाइल को समझा। भारत पहुँचकर उन्हें अपने ढंग से बनवाया और दोबारा वहाँ पहुँचकर शोरूम्स संचालकों को दिखाया। लुक, लागत व गुणवत्ता देखकर विदेशी लेदर गुड्स के शोरूम्स मुकेश पाटीदार को ऑर्डर देने लगे। गगन लेदर के लेदर गारमेंट्स-जैकेट्स, ट्राउजर्स यूरोप-इंग्लैंड-यूएस में खूब पसंद किए जाते हैं।

विदेश में जो लोग गगन ब्रांड लेदर गुड्स खरीदते थे, उनमें से कई भारतीय हैं। मुकेश बताते हैं कि लोग स्वदेश आते हैं तो गगन लेदर हाउस के इंदौर स्थित शोरूम्स से खरीदी अवश्य करते हैं। इसका कारण है समान सामान की विदेश व भारत में कीमत का भारी अंतर। ये एन.आर.आई. ही गगन लेदर के ग्लोबल ब्रांड एंबेसडर हैं। वे विदेशी मित्रों को गगन के उत्पाद व उनकी कीमत बताते हैं और उन्हें सीधे खरीदने की सलाह देते हैं।

## और फिर पुत्र ने भी सँभाला एक मोरचा

धारा के विपरीत व्यापार करने का अर्थ है नदी का लहरों के विपरीत तैरना। जो इस परीक्षा में उत्तीर्ण होते हैं, वे जेट स्पीड से उन्नति करते हैं। मुकेश पाटीदार ने यही सोच अपने पुत्र गगन के मनमानस में भी रोपा। निर्धन परिवार में जन्म लेने के कारण वे सरकारी स्कूल में पढ़े थे, पर उन्होंने पुत्र को हायर सेकेंडरी परीक्षा उत्तीर्ण करने के बाद पढ़ाई के लिए यूके भेजा तो कहा—"वहाँ पढ़ाई के साथ तुम्हें लेदर शोरूम व फैक्टरीज में नौकरी करना है। हर एक-दो माह में नौकरी बदल देना है। उनके उत्पादों की डिजाइन, उनके ग्राहकों का खरीद-फरोख़्त का तरीका समझना है। वहाँ से मुझे लेदर

प्रोडक्ट्स भेजना है।'' गगन पाटीदार ने तीन साल तक लंदन के कई शोरूज़्स में नौकरी की। पिता के द्वारा बनाए उत्पाद वहाँ के शोरूज़्स को बताए। लंदन में महिलाओं के हॉफ डे सेमिनार स्थल के बाहर महिलाओं के उत्पादों के स्टॉल लगाए।

गगन लेदर हाउस के उत्पाद अंग्रेज महिलाओं ने पसंद किए तो गगन पाटीदार ने लंदन के शोरूज़्स में से 200–300 वर्गफीट के शेल्फ प्राप्त किए। अपने सहपाठियों को पार्ट टाइम जॉब दिया और इन सेल्फ से मित्रों के साथ गगन ब्रांड लेदर गुड्स बेचे।

### एक ही लक्ष्य : गगन को लोकल से ग्लोबल कंपनी बनाना

देश की लेदर इंडस्ट्री में नई मंजिलों की ओर कदम बढ़ाते गगन पाटीदार कहते हैं कि अब हमारा लक्ष्य है विदेशी मार्केट में पहुँचकर गगन को लोकल से ग्लोबल लेदर गुड्स कंपनी बनाना और अपनी ब्रांडिंग मजबूत करना। मुकेश पाटीदार की मानें तो भाई, पत्नी व पुत्र ने उनकी ऊर्जा कई गुना बढ़ा दी है। अत: गगन ब्रांड को ग्लोबल मार्केट में पहचान बनाने में उन्हें ज्यादा देर नहीं लगेगी। रुकें और प्रतीक्षा करें, गगन गगनचुंबी उड़ान की तैयारी कर रहा है।

> "We cannot direct the wind but we can adjust our sails."

□

द बॉस
सेवक नहीं, स्वामी बनो

# 26

## किरीट शाह व निशिता शाह

# गांगजी प्रेमजी ऐंड कंपनी

### थाईलैंड के आसमान में तीसरी पीढ़ी की ऊँची उड़ान

करीब 145 साल पहले सन् 1868 में किरीट शाह के पुरखे खीतसी और देवजी रोजगार की तलाश में कच्छ से मुंबई आए थे। यहाँ उन्होंने जिंस का व्यापार किया। सन् 1968 में देवजी के एक पुत्र ने रंगून (बर्मा) में गांगजी प्रेमजी ऐंड कंपनी (जी.पी. कंपनी) स्थापित की और बर्मा, वियतनाम और थाईलैंड के चावल मध्य-पूर्व और अफ्रीका को निर्यात करने लगे। सन् 1918 में गांगजी प्रेमजी ऐंड कंपनी (जी.पी. ग्रुप) ने थाईलैंड की राजधानी बैंकॉक को अपना मुख्यालय बनाया। प्रेमजी के पुत्र चिमनलाल ने थाईलैंड में इतना पैसा व प्रतिष्ठा कमाई कि लोग उन्हें 'शाह ऑफ बैंकॉक' पुकारने लगे। शाह (गुजराती में शाह यानी ट्रेडर) ही उनका सरनेम हो गया।

सन् 1976 में 22 वर्ष की उम्र में चिमनलाल शाह के पुत्र किरीट शाह ने पुश्तैनी कारोबार को नए आयाम देते हुए कोयला, स्टील, कूकिंग ऑयल, अचल संपदा व कंस्ट्रक्शन क्षेत्र में एंट्री ली। उन्होंने कई हाईराइज भवनों के अलावा अमीरी आट्रियम होटल बनाए और फार्मा केमिकल भी बनाने लगे। किरीट शाह की पत्नी अंजु शाह भी

उद्यमी कच्छी महिला हैं, जिन्होंने ट्रेडिंग फ़्लोर से कारोबार शुरू किया और आज वे जी.पी. ग्रुप की ट्रेवल व आतिथ्य सत्कार कंपनियाँ सँभाल रही हैं। पत्नी सहयोगी बनी तो किरीट शाह का हौसला दोगुना हो गया। उन्होंने प्रीशियस शिपिंग लिमिटेड की स्थापना की, जो आज 50 से ज्यादा जहाजों की मालिक है। यह थाईलैंड की दूसरी सबसे बड़ी ड्राय बल्क शिपिंग कंपनी है। सन् 1989 में स्थापित गांगजी प्रेमजी कंपनी को किरीट शाह ने सन् 1993 में स्टॉक एक्सचेंज में सूचीबद्ध करवाया। 90 के दशक में इकोनॉमिक बूम ने शाह दंपति को शीर्ष पर पहुँचा दिया। वे 150 कंपनियों के स्वामी या भागीदार बन गए।

## हवा-पानी नापती 150 कंपनियों की मालकिन

माँ-पिता की ही तरह उद्यमी हैं तीन भाई-बहनों में सबसे बड़ी बेटी निशिता शाह, जिन्हें हर वह पढ़ाई करने की प्रेरणा मिली, जो उनकी वाणिज्यिक सूझबूझ तराशे। निशिता ने भी अपने उद्यमी माँ-पिता को निराश नहीं किया और बोस्टन अमेरिका से बिजनेस एडमिनिस्ट्रेशन की पढ़ाई करने के बाद जी.पी. ग्रुप को डायरेक्टर की हैसियत से ज्वॉइन किया। आज वे जी.पी. ग्रुप की मैनेजिंग डायरेक्टर हैं और 150 कंपनियों की देखरेख कर रही हैं। प्रीशियस शिपिंग की 44 फीसदी हिस्सेदारी की स्वामी होने से उनकी निजी संपदा हो गई है 37.5 करोड़ डॉलर (करीब 21 अरब रुपए)। निशिता लाइसेंसी पायलट भी हैं और अपना हवाई जहाज उड़ाती हैं। क्लॉथिंग कंपनी बर्न बेबी की भी वे मालिक हैं और तीन महाद्वीपों में ब्रांडेड 'एन-शा' फैशनेबल परिधान बेच रही हैं। वे कमोडिटी कारोबार में भी दक्ष हैं।

जी.पी. ग्रुप की जिलेटिन कैप्सूल बनाने वाली कंपनी मेगालाइफ साइंस को निशिता ने फार्मा क्षेत्र की अग्रणी कंपनी बना दिया है। इस कंपनी के फार्मास्युटिकल व न्यूट्रिएंट्स 25 देशों में लोकप्रिय हैं। जी.पी. ग्रुप की एक अन्य कंपनी प्रेमथाई एनर्जी इंडोनेशिया से पर्यावरण हितैषी कोयला आयात करती है, जिसकी ऊर्जा क्षेत्र में खूब माँग है। सहायक कंपनी सील ईस्टर्न लाइम स्टोन खनन करती है। एल्वा एल्यूमीनियम रीसायकल्ड स्क्रेप्स से जो एल्यूमीनियम बनाती है, उसकी भारत में अच्छी माँग है। जी.पी. ग्रुप जेट एयरवेज की भी एक्सक्लूसिव एजेंट है।

## उद्यमी शाह परिवार के परोपकारी संस्कार

पुश्तैनी उद्योग व्यापार को लोकल से ग्लोबल बनाकर निशिता शाह थाईलैंड की 13वीं सबसे धनी महिला उद्यमी बनीं। दिलचस्प बात यह है कि किरीट शाह ने अपनी भूमिका ग्रुप के गुरु-गाइड तक सीमित करते हुए अपने उद्योग समूह की बागडोर पुत्री को

सौंप दी है। पुत्री को माँ–पिता से उद्यमशीलता के साथ सामाजिक सरोकार के भी संस्कार मिले हैं। माँ–पिता द्वारा स्थापित परोपकारी जी.पी. फाउंडेशन के बैनर तले निशिता शाह के 160 लाख डॉलर ब्रेस्ट कैंसर पर शोध व अनुसंधान के अलावा क्वीन सिटीकिट सेंटर को अस्पताल बनाने के लिए दान दिए हैं तो 2004 की सुनामी से अनाथ हुए बच्चों की नि:शुल्क शिक्षा का प्रबंधन किया है।

फोटोजेनिक चेहरे की धनी निशिता को देखकर यह आभास नहीं होता कि वे भारतीय युवतियों की उद्यमशीलता का परचम सारी दुनिया में फहरा रही हैं। दिलचस्प बात यह है कि ताबड़तोड़ बड़े कारोबारी फैसले लेने वाली निशिता शाह ने अपने 'राइटमैन' की लंबी प्रतीक्षा की है। सन् 2010 में उन्होंने अमेरिका के एक प्रॉपर्टी टायकून मेक्सवेल फेडर ब्रुश के साथ इस्तांबुल में शादी रचाई है। सारी व्यस्तता के बावजूद वे मित्रों के साथ दुनिया के खूबसूरत समुद्री तटों पर अवकाश का कोई मौका नहीं छोड़ती हैं, वहीं साल में एक बार भारत आती हैं तो साईं बाबा के दर्शन के लिए शिरडी अवश्य जाती हैं।

"Maturity is reflected when
we respond calmly and wisely."

□

## इन्हें भी जानें

# मिक्की जगतियानी

**कॉलेज ड्राप आउट**
**संपदा- 2 बिलियन डॉलर**
**( करीब 110 अरब रुपए )**

15 अगस्त, 1952 को दुबई में जनमे मिक्की जगतियानी ने मुंबई व बेरूत में स्कूली शिक्षा प्राप्त करके लंदन पॉलिटेक्निक में दाखिला लिया, पर कमजोर छात्र होने से कॉलेज से निकाल दिए गए। लंदन में उन्होंने टैक्सी चलाई, तो होटलों में सफाईकर्मी की नौकरी की। इसके बाद परिस्थितियों ने उन्हें लंदन छोड़ने को विवश कर दिया। सगे भाई का लुकेमिया के कारण युवावस्था में निधन हो गया। छह माह बाद पिता का हृदयाघात से निधन हुआ और नौ माह बाद चिकित्सकों ने चेता दिया कि उनकी माँ कैंसर से पीड़ित हैं और ज्यादा दिन नहीं जी पाएँगी।

सन् 1973 में 21 वर्ष की उम्र में मिकी बहरीन आ गए, जहाँ उन्होंने अपनी सारी पूँजी छह हजार डॉलर निवेश करके छोटी सी बेबी प्रोडक्ट्स दुकान खोली बॉडी शॉप। इस दुकान से जो कमाया, उसे रिटेल स्टोर शृंखला के विस्तार पर निवेश किया। आज वे जिस लैंडमार्क इंटरनेशनल ग्रुप के संस्थापक चेयरमैन हैं, वह 15 देशों में 1000 रिटेल स्टोर्स के जरिए होम फर्निशिंग्स से बेबी प्रोडक्ट्स व शूज से इलेक्ट्रॉनिक उपकरण बेचकर सालाना 3.80 बिलियन डॉलर का कारोबार कर रहा है। मिक्की जगतियानी ने इसके अलावा केंडी स्टोर्स शृंखला केंडेलाइट स्थापित की है तो वे हेल्थ क्लब ग्रुप के फिटनेस फर्स्ट के फ्रेंचाइजी भी हैं। कई बजट होटलों व यूके में इटेलियन रेस्राँ शृंखला के वे मालिक हैं।

□

# 27

## संजय विजयकुमार, विवेक स्टीव फ्रांसिस व सोनी जॉय

# मोब-मी वायरलेस सॉल्यूशंस प्रा.लि.

### जीतने के लिए चाहिए जीतने की जिद्द

गैलीलियो ने जब कहा कि सूर्य पृथ्वी का चक्कर नहीं लगाता है, तो इस पुरातन धारणा को माननेवालों ने उन्हें चेतावनी दी थी कि लोगों को भ्रमित मत करो। गैलीलियो अपनी बात पर अड़े रहे, जिसके कारण आज हम अंतरिक्ष में उड़ान भर रहे हैं और चाँद पर पहुँच गए हैं। कोई नया सोच, नई खोज जन-जन तक पहुँचाने के लिए चाहिए गैलीलियो जैसी जिद्द।

इंजीनियरिंग कॉलेज तिरुवनंतपुरम के तीन पूर्व छात्र संजय विजयकुमार, विवेक स्टीव फ्रांसिस और सोनी जॉय ऐसे ही जिद्दी युवा 'इनोवेटर इंटरप्रिन्योर' हैं। इन दोस्तों को क्लास में बैठने से ज्यादा बास्केटबॉल कोर्ट पसंद था। उन्हें आईटी उद्योग में अच्छे वेतन का जॉब भी नहीं लुभाता था। वे कुछ अलग करना चाहते थे। एक टेलीकॉम कंपनी के कस्टमाइज्ड सिम कार्ड्स बेचकर उन्होंने जो पैसे कमाए, उससे एक बाइक खरीदी और गोवा घूमने निकल पड़े। जब बेंगलुरु लौटे तो बहुत थोड़े पैसे बचे थे, पर उन्हें अपनी कमाई खर्च करने का नशा हो गया था।

## मोबाइल से बढ़ाई दोस्ती, बनाया कारोबार

20 साल के अनुभव के बाद लोग अपना उद्योग व्यापार स्थापित करते हैं, पर बीस साल की उम्र में ऐसा करने वाले निश्चित ही भीड़ से अलग होते हैं। सन् 2006 में तीनों दोस्तों ने दुबई और यूके के निवेशकों से प्राप्त निवेश से स्थानीय टेक्नोपार्क में एक मोबाइल एप्लीकेशन कंपनी टार्क (अब मोब-मी) स्थापित की। मोब-मी ने मोबाइल फोटो शेयरिंग प्लेटफॉर्म लॉञ्च किया, जिसकी मदद से मोबाइल फोनधारक फोटो और वीडियो दोस्तों के साथ शेयर कर सकते हैं। इसके पहले फोटो शेयरिंग खर्चीला शौक था। एमएमएस (मल्टीमीडिया मैसेज सर्विसेस) के जरिए दस लोगों से यह शेयरिंग की जा सकती थी, पर इसकी लागत होती थी करीब 30 रुपए। इससे बड़ी मुश्किल थी, ऑपरेटर्स के बीच कनेक्टिविटी। मोब-मी ने यह शेयरिंग सहज व सस्ती कर दी है।

## शाहरुख से लेकर शातिरों तक सब करो शेयर

यही नहीं, नेटवर्क सॉल्यूशंस, मोबाइल वीएएक्स, मोबाइल मार्केटिंग व मोबाइल गवर्नेंस पर फोकस करते हुए मोब-मी टेलीकॉम ऑपरेटर्स (दूरसंचार सेवा प्रदायकर्ता) को संपूर्ण मोबाइल सॉल्यूशंस उपलज़्ध करवाती है। नेटवर्क सॉल्यूशंस में शामिल है—एसएमएस, जूलो (Zulo), ओबीडी, आईवीआर, यूएसएसडी, कॉल पैकिंग आदि। मोब-मी की एम गवर्नेंस फास्ट अलर्ट डॉट इन, बल्क वाइस डॉट इन यूवी ऑन लाइन डॉट इन, ज़्लूजोन, एमकॉर्प, मोब शेयर डॉट इन (पिक्चर पोस्ट) मोबाइल कंटेंट्स जैसी सेवाओं ने मोबाइल फोन के प्रति लोगों का रुझान बढ़ाया है। मोबाइल पर मोब-मी की ऐसी कई अभिनव वैल्यू एडेड सेवाओं में शामिल हैं—देश के सबसे बड़े मोबाइल ऑपरेटर्स एयरटेल के 40 लाख से ज्यादा ग्राहकों को जी.पी.आर.एस. सेवा, देश के सबसे बड़े न्यूज चैनल सी.एन.एन.-आई.बी.एन. के लिए मोबाइल सिटीजन पत्रकारिता, देश के सबसे बड़े कैफे कॉफी डे नेटवर्क को ज़्लू टूथ हॉट स्पोर्ट्स सेवा, देश का सबसे बड़ा ज़्लड डोनेशन नेटवर्क—फास्ट ज़्लड, केरल सरकार के लिए मोबाइल गवर्नेंस प्लेटफॉर्म और बैंक, बीमा कंपनियों, इंफोसिस व इंडियन ऑयल जैसी कई कंपनियों को बल्क एसएमएस प्लेटफॉर्म।

कैफे कॉफी डे द्वारा मोब-मी की मदद से आयोजित स्नेप-एन-शेयर प्रतियोगिता युवाओं ने खूब पसंद की थी। कोलकाता नाइट राइडर्स ने मोब शेयर से स्टेडियम में बैठे दर्शकों के मोबाइल पर सिने अभिनेता शाहरुख खान को दिखाया था। फर्स्ट आईपीएल के दौरान मोब-मी ने इस डिस्प्ले से खूब लोकप्रियता हासिल की थी।

## अपराध घटाने में सहायक मोब-मी

इसी तरह मोब-मी की तकनीक आधारित दिलचस्प सेवा में शामिल है—मोबाइल क्राइम ऐंड एक्सीडेंट रिपोर्टिंग प्लेटफॉर्म। केरल सरकार ने मोब-मी के मोबाइल क्राइम ऐंड एक्सीडेंट रिपोर्टिंग प्लेटफॉर्म के उपयोग हेतु कोच्चि के 70 पुलिसकर्मियों को 70 एन सीरिज नोकिया फोन उपलज़्ध करवाए गए हैं। वे आज दुर्घटना या आपराधिक घटना के फोटो मोब शेयर के जरिए पुलिस कंट्रोल रूम को तत्काल भेज रहे हैं। केरल सरकार ने पर्यटन को बढ़ावा देने के लिए भी मोब शेयर की मदद ली है।

## कई अवॉड्र्स व शाबासी से बढ़ा उत्साह

देश की समस्त मोबाइल वैल्यू एडेड सेवाओं में सबसे अलग और सबसे दिलचस्प मोब-मी व इसके संस्थापक कई अवॉड्र्स से भी नवाजे गए हैं। जैसे-इंडिया की 100 इनोवेटिव स्टार्ट अप्स (2006), यंगेस्ट ऑफ नास्कॉम 100 आईटी इनोवोटर्स (2007), बेक टू बेक नास्कॉम 100 आई इनोवेटर्स (2008), डज़्ल्यू एसजे 10 स्टार्ट अप्स टू वॉच (2008), इंडियाज मोस्ट इनोवेटिव स्टार्ट अप (2009), 50 इमर्जिंग आईटी कंपनीज इन इंडिया (2009), नास्कॉम इनोवेसन अवॉर्ड (2011)।

टेक्नोलॉजी बिजनेस इनक्यूबेटर-टेक्नोपार्क के नियंत्रक मंडल में मोब-मी के संस्थापक शामिल किए गए हैं। ये इस बोर्ड के सबसे युवा सदस्य हैं। इन्हें पूर्व वैज्ञानिक राष्ट्रपति एपीजे अज़्दुल कलाम, इंफोसिस के सहसंस्थापक क्रिस गोपाल कृष्णन और नंदन नीलेकणी से शाबाशी मिली है। मोब-मी के ग्राहक-भागीदारों में उल्लेखनीय हैं—वोडाफोन, केरल सरकार, मथुरभूमि, ईएसपीएन, आइडिया, ए-वन टीम डॉट इन, जूम, एयरटेल, एयरसेल, मिड-डे, मलयालम चैनल केरली, आई.बी.एन. लाइव, बीएसएनएल मोबाइल, आउटलुक, कैफे कॉफी डे, एमटीएनएल, नाइट राइडर्स, जॉय अलूक्स (ज्वेलर), प्लेनेट एम आदि।

## मोबाइल को बनाया पर्सनल असिस्टेंट

मोब-मी के सीईओ संजय विजयकुमार कहते हैं कि टेलीकॉम उनका पसंदीदा खेल मैदान है। इस मैदान में भाग-दौड़ करने में हमें खूब मजा आता है। सेलफोन अब एक उत्पाद नहीं रह गया है, बल्कि सर्विस प्लेटफॉर्म बन गया है। हमने इसे ऐसा प्लेटफॉर्म बना दिया है, जिसे अलग-अलग ग्राहकों की चाह व जरूरत के अनुरूप बदला जा सकता है।

## तीन भागीदार तीन पोर्टफोलियो

संजय ग्रेट मार्केटियर हैं, जिन्हें लोगों से बात करना अच्छा लगता है। मोब-मी के सीईओ (मोबाइल मीडिया इंटरटेनमेंट) की हैसियत से वे पूँजी प्रबंधन के साथ ग्राहक नेटवर्क बढ़ाते हैं। विवेक स्टीव फ्रांसिस इंटरनेशनल मैनेजमेंट इंस्टीट्यूट के एमबीए हैं, वे सी.ओ.ओ. की हैसियत से मोब-मी के ऑपरेशंस इंचार्ज हैं। सोनी जॉय मोब-मी के सीईओ (वीएएस ऐंड नेटसॉल) की हैसियत से नेटवर्क सॉल्यूशंस वर्टिकल्स की देखरेख करते हैं। मोब-मी की ताकत है, तीनों भागीदारों का आत्मविश्वास और उनकी युवा ऊर्जा। तीनों टेक्नोप्रिनर्स के इस प्रोजेक्ट को साकार करने में मददगार टेक्नोपार्क तिरुवनंतपुरम के तकनीकी सलाहकार आर.सी. दज़ ने एक साक्षात्कार में कहा है—"टेक्नोक्रेट्स युवाओं के पास 'इनोवेशन' होता है, पर उसे कमाऊ कारोबार बनाने की क्षमता नहीं होती। हमने उन्हें केवल यही उपलज़्ध करवाया है।" छह साल पुरानी मोबाइल वायरलेस सॉल्यूशंस कंपनी मोब-मी ने मीडिया कंपनियाँ व ब्रांड्स को इनोवेटिव सेवा प्रदान करते हुए कोचीन, चेन्नई, दिल्ली और मुंबई में भी कार्यालय खोल लिए हैं। 140 से ज्यादा युवा टेक्नोक्रेट्स सहयोगियों की मोब-मी का टर्नओवर कितना है, इससे ज्यादा महज़्वपूर्ण यह है कि यह देश की ऐसी इनोवेटिव कंपनी है, जिसे स्थापित करने के लिए संजय विजयकुमार, सोनी जॉय और विवेक स्टीव ने माइक्रोसॉज़्ट व याहू के भारी पे-पैकेटवाले जॉब छोड़े हैं। वे कहते हैं—"हमारे पास एक ग्रेट टीम है, जो एक-दूसरे की ऊर्जा भी है और एक-दूसरे के पूरक भी। यह अद्‌भुत कॉज़्बिनेशन ही वह डीएनए है, जिसके कारण हमने जोखिम उठाई और टेलीकॉम को अपना बिजनेस प्ले ग्राउंड बना लिया है।"

□

द बॉस
सेवक नहीं, स्वामी बनो

# 28

अशोक बंसल

## हनुंग टॉयज ऐंड टेक्सटाइल्स

### जो जोखिम नहीं उठाते वे खुरचन ही पाते

अति सावधानी उतनी ही बुरी है, जितनी कम सावधानी। जो जरा भी जोखिम नहीं उठाते, उन्हें वही मिलता है, जो जोखिम उठानेवालों से बच जाता है। मलाई चाहते हैं, खुरचन नहीं चाहते तो सही समय पर जोखिम उठाएँ और बन जाएँ हनुंग टॉयज ऐंड टेक्सटाइल के चेयरमैन-मैनेजिंग डायरेक्टर अशोक बंसल की तरह देश के नवोदित कुबेर। अशोक बंसल द्वारा सन् 1991 में स्थापित हनुंग टॉयज ऐंड टेक्सटाइल आज देश की सबसे बड़ी सॉफ़्ट टॉयज निर्माता व निर्यातक तथा अग्रणी होम फर्निशिंग कंपनी है। कंपनी का सालाना टर्नओवर 1100 करोड़ रुपए से ज्यादा हो गया है। दिलचस्प बात यह है कि अशोक बंसल इन कारोबारी आँकड़ों को महज्त्व नहीं देते। वे कहते हैं कि मैं छह भाई-बहनों के साथ बड़ा हुआ हूँ। मेरी अपनी भी तीन संतानें हैं। मैं बच्चों को प्यार करता हूँ, अतः इससे ज्यादा मजेदार क्या होगा कि मेरा व्यवसाय भी है—बच्चों के खिलौने यानी बच्चों की खुशी।

## बनाई परिवार से अलग अपनी पहचान

भटिंडा (पंजाब) के शक्कर व अनाज के एक थोक व्यापारी की सात संतानों में एक अशोक बंसल साधारण शिक्षा प्राप्त करके पुश्तैनी कारोबार में सहयोगी बन सकते थे। वैश्य परिवारों में यही होता भी है, पर अशोक बंसल ने सन् 1981 में चार्टर्ड अकाउंटेंसी एवं कंपनी सेक्रेटरी की डिग्री (एफसीए एवं सीएस) प्राप्त करके दिल्ली में अपनी खुद की ऑडिट फर्म स्थापित की। आठ साल की इस प्रैक्टिस में सीए की हैसियत से उन्होंने इफको व भेल जैसी बड़ी कंपनियों के अकाउंट्स सँभाले, पर वे मलाई के हकदार थे, खुरचन के नहीं। उनकी चाह थी कि उनका अपना उद्योग हो। उद्योग भी ऐसा, जो सबसे अलग हो। उनके ग्राहक भी लोकल नहीं ग्लोबल हों।

## सपने की तलाश में दुनिया घूमे, आखिर में मिले खिलौने

इस गगनचुंबी महत्वाकांक्षा को पूरा करने की दृढ़ इच्छा के साथ कारोबारी पर्यटक की हैसियत से उन्होंने जापान, कोरिया और हांगकांग के मार्केट्स में चक्कर लगाए और मॉस्किटो रिपलेंट व सॉफ़्ट टॉयज को अपने उद्यम के लिए चिह्नित किया। इन दोनों का तुलनात्मक अध्ययन करने पर पाया कि मॉस्किटो रिपलेंट से बड़ा है सॉफ़्ट टॉयज का ग्लोबल मार्केट। ''मैं बच्चों के खिलौने बनाऊँगा''—इस निर्णय पर पहुँचने के बाद अपनी बचत व पिता से प्राप्त 25 लाख रुपए के कर्ज से सन् 1990 में अशोक बंसल ने स्थापित की एक फर्म—टॉय पार्क (इंडिया)।

## मजबूत तने के साथ चतुराई से फैलाई शाखाएँ

अशोक वूलन फैब्रिक्स के खिलौने बनाने व निर्यात करना चाहते थे, पर यह भी चाहते थे कि उनके उत्पाद वर्ल्ड क्लास हों। ऐसे खिलौने बनाने की तकनीक प्राप्त करने के लिए अशोक बंसल ने दक्षिण कोरिया की एक कंपनी हनुंग प्रा.लि. के साथ गठबंधन किया। चतुर वैश्य हैं अशोक बंसल। उन्हें जब लगा कि भारतीय नाम के बजाय विदेशी नाम से कंपनी को निर्यात मार्केट में जल्दी सफलता मिलेगी तो सन् 1991 में उन्होंने अपनी कंपनी का नाम बदल डाला—हनुंग टॉयज। कोरिया में हनुंग शब्द का मतलब है वृक्ष का तना। अशोक बंसल ने एक साक्षात्कार में कहा है कि ''तना मजबूत हो तो वृक्ष तेजी से 'ग्रो' होता है।'' ठीक ऐसा हुआ भी।

## पहले लोकल, फिर ग्लोबल

हवा-हवाई शख़्स नहीं हैं अशोक बंसल। वे होमवर्क करते हैं, जोखिम उठाते हैं और अनिर्णय से बचते हैं। सीमित सावधानी के साथ दाँव लगाने वाले अशोक बंसल

लीक से हटकर सोच वाले उद्यमी भी हैं। सामान्यत: उद्यमी पहले लोकल मार्केट में जगह बनाते हैं फिर ग्लोबल मार्केट में सेंध लगाते हैं। अशोक बंसल ने रिवर्स जर्नी से शुरुआत की।

## यूरोप को समझा, अमेरिका को जाना

इस 'रिवर्स जर्नी' का पहला पड़ाव था यूरोप। यूरोपियन दिग्गज रिटेल शृंखला आईका से 6 लाख रुपए का ऑर्डर प्राप्त करने के लिए छह माह तक अशोक बंसल ने मशक्कत की। जैसे माँगे, वैसे सैंपल बनाए। वे रिजेक्ट हो गए तो फिर बनाए, पर ऑर्डर हासिल करके ही वे चैन से बैठे। इस कसरत के दौरान उन्होंने जाना कि यूरोपियन व अमेरिकन मार्केट में खिलौने बेचना है, तो वे नॉन टॉक्सिक (विषरहित), एजो-फ्री (जंतुहीन फाइबर) होना चाहिए। उनका धागा व सिलाई मजबूत होना चाहिए। उनमें सीसा (लीड) नहीं होना चाहिए। मेटल डिटेक्टर से खिलौने की जाँच के समय भूल से भी उनमें से सुई भी निकल आए तो पूरा कंसाइनमेंट रिजेक्ट हो जाता है। इन छह महीनों में उन्होंने यह भी जाना कि यूरोप के ग्राहक सीधे सौदेबाजी करते हैं, जबकि अमेरिकन ग्राहक मध्यस्थ के जरिए व्यापार करते हैं।

## खिलौनों से पहुँचे घर में, नाम बदला-काम भी बदला

जैसा मार्केट वैसा तरीका अपनाते हुए, अशोक बंसल पाँच साल में शुरुआती संघर्ष से उबर गए तो उन्होंने वाल्ट डिज्नी से डिज्नी कैरेक्टर्स के लाइसेंसी अधिकार प्राप्त किए। सन् 2005 में अमेरिकन मध्यस्थों से उन्हें पता चला कि होम फर्निशिंग मार्केट में संभावना है तो विस्तार करते हुए उन्होंने एक बार फिर अपनी कंपनी का नाम बदल दिया—हनुंग टॉयज ऐंड टेक्सटाइल्स। दिलचस्प बात यह है कि आज कंपनी में होम फर्निशिंग अशोक बंसल का 'ब्रेड बटर बिजनेस' है तो टॉयज उस ब्रेड बटर पर लगने वाला 'जेम'।

## बच्चों ही नहीं दिग्गजों की भी पसंद बने

हनुंग टॉयज ऐंड टेक्सटाइल्स के टर्नओवर में निर्यात आय की हिस्सेदारी घरेलू मार्केट से ज्यादा है। कंपनी के सॉफ़्ट टॉयज भारतीय मार्केट में प्ले-एन-पेट्स और मुसकान ब्रांड तथा होम फर्निशिंग स्प्लेश ब्रांड नेम से लोकप्रिय हैं। प्ले-एन-पेट्स व मुसकान टॉयज के देश में सौ से ज्यादा वितरक हैं। 3000 रिटेल आउटलेट्स भारत में इनकी बिक्री करते हैं। इनमें शामिल है बिग बाजार, शॉपर्स स्टॉप, लाइफ स्टाइल, वेस्टसाइड, पिरामिड, ग्लोबस, लैंडमार्क जैसे दिग्गज रिटेलर। डिज्नी कैरेक्टर के खिलौने

के साथ भारतीय बच्चों के लिए अशोक बंसल हनुमान व मायफ्रेंड गणेशा एनिमेशन फिल्मों के कैरेक्टर वाले खिलौने भी बनाते हैं।

## वर्ल्ड क्लास इंफ्रास्ट्रक्चर से वर्ल्ड क्लास प्रॉडक्ट्स

अशोक बंसल ने 50 मशीन व 100 कर्मचारियों से कारोबार शुरू किया था। आज उनके सॉफ़्ट टॉयज डिवीजन में 900 कर्मचारी एक शिफ़्ट में 20 हजार खिलौने बना रहे हैं। कंपनी के प्रोसेसिंग डिवीजन में 700 कर्मचारी प्रतिदिन 20 हजार मीटर उत्पादन करते हैं। इस डिवीजन में ऐसी वर्ल्ड क्लास मशीनें लगी हुई हैं, जो 120 इंच चौड़े फैब्रिक्स की ज़िलचिंग, डाइंग व 16 रंगों में छपाई कर देती हैं। सन् 2002 में स्थापित फर्निशिंग डिवीजन में 450 श्रमिकों की प्रति शिफ़्ट उत्पादन क्षमता है 3000 नग। हनुंग टॉयज ऐंड टेक्सटाइल को 1500 करोड़ रुपए के होम फर्निशिंग व टॉयज आगामी वर्षों में यूरोपियन व अमेरिकन ग्राहकों को उपलब्ध करवाना है। अशोक बंसल कई बार अंतरराष्ट्रीय, राष्ट्रीय व राज्यस्तरीय निर्यात अवॉर्ड्स से भी नवाजे गए हैं। अशोक बंसल की प्रथम सहयोगी हैं उनकी पोस्ट ग्रेजुएट पत्नी अंजु बंसल। उनके तीनों बच्चे बोर्डिंग स्कूल में शिक्षा प्राप्त कर रहे हैं। सप्ताहांत पर पूरा परिवार मानेसर स्थित फॉर्म हाउस पर इकट्ठा होता है। अशोक बंसल की पसंदीदा जगह है स्विट्जरलैंड व मॉरीशस, पर अंजु बंसल कहती हैं—''फॉर्म हाउस में सप्ताहांत हो या विदेश यात्रा—परिवार साथ हो तो सब जगह समान है।''

> "The more seriously you take your growth, the more seriously your people wii take you."
>
> —John Maxwell

□

द बॉस
सेवक नहीं, स्वामी बनो

# 29

## अंकुर व गौरव भाटिया

# बर्ड ग्रुप

### योग्य माँ-पिता की सुयोग्य संतान

सन् 1971 में विजय भाटिया ने भारत में जर्मनी की ग्लोबल एयरलाइंस लुफ़्थांसा के सेल्स एजेंट की हैसियत से एक छोटी शुरुआत की थी। एक साल बाद उनका विवाह हुआ। पत्नी राधा विवाह पूर्व मेरठ के स्कूल में अध्यापन करती थी। राधा भाटिया ने पति के कारोबार का विज़, कर प्रबंधन के साथ सेल्स व मार्केटिंग पोर्टफोलियो सँभाल लिया। कारोबार को धीरे-धीरे आगे बढ़ाते हुए इस दंपती ने अपने दो पुत्र अंकुर व गौरव का सलीके से लालन-पालन किया। बाराखंभा नई दिल्ली स्थित मॉडर्न स्कूल में पढ़ाई के बाद समय मिलते ही बड़े पुत्र अंकुर अपनी मम्मी-डैड के दफ़्तर पहुँच जाते थे। वहाँ रिसेप्शन ड्यूटी के साथ कंप्यूटर की मदद से फ़्लाइट रिजर्वेशन करने में उन्हें खूब मजा आता था। टेक्नोलॉजी में पुत्र की रुचि देखकर विजय व राधा भाटिया ने अंकुर को लंदन के किंग्स कॉलेज में दाखिला दिलवा दिया।

## पुश्तैनी कारोबार का टर्निंग पॉइंट

अंकुर भाटिया सॉफ़्टवेयर इंजीनियरिंग की जब पढ़ाई कर रहे थे, तब पारिवारिक कारोबार का टर्निंग पॉइंट आ गया। लुफ़्थांसा से विजय भाटिया के कारोबारी रिश्ते इतने गहन थे कि उन्होंने सन् 1992 में लुफ़्थांसा के साथ भारत में प्रोसेसिंग टेलीटाइप रिजेक्ट्स के लिए संयुक्त वेंचर स्थापित किया। इस प्रोजेक्ट का जिम्मा अंकुर भाटिया ने सँभाला और एमाडेउस डेवलपमेंट सेंटर की नाइस स्थित लैब में काम करके इस तकनीक को सीखा व समझा। (प्रोसेसिंग टेलीटाइप रिजेक्ट्स—अलग-अलग कंप्यूटर एक ही फाइल पर काम करते हुए करप्ट हो जाए तो उन्हें फिक्स करने की प्रक्रिया। इस प्रक्रिया में जो समय लगता है, वह ग्राहक सेवा गड़बड़ा देता है। फलत: एयरलाइंस की आय प्रभावित होती है।)

## ट्रेवल आईटी सॉल्यूशंस में अव्वल

ट्रेवल उद्योग को आईटी और सॉफ़्टवेयर सेवा के साथ स्वचालित संचालन परिचालन पद्धति उपलब्ध करवाने के लिए सन् 1994 में भारत में अंकुर एमाडेउस ले आए। एमाडेउस इंडिया के बैनर तले भारतीय ट्रेवल को उन्होंने आईटी व सॉफ़्टवेयर सेवाएँ, प्रॉडक्ट्स व ऑटोमेटेड टूल्स उपलब्ध करवाए। इसके साथ हमारे देश में भी वेब आधारित ग्राहक हितैषी एयरलाइन टिकट बुकिंग की शुरुआत हुई। बर्ड ग्रुप ने इस न्यू टेक्नोलॉजी सेवा को इतने सलीके से संचालित किया कि ट्रेवल ट्रेड को आईटी सॉल्यूशंस उपलब्ध करवाने में सबसे अव्वल हो गई। आज इस मार्केट के 50 फीसदी हिस्सेदारी पर बर्ड ग्रुप का कब्ज़ा है। (दूसरे क्रम पर इंटरग्लोब की गैलीलियो)। बर्ड ग्रुप कई एयरलाइंस होटल व ट्रेवल एजेंट्स के बुकिंग नेटवर्क में भी भागीदार है। 40 कार्यालय, 5500 कर्मचारी व 500 कॉरपोरेट क्लाइंट्स के साथ बर्ड ग्रुप का टर्नओवर 600 करोड़ रुपए हो गया है। राधा भाटिया बर्ड ग्रुप की चेयरपरसन हैं तो अंकुर भाटिया कंपनी के मैनेजिंग डायरेक्टर।

## छोटे ने दौड़ाई बीएमडब्ल्यू की गाड़ी

न्यू जनरेशन उद्यमी बड़े पुत्र अंकुर ने माँ-पिता की छोटी शुरुआत को बड़े मुकाम पर पहुँचाया तो छोटे पुत्र गौरव भाटिया ने बर्ड ग्रुप को अन्य संबद्ध क्षेत्रों में एंट्री दिलवाई। कारों के शौकीन गौरव ने सन् 2007 में महँगी लग्जरी कार बीएमडब्ल्यू की दिल्ली की डीलरशिप ली और इतनी कारें बेची कि भारत में बीएमडब्ल्यू की कुल बिक्री में वे सबसे अव्वल हो गए। अब वे बीएमडब्ल्यू के रिसेल कारोबार की शुरुआत करने जा रहे हैं, यानी पुरानी कार खरीदेंगे और उसे सजा-सँवारकर वारंटी के साथ बेचेंगे।

## ऊँची उड़ान की तैयारी में बर्ड ग्रुप

बर्ड ग्रुप ने लंदन की रॉयल पार्क होटल को खरीदकर आतिथ्य सत्कार उद्योग में भी एंट्री ले ली है। अंकुर भाटिया ने सन् 2012 में आयोजित होने वाले ओलंपिक को ध्यान में रखकर यह निवेश किया था। इसके अलावा बर्ड ग्रुप दिल्ली, गोवा, ऋषिकेश व जयपुर में भी 1800 करोड़ रुपए लागत की पाँच होटल प्रॉपर्टी तैयार कर रहा है। कंपनी ने अतिथि ग्राहकों को बेहतर सेवा देने के लिए ग्लोबल होटल शृंखला डूसिट के साथ भी गठबंधन किया है। इस परियोजना के तहत वे 50 कमरों का फाइव स्टार होटल बना रहे हैं। दिल्ली एयरपोर्ट के पास डूसिट-टू शीघ्र शुरू होने की उज़्मीद है। यहाँ 216 कमरों के साथ थिएटर भी होगा।

समूह की एक सहयोगी कंपनी बर्ड वर्ल्ड वाइड ज़्लाइट सर्विस इंडिया (बीडज़्ल्यूएफएस) निजी क्षेत्र में देश की पहली कंपनी है, जो इंदिरा गांधी इंटरनेशनल एयरपोर्ट दिल्ली में ग्राउंड हैंडलिंग सेवा प्रदान करती है। इसके तहत एयरलाइंस के लिए चेक-इन, टिकटिंग, पैसेंजर आगमन-निकासी, बैगेज सेवा, एयरक्राज़्ट लोडिंग-अनलोडिंग, केबिन क्लीनिंग, टॉयलेट व वाटर सर्विसिंग, कार्गो रिजर्वेशन जैसी कई सहायक सेवाएँ प्रदान करना आसान हुआ है।

इंटरनेशनल एयरपोर्ट दिल्ली के अलावा बीडज़्ल्यूएफएस कोच्चि एयरपोर्ट की ग्राउंड हैंडलिंग जवाबदेही भी सँभालती है तो बेंगलुरु से हर माह उड़ान भरनेवाले 2700 ज़्लाइट्स की कंपनियों की भी सेवा करती है।

## माँ भी पीछे नहीं, बनाए 20 हजार प्रोफेशनल्स

पति व पुत्रों से माँ भी पीछे नहीं रही है। एक दशक पहले राधा भाटिया ने कनॉट प्लेस दिल्ली में बर्ड अकादमी स्थापित की है, जिसने ट्रेवल और टूरिज़्म सेक्टर को 20 हजार से ज्यादा प्रशिक्षित प्रोफेशनल्स उपलज़्ध करवाए हैं। पति-पत्नी और पुत्रों ने साबित किया है कि सब साथ-साथ कारोबार करें, पर अपने अलग-अलग पोर्टफोलियो कर्मठता से सँभाले तो एक छोटी शुरुआत बड़े कारोबार में बदली जा सकती है। शर्त है परस्पर तालमेल के साथ स्वविवेक से स्वतंत्र निर्णय लेने की सबको छूट पर जोखिम में संयुक्त हिस्सेदारी।

''गोल्डरश के दौरान एक शख़्स ने सोने की खुदाई करके अमीर बनने का स्वप्न देखा। वह कुदाली-फावड़ा लेकर जमीन के कालोरेडो के एक टुकड़े पर खुदाई करने में जुट गया। कई सप्ताह की मेहनत के बाद उसे चमकते हुए स्वर्ण की झलक दिखाई दी। अब उस सोने को सतह तक लाने के लिए मशीनों की जरूरत थी। उसने खदान का मुँह ढक दिया और अपने घर में लौट गया। उसने अपने रिश्तेदारों और कुछ दोस्तों को 'सोना मिलने' के बारे में बताया। उन सबने एकजुट होकर मशीनों को खरीदने के लिए आवश्यक धन जुटाया। सोने को सतह पर लाया गया और कच्ची धातु की पहली खेप को स्मेल्टर तक पहुँचाया गया। वहाँ यह पता चला कि उनकी खदान कालोरेडो की सबसे बढ़िया खदान थी। इस जानकारी के बाद आशाएँ आसमान छूने लगीं। तभी अचानक सोने की झलक गायब हो गई। वे खोदते रहे, परंतु उनकी मेहनत बेकार गई। आखिरकार उसने एक कबाड़ी को मशीनें कौड़ियों के मोल बेच दी और ट्रेन पकड़कर वापस घर लौट आए। कबाड़ी ने एक माइनिंग इंजीनियर को बुलवाकर खदान का इंस्पेक्शन करवाया। इंजीनियर ने बताया कि खदान के बीच में फाल्ट लाइन आ गई है। खुदाई करें, सोना मिलेगा। यही हुआ। उस स्थान से मात्र तीन फीट नीचे सोना निकला। सफलता के नजदीक पहुँचते ही अकसर असफलता का सामना करना पड़ता है। जो मैदान नहीं छोड़ते, वे सोना पाते हैं।''

□

# द बॉस
## सेवक नहीं, स्वामी बनो

# 30

प्रदीप-अंकित चोना

# हैवमोर फूड्स

### हाथ ठेले से जनमे आइसक्रीम पार्लर

देश विभाजन के साथ सबकुछ गँवा देनेवाले विस्थापित परिवारों ने तिनका-तिनका जोड़कर आजाद भारत में जो संपन्नता कमाई है, वह इस बात की मिसाल है कि पहली पारी की हार से हार नहीं मानने वाले ही अंततः विजयी होते हैं। 'और लीजिए' यानी हैवमोर नाम से विस्थापित सतीश चोना ने हाथ ठेले पर आइसक्रीम बेची। आज उनके पुत्र प्रदीप व पौत्र अंकित रोज दो लाख लीटर आइसक्रीम बेच रहे हैं। हैवमोर आइसक्रीम पार्लर व रेस्राँ शृंखला का सालाना टर्नओवर 300 करोड़ रुपए हो गया है।

### ग्रेट मैकेनिक है—'द गॉड'

मनुष्य को विधाता ने शातिर मस्तिष्क दिया तो चलायमान मन पर इन सबसे बड़ी चीज बनाई हमारे मन-मस्तिष्क में 'विस्मृति सिस्टम'। हमारे पास भूलने की क्षमता न होती तो जीवन नरक हो जाता। आजादी के बाद देश विभाजित हुआ। लाखों परिवार इधर

से उधर शिफ़्ट हुए। इस अफरा-तफरी में कई परिवारों ने अपने प्रियजन खोए और खोई पुश्तैनी चल-अचल संपदा और अपने व्यापार-व्यवसाय। समय के साथ वे सब भूल गए। आजाद भारत में इन विस्थापितों की तिनका-तिनका जोड़कर एक बार फिर संपन्न होने की कई रीयल लाइफ स्टोरीज हमने सुनी व पढ़ी हैं। ऐसा ही एक विस्थापित उद्यमी परिवार है अहमदाबाद के हैवमोर ब्रांड आइसक्रीम व रेस्ग्राँ शृंखला के संस्थापक व संचालक चोनाज।

## कराची में लुटे, आइसक्रीम के लिए बिके पत्नी के जेवर

विभाजन के पूर्व इस परिवार के मुखिया सतीश चोना कराची में ब्रिटिश ओवरसीज एयरलाइंस में ग्राउंड इंजीनियर थे। अच्छी शिक्षा के कारण वे सुरक्षित नौकरी कर रहे थे, पर उनका उद्यमी मन-मस्तिष्क बेचैन रहता था। वे चाहते थे अपना व्यवसाय। नौकरी के बाद वे अपने अंकल के घर पहुँच जाते, जहाँ हैंड क्रोकिंग मशीन से कई फ़्लेवर्स की आइसक्रीम बनती थी। सतीश चोना ने सन् 1944 में एक रोड साइड पार्लर खोला और होममेड आइसक्रीम 'हैवमोर' ब्रांड नेम से बेचने लगे। विभाजन ने इस कोशिश को बड़ा होने से पहले ही बरबाद कर दिया। सबकुछ गँवाकर सतीश चोना कराची से देहरादून पहुँचे। यहाँ भी वे होममेड आइसक्रीम बेचने लगे, पर उन दिनों बारहमासी आइसक्रीम खाने का चलन नहीं था। देहरादून तो हिल स्टेशन है। सतीश चोना देहरादून से इंदौर आए, पर दुर्दिनों ने पीछा नहीं छोड़ा। वेंडिंग मशीन के सौदे में धोखाधड़ी हुई और सतीश चोना ने जो था, वह भी गँवा दिया। 1950 के दशक में वे अहमदाबाद पहुँचे, पर खाली हाथ। सतीश चोना ने पत्नी के जेवर बेचे और रेलवे स्टेशन के नजदीक होममेड आइसक्रीम हाथ ठेले पर बेचने लगे। इस हाथ ठेले की उन्होंने ब्रांडिंग की 'हैवमोर' और पंच लाइन बनाई 'अच्छाई, सच्चाई, सफाई।'

## 'अच्छाई, सच्चाई, सफाई' के लिए शर्तें और इंतजार

पुरुषार्थ को तीन साल भाग्योदय की प्रतीक्षा करनी पड़ी। सतीश चोना ने धैर्य नहीं खोया। सन् 1953 में अहमदाबाद के एक मिल मालिक केशूभाई सेठजी एक शर्त के साथ रिलीफ रोड पर उन्हें एक दुकान किराए पर देने को तैयार हो गए। केशूभाई की शर्त थी—वे शाकाहारी आहार ही बेचेंगे। अंडे भी उपयोग नहीं करेंगे। सतीश चोना ने इस अवसर को लपका और एक रेस्ग्राँ व आइसक्रीम पार्लर खोला। अच्छा व सुस्वादु खाना

पकानेवाली उनकी पत्नी निर्मला ने रेस्त्राँ का किचन सँभाला। सतीश चोना कराची में अपने अंकल-आंटी से सीखे अलग-अलग फ़्लेवर के आइसक्रीम बनाने लगे। हैवमोर रेस्त्राँ पंजाबी डिशेज—छोले भटूरे, समोसा और दही-बड़ा के लिए भी मशहूर हो गया।

## परिवार बना सहयोगी, विस्तार हुआ चौगुना

70 के दशक तक पति-पत्नी ने यह रेस्त्राँ और आइसक्रीम पार्लर चलाकर अपने बच्चों को अच्छी शिक्षा दिलवाई। स्नातक डिग्री लेने के बाद उनके पुत्र प्रदीप व्यापार में सहयोगी बने। प्रदीप चोना ने कारोबार विस्तार की मंशा से एक भागीदार के साथ सिटी टाउन हॉल के परिसर में एक जगह किराए पर प्राप्त की और यहाँ दो आउटलेट्स खोले—हैवमोर टाउन हॉल और हैवमोर कृष्णा। यह सिलसिला रंग लाता इसके पहले ही नगर निगम ने टाउन हॉल परिसर स्थित रेस्त्राँ बंद करवा दिया। इसके साथ भागीदारी भी समाप्त हो गई।

प्रदीप चोना जानते थे कि हैंड क्रेकिंग मशीन से वे सीमित ग्राहकों तक ही पहुँच पाएँगे। सन् 1991 में उन्होंने नरोडा (अहमदाबाद) में 75 हजार लीटर दैनिक क्षमता का एक मैकेनाइज्ड संयंत्र स्थापित किया और डिस्ट्रिब्यूशन नेटवर्क स्थापित करने की रणनीति बनाई। हैवमोर की पंच लाइन में प्रदीप चोना ने एक शब्द और जोड़ा—'अच्छाई, सच्चाई, सफाई और नवु सु छे यानी नया क्या है?' प्रदीप के पुत्र अंकित चोना भी कारोबार से जुड़े तो दोनों की पत्नियाँ रेखा व गायत्री ने भी सहयोग प्रदान किया। प्रदीप चोना की पत्नी रेखा ने सेप प्रोजेक्ट व फाइनेंस पोर्टफोलियो सँभालने के साथ नई रेसिपीज जोड़ी। अंकित चोना की डायटीशियन पत्नी गायत्री ने डाइट मैन्यू तैयार किया।

## अनूठे स्वाद पर नहीं भूले 'अच्छाई, सच्चाई, सफाई'

चोनाजी की नई पीढ़ी ने अहमदाबाद व वडोदरा में अपनी आउटलेट श्रृंखला बड़ी करने के साथ सेंट्रलाइज्ड किचन सिस्टम लागू किया। हैवमोर रेस्त्राँ पंजाबी के साथ वे मुगलाई, दक्षिण भारतीय, चायनीज व इंटरनेशनल डिशेज सर्व करने लगे हैं। आइसक्रीम पार्लर में जो नए फ़्लेवर के आइसक्रीम लॉञ्च किए, उनमें अभिनव प्रयोग की मिसाल है—डाइट आइसक्रीम, नॉन अल्कोहलिक व्हिस्की फ़्लेवर्ड आइसक्रीम।

आज हैवमोर के 100 प्रमुख आउटलेट्स हैं तो 20,000 से ज्यादा रिटेलर्स। नरोडा संयंत्र दो लाख लीटर आइसक्रीम रोज बना रहा है। हैवमोर रेस्त्राँ व आइसक्रीम पार्लर ने

2006-07 में करीब 63 करोड़ रुपए का कारोबार किया था, जो अब लगभग 300 करोड़ हो गया है। हैवमोर के चेयरमैन प्रदीप चोना के अनुसार अहमदाबाद के आइसक्रीम मार्केट में हमारी हिस्सेदारी 35 फीसदी है। हैवमोर आइसक्रीम और रेस्राँ शृंखला के संस्थापक सतीश चोना के बिजनेस मंत्र—'अच्छाई, सच्चाई, सफाई' का आज भी कड़ाई से अनुपालन करते हैं।

"Chase your customers and not competitors."

□

द बॉस
सेवक नहीं, स्वामी बनो

# 31

सुदेश मेनन

## वाटरलाइफ इंडिया

### पैसा भी पाएँ और शाबाशी भी

भारत की युवा फौज ने बुद्धिबल से संपन्न व विकसित देशों को ऐसा पानी पिलाया है कि अमेरिका के राष्ट्रपति बराक ओबामा अपने देश के युवाओं को चेताने लगे कि पढ़ो अन्यथा कल उन भारत व चीन के लोगों की नौकरी करनी पड़ेगी, जिन्हें तुम आज नौकरी देते हो। यह युवा पीढ़ी अपनी मातृभूमि को अपनी कर्मभूमि बना ले तो क्या करिश्मा कर सकती है, इसकी मिसाल है—एक छोटी पर अद्‌भुत कंपनी वाटरलाइफ। महज़्वपूर्ण यह नहीं है कि 25 करोड़ रुपए वर्थ की वाटरलाइफ इंडिया सालाना कितना कारोबार कर रही है, पर गौरतलब यह है कि इसके युवा प्रमोटरों ने अपने और अपने जैसे अन्य उद्यमियों के लिए संभावना के विशाल सागर में सेंध लगाई है। प्रेरणास्पद यह भी है कि वाटरलाइफ के तीन प्रमोटरों ने ग्लोबल जॉब मार्केट में शानदार हैसियत व बेहतर अवसरों को ठुकराकर ऐसा उद्यम शुरू किया है, जो 'सर्वे भवंतु सुखिन:' के सोच को पुज़्ता करता है।

## पानी का मूल्य समझा, बनाई वाटरलाइफ इंडिया

भारतीय दर्शन में प्यासे को पानी पिलाना पुण्य माना गया है। पुण्य अर्जित करने के अभिलाषी सड़क किनारे आज भी ग्रीष्म ऋतु में प्याऊ लगाते हैं और राहगीरों को अपने हाथों से निःशुल्क शुद्ध व शीतल जल पिलाते हैं। हमारे देश की बहुसंज़्यक आबादी शुद्ध पेयजल न मिलने से कई रोगों का शिकार हो रही है। भारतीय गाँवों की तो यह सबसे विकट समस्या है। विश्व बैंक ने भी माना है—दुनिया की एक अरब से ज्यादा आबादी को शुद्ध व सुरक्षित पेयजल नहीं मिल रहा है। अस्पतालों में सर्वाधिक रोगी वे हैं, जो अशुद्ध जल के सेवन से बीमार होते हैं। इस सर्वविदित सच को आईआईटी खड़गपुर के बी.टेक. व मैनेजमेंट डिग्री प्राप्त सुदेश मेनन ने नजदीक से देखा व समझा और सन् 2006 में स्थापित की वाटरलाइफ इंडिया।

## कॉरपोरेट नौकरी के लालच में संकल्प से नहीं डिगे

तकनीकी व प्रबंधकीय शिक्षा (बी.टेक. व बिजनेस मैनेजमेंट डिग्री) प्राप्त करने के बाद सुदेश मेनन ने बहुराष्ट्रीय कंपनियों से अपना कॅरियर शुरू किया था। सन् 2006 में वे जनरल इलेक्ट्रिक के मलेशिया व्यापार के कंट्री मैनेजर थे, जो पदोन्नति के साथ सिंगापुर स्थानांतरित किए गए थे। डॉ. रेड्डीज लेबोरेट्रीज के संस्थापक-चेयरमैन अंजी रेड्डी ने उन्हीं दिनों उन्हें भारत बुलाया और कहा कि वे यूएस की वाटर हेल्थ इंटरनेशनल इंडिया के सीईओ का दायित्व सँभालें, जिसका लक्ष्य है भारत की ग्रामीण आबादी को शुद्ध पेयजल उपलज़्ध करवाना। सुदेश मेनन को इस सोच ने प्रभावित किया, पर इस सोच के क्रियान्वयन के तौर तरीके ने उन्हें बहुत जल्दी यह नौकरी छोड़ने पर विवश कर दिया। सुदेश मेनन चाहते तो फिर ग्लोबल कॉरपोरेट वर्ल्ड में लौट सकते थे, पर वे इस संकल्प से नहीं डिगे कि वे देश की गरीब ग्रामीण आबादी को कम-से-कम मूल्य पर शुद्ध जल उपलज़्ध करवाएँगे।

## मिले तीन दोस्त, मुश्किलें हुईं आसान

संकल्प जितना जनहितैषी था, उतना ही जोखिमभरा। भारत की बहुसंज़्यक आबादी शहरी हो या ग्रामीण तब पानी खरीदकर पीने को तैयार नहीं थी और मुज़्त में उन्हें शुद्ध व सुरक्षित पानी उपलज़्ध करवाना, सुदेश मेनन के बूते की बात नहीं थी। उन्होंने अपने ही जैसे दो मित्र—मोहन रनबौरे व इंद्रनील दास से संपर्क किया। मुंबई विश्वविद्यालय से एम.एस.सी. (केमिस्ट्री) शिक्षा प्राप्त मोहन रनबौरे जेरॉक्स इंडिया के नेशनल डायरेक्टर रहे तो उन्होंने वाटर हेल्थ इंटरनेशनल इंडिया में सेल्स हेड की जवाबदेही भी सँभाली थी।

जेवियर इंस्टीट्यूट ऑफ मैनेजमेंट, भुवनेश्वर से एमबीए डिग्री प्राप्त इंद्रनील दास प्रॉक्टर ऐंड गैंबल, एचसीएल, जेरॉक्स जैसी प्रतिष्ठित कंपनियों में अनुभव प्राप्त करने के बाद वाटर हेल्थ इंडिया में कार्यरत थे।

## बिना शुल्क का ब्रांड एंबेसडर बनाकर समझ बढ़ाई

सुदेश मेनन ने अपने सोच व संकल्प को अपने इन मित्रों से शेयर किया तो भारी दिमागी कसरत के बाद निष्कर्ष निकला कि ग्रामीण अंचल में छोटे-छोटे टेलरमेड ऐसे जल शुद्धीकरण संयंत्र स्थापित किए जाएँ जो नाइट्रेट व फ़्लोराइड की अधिक मात्रा पानी से निकाल दे। इस शुद्ध जल को कम-से-कम मूल्य पर ग्रामीण आबादी को उपलब्ध करवाने का तरीका खोजा गया—'लोग जल शुद्धीकरण संयंत्र पर आएँ और शुद्ध जल भरकर ले जाएँ।' सुदेश मेनन ने एक साक्षात्कार में कहा है—"लोगों को शुद्ध पानी का न्यूनतम शुल्क चुकाने के लिए तैयार करना भी तब एक कठिन काम था। हमने स्थानीय शिक्षित लोगों को चिह्नित किया और उन्हें बिना शुल्क का ब्रांड एंबेसडर बनाते हुए इस बात के लिए तैयार किया कि वे लोगों को समझाएँ कि शुद्ध जल का जो मोल वे चुकाएँगे, वह उन्हें भारी खर्च व कष्ट से बचाएगा। उन्हें कई गैर जरूरी चिकित्सा पर खर्च नहीं करना पड़ेगा।" सुदेश मेनन कहते हैं कि यह कम मुनाफे का व्यापार है, पर इसकी सफलता ज्यादा ग्राहक बनाने पर ही संभव है।

## नाममात्र के खर्च पर शुद्ध पानी

सन् 2008 में कोलकाता के नजदीक सुकांतनगर में वाटरलाइफ ने अमेरिका व यूरोप से आयातित पहला मिनी जल शुद्धीकरण संयंत्र स्थापित किया, जिसने 150 गाँवों की ग्रामीण आबादी को दस लीटर शुद्ध जल 3 रुपए कीमत पर और 20 लीटर शुद्ध जल 5 रुपए कीमत पर बेचना शुरू किया। आज 30 हजार से 1,20,000 लीटर क्षमता के 2000 वाटरलाइफ जल शुद्धीकरण संयंत्र आठ राज्यों (10 कार्यालय) के 15 लाख लोगों को सुरक्षित पेयजल उपलब्ध करवा रहे हैं। सुदेश मेनन का लक्ष्य है सन् 2020 तक वाटरलाइफ इंडिया की यह जनहितैषी सुविधा सारे देश में उपलब्ध हो। जल शुद्धीकरण संयंत्रों में से कई का संचालन स्थानीय लोगों को फ्रेंचाइजी आधार पर सौंपा गया है। इनकी देखरेख वाटरलाइफ इंडिया करती है। कम-से-कम लागत में जल शुद्धीकरण के लिए वाटरलाइफ ग्रीन टेक्नोलॉजी व वाटर हार्वेस्टिंग सिस्टम का उपयोग करती है।

## रास्ता लंबा है...मंजिलें अभी और भी हैं

वाटरलाइफ के इस जनहितैषी उद्यम में आविष्कार वेंचर मैनेजमेंट सर्विसेस ने 2 करोड़ रुपए निवेश किए हैं। माइकल ऐंड सुसेन डेल फाउंडेशन ने भी वाटरलाइफ के 5

फीसदी कन्वर्टिबल डिवेंचर खरीदे हैं। आविष्कार के संस्थापक व प्रबंध निदेशक विनीत राय तो इस जन कल्याणकारी अभियान से इतने प्रभावित हुए हैं कि वे वाटरलाइफ के नियंत्रक मंडल में शामिल हो गए हैं। वाटरलाइफ के प्रमोटर इस समर्थन को सराहते हैं, पर कहते हैं कि यह अपर्याप्त है। वाटरलाइफ को भारत के 6 लाख से ज्यादा गाँव, 1.20 लाख सरकारी अस्पताल, एक लाख स्कूल और 65 हजार रेस्राँ तक पहुँचाना है। 18400 करोड़ रुपए के इस जनहितैषी कारोबार को ऐसे हजारों उद्यमी चाहिए, जो कस्बों व गाँवों में जल शुद्धीकरण संयंत्र का संचालन करें।

ऐसा हुआ भी है। वाटरलाइफ इंडिया 20 लीटर शुद्ध व सुरक्षित जल 5 रुपए (प्रति लीटर 25 पैसे) में उपलज़्ध करवाकर अशुद्धि से होनेवाले रोगों से जनसाधारण को बचा रही है। गैर जरूरी चिकित्सा खर्च से बचने के कारण वे लोग भी इस सेवा का उपयोग करने लगे हैं, जो कभी पेयजल पर पैसा खर्च करना पसंद नहीं करते थे। यही नहीं, सुदेश मेनन, मोहन रणबौरे और इंद्रनील दास ने एक अभिनव उद्योग की शुरुआत करके रोजगार के भी अवसर बढ़ाए हैं। कई युवा वाटरलाइफ इंडिया के जल शुद्धीकरण संयंत्र से 25 लीटर शुद्ध जल 5 रुपए में खरीदते हैं और अपनी मार्जिन के साथ ग्राहकों के घर पहुँचाकर हर माह 5 से 6 हजार रुपए कमा रहे हैं। इनोवेशन मानसिकता के धनी इन तीनों उद्यमियों ने एक और अभिनव पहल की है। वे हैंडपंप पर ही ज़्लोराइड व आर्सेनिक रिमूवल यूनिट लगाने लगे हैं, ताकि स्रोत से ही शुद्ध व सुरक्षित जल मिले। वाटरलाइफ इंडिया ने 500 हैंडपंप्स पर यह रिमूवल यूनिट लगा दी है। सुदेश मेनन कहते हैं कि वाटरलाइफ इंडिया का कारोबार सालाना 300 फीसदी की दर से बढ़ रहा है। यही नहीं, सन् 2012 में मैक्सिको में आयोजित जी-20 शीर्ष सज़्मेलन (Summit) में वाटरलाइफ इंडिया को इनक्लूसिव बिजनेस इनोवेटिव कंपनी के रूप में मान्यता मिली है। इस ग्लोबल अवॉर्ड के लिए दुनिया की 300 कंपनियों को चिह्नित किया गया था। वाटरलाइफ इंडिया इन सबमें यंगेस्ट थी।

निःसंदेह देश के छह लाख से ज्यादा गाँवों तक पहुँचना आसान नहीं है, पर आत्मविश्वास से सराबोर सुदेश मेनन तो इंडोनेशिया व सिंगापुर तक पहुँचना चाहते हैं। उन्हें उज़्मीद है कि स्थानीय युवक इस जनकल्याणकारी उद्यम से जुड़ेंगे और सन् 2015 में वॉटरलाइफ का सालाना टर्नओवर 400 करोड़ से ज्यादा हो जाएगा।

> "It requires vision, initiative, patience, respect, persistence, courage, and faith to become change catalyst."

□

## इन्हें भी जानें

# मनोज भार्गव

**कॉलेज ड्रॉप आउट**
**संपदा-4 बिलियन डॉलर**
**( करीब 220 अरब रुपए )**

लखनऊ के एक संपन्न परिवार में जनमे हैं मनोज भार्गव। सन् 1967 में उनके पिता ने व्हार्टन स्कूल को पी-एच.डी. के लिए जॉइन किया तो 14 वर्ष की उम्र में मनोज भी अमेरिका पहुँच गए। यहाँ प्रिंसटोन यूनिवर्सिटी के स्नातक कोर्स के पहले ही वर्ष में वे ऊब गए और सन् 1974 में भारत आ गए। यहाँ हंसलोक आश्रम में 12 वर्ष तक उन्होंने ध्यान साधना की। पैसे खर्च हो जाते तो वे अमेरिका चले जाते। टैक्सी चलाकर, मजदूरी करके, अकाउंट्स लिखकर और प्रिंटिंग प्रेस में नौकरी करके पैसा कमाते और लौट आते। सन् 2003 में एक नेचुरल प्रोडक्ट्स फेयर में मनोज माथुर ने एक एनर्जी ड्रिंक का सेवन किया तो उन्हें अद्भुत ऊर्जा का आभास हुआ। उन्होंने एक कंपनी स्थापित की लिविंग एसेंसियल्स। सन् 2004 में इस कंपनी ने कैफीन विटामिंस व न्यूट्रीएंट्स से बना एक एनर्जी ड्रिंक लॉन्च किया—फाइव ऑवर एनर्जी। इस ड्रिंक ने अमेरिकन एनर्जी शॉट मार्केट के दिग्गज रेडबुल, रॉक स्टार से लेकर कोक व पेप्सी के मार्केट में ऐसी सेंध लगाई है कि वे आज फाइव ऑवर एनर्जी की 3 डॉलर मूल्य की सालाना 50 करोड़ बोतल बेच रहे हैं। फाइव ऑवर एनर्जी से मनोज भार्गव ने जो संपदा कमाई, उससे स्थापित की है—जल शुद्धीकरण कंपनी सेनटेरा वाटर, इंवेस्टमेंट फर्म ईटीसी कैपिटल, ज़्यूल एफिसिएंट उत्पाद कंपनी स्टेज-2 इनोवेशंस, मेडिकल डिवाइसेस बनाने वाली माइक्रोडोस लाइफ साइंसेस और रेल रोड व फ्रेट टर्मिनल कंपनी यूएस रेल।

□

# 32

## फणिंद्र सामा

# रेडबस

### समस्या है तो समाधान भी होगा

एक आकलन के अनुसार करीब 100 करोड़ भारतीय परिवहन के लिए सड़क पर निर्भर हैं, जबकि हमारे देश में 1000 यात्रियों के लिए मात्र एक बस ही उपलब्ध है। इसके विपरीत हमारे जैसे ही बहुसंख्यक देश चीन में हर एक हजार व्यक्तियों के लिए सात बसें हैं। बसों की कमी के साथ उनके असंगठित क्षेत्र द्वारा केवल मुनाफे के लिए संचालन के कारण आम आदमी के लिए बस टिकट व सीट प्राप्त करना एक बड़ी समस्या है। बिट्स पिलानी से इंजीनियरिंग शिक्षा प्राप्त फणिंद्र सामा ने अगस्त 2006 में अपने दो मित्र चरण पद्‌माराजू और सुधाकर पासुपुनुरी के साथ बस टिकटिंग कंपनी रेडबस स्थापित करके इस समस्या का सहज समाधान खोजा है। पिछले साल रेडबस ने 50 लाख लोगों को ऑनलाइन बस टिकट उपलब्ध करवाए हैं। इन यात्रियों में कई युवा थे, जिन्हें साक्षात्कार के लिए पहुँचना था तो कई को अपने बीमार माँ-पिता को अटैंड करना था।

## समस्या की तह में गोता

फणिंद्र सामा, सुधाकर पासुपुनुरी और चरण पद्मा राजू ने साथ-साथ बिट्स पिलानी से इंजीनियरिंग डिग्री प्राप्त की और वे तीनों बेंगलुरु में नौकरी करने लगे। टेक्सास इंस्ट्रूमेंट्स बेंगलुरु में नौकरी करते हुए सन् 2005 में दीपावली के अवसर पर फणिंद्र सामा बेंगलुरु से हैदराबाद जाना चाहते थे, पर उन्हें रेलवे रिजर्वेशन व बस टिकट नहीं मिले। बिट्स में पढ़ाई करते हुए फणिंद्र ने सीखा था कि असली इंजीनियर वह है जो समस्या को नजरअंदाज नहीं करे, बल्कि उसे समझे और सुलझाए। तदनुसार इस जिद्दी टेक्नोक्रेट ने अपने दोनों मित्रों के साथ बस टिकट न मिलने की समस्या की तह में जाने का निर्णय लिया। वीकेंड पर तीनों मित्रों ने बस ऑपरेटर्स और एजेंट्स से बात की तो समस्या के कई पहलू उजागर हुए। जैसे बस के टिकटों की बिक्री में पारदर्शिता नहीं है। एक बस ऑपरेटर के लिए कई एजेंट टिकट बेचते हैं, पर वे नहीं जानते कि किस बस के कितने टिकट उपलब्ध हैं। जब कोई यात्री उनके पास रिजर्वेशन करवाने पहुँचता है तो वे पहले ऑपरेटर्स से सीट स्टेटस पता करते हैं। बुकिंग एजेंट यह भी नहीं जानते कि रूट पर कितनी अन्य बसें चल रही हैं और उन्हें कौन चला रहा है। टिकट की प्राइजिंग को लेकर भी उन्होंने घनघोर अराजकता पाई। जैसे दीपावली या रक्षाबंधन पर बस किराया बढ़ जाता है और लोगों को दोगुना किराया देने पर भी टिकट नहीं मिलता। फणिंद्र की टीम ने यह भी जाना कि जो एजेंट ज्यादा टिकट बेचता है, उसे बस ऑपरेटर से ज्यादा कमीशन मिलता है। बस के रिटर्न टिकट तो मिलते ही नहीं हैं।

## समाधान बताया तो लोगों ने कहा—शेखचिल्ली

फणिंद्र सामा और उनके मित्रों ने इसके बाद नौकरी करते हुए ही वीकेंड पर दो सॉफ्टवेयर विकसित किए—'बॉस और सीट सेलर'। वे तीनों कॉरपोरेट वर्ल्ड में तब अच्छी नौकरी कर रहे थे और उनकी ऐसी कोई मंशा नहीं थी कि ऑनलाइन टिकट को अपना व्यवसाय बनाएँगे, अतः उन्होंने बस ऑपरेटर्स और एजेंट्स को समझाया कि वे उनके सॉफ्टवेयर का उपयोग करें तो उनके व्यापार में पारदर्शिता आएगी। उनका मुनाफा बढ़ेगा। लाखों लोगों की सुविधा बढ़ेगी। बस ऑपरेटर सिस्टम को बदलने के लिए तैयार नहीं हुए। उनका कहना था कि स्टाफ और एजेंट्स ही नहीं हमारे ग्राहकों को भी कंप्यूटर का वर्किंग नॉलेज नहीं है। हमारे देश में लोग इंटरनेट का उपयोग नहीं करते और ऑनलाइन पेमेंट करना पसंद नहीं करते। आप शेखचिल्ली हैं, जो ऑनलाइन बस टिकट बेचने की सलाह दे रहे हैं। यह सब सुनकर फणिंद्र सामा और उनके मित्र हताश नहीं हुए, बल्कि उन्होंने रतन टाटा के इस बिजनेस मंत्र को अपनाया—"मैं सही समय पर सही

निर्णय लेने की प्रतीक्षा के बजाय निर्णय ले लेता हूँ और फिर उसे सही साबित करने में जुट जाता हूँ।"

## छोड़ी नौकरी और स्थापित की रेडबस

बस ऑपरेटर्स द्वारा उनके सॉफ़्टवेयर 'बॉस व सीट सेलर' से बस टिकटों की बुकिंग मना करने के बाद फणिंद्र सामा व उनके मित्रों ने कॉरपोरेट वर्ल्ड की शानदार पे-पैकेज की नौकरी छोड़ी और स्थापित की एक कंपनी रेडबस। ऑनलाइन बस टिकटों की बुकिंग के सॉफ़्टवेयर तो उन्होंने खुद विकसित कर लिए थे, पर ग्राहकों तक पहुँचने के लिए कॉल सेंटर खोले और उनके संचालन के लिए ओपन सोर्स सॉफ़्टवेयर एस्टेरिक को चुना। रेडबस के आईटी इंफ्रास्ट्रक्चर के लिए फणिंद्र सामा की टीम ने क्लाउड प्लेटफॉर्म का उपयोग किया, जिसके बारे में तब लोग ज्यादा नहीं जानते थे। रेडबस के 90 सर्वर्स आज क्लाउड प्लेटफॉर्म की मदद से काम कर रहे हैं। इन आईटी सुविधाओं ने रेडबस की लागत 40 फीसदी घटा दी है।

## एक करोड़ चाहा था, हो गए 100 करोड़

फणिंद्र सामा ने एक साक्षात्कार में कहा है कि रेडबस के लिए बिजनेस प्लान बनाते समय हमने तय किया था कि जिस दिन हम एक करोड़ रुपए के टिकट बेचेंगे, उस दिन सेलिब्रेट करेंगे। मैं खुश हूँ कि आज देश के 15 राज्यों के सात हजार से ज्यादा बस ऑपरेटर्स व उनके हजारों एजेंट्स 'बॉस और सीट सेलर' से हर रोज 18 से 20 हजार टिकट बेच रहे हैं। रेडबस उनसे 'बॉस' से बुकिंग पर एक फीसदी व 'सीट सेलर' से बुकिंग पर 1.5 फीसदी कमीशन लेता है। अहमदाबाद, बेंगलुरु, चेन्नई, कोयंबटूर, दिल्ली, हैदराबाद, मुंबई, पुणे, विजयवाड़ा, विशाखापट्टनम में रेडबस की शाखाओं का संचालन 500 कर्मचारी कर रहे हैं। पहले साल रेडबस ने 50 हजार रुपए के टिकट बेचे थे, जो दूसरे ही साल अपेक्षा से 5 गुना ज्यादा 5 करोड़ रुपए के टिकट बेचे। पिछले साल तो रेडबस ने 50 लाख टिकट बेचकर 100 करोड़ रुपए का टर्नओवर किया है, जो बहुत जल्दी 300 से 350 करोड़ रुपए हो जाएगा। इन सबसे ज्यादा महज़्वपूर्ण यह है कि हाई-वे के हालात सुधरने व लग्जरी कोच की सुविधा बढ़ जाने के साथ रेडबस की झंझटमुक्त टिकट बुकिंग ने हमारे देश में महँगे व लग्जरी वाणिज्यिक वाहनों का उत्पादन व बिक्री बढ़ाई है। टोयोटो, स्कानिया, मान व हुंडई अपने इंटरनेशनल कोच भारत में लॉञ्च करने जा रहे हैं।

## 50 टॉप इनोवेटिव कंपनियों में एक

गोवा सरकार के कदंबा ट्रांसपोर्ट कॉरपोरेशन के मैनेजिंग डायरेक्टर वेनान्सिओ कहते हैं- ''हमें हर माह दो से तीन करोड़ रुपए का घाटा हो रहा था। मार्च 2011 से हमने बॉस के जरिए ऑनलाइन टिकटों की बुकिंग शुरू की और आज हम मुनाफा अर्जन कर रहे हैं।'' कर्नाटक की तरह महाराष्ट्र व राजस्थान भी रेडबस के सॉफ़्टवेयर से ऑनलाइन बुकिंग शुरू करने जा रही है।

सन् 2012 में रेडबस को दुनिया की 50 टॉप इनोवेटिव कंपनी की सूची में शामिल किया गया है। हालाँकि फणिंद्र सामा कहते हैं—''हमने कोई इनोवेशन नहीं किया है। एक समस्या थी, जिसका इंजीनियर होने के नाते हमने तो बस समाधान खोजा है।''

> "A great pleasure in life is doing what people say you cannot do."

□

द बॉस
सेवक नहीं, स्वामी बनो

# 33

वेंकटेश अय्यर

# गोली वड़ा पाव

### मोबाइल स्नैक्स वड़ा पाव

पुश्तैनी व्यापार-व्यवसाय की साधारण कमाई से खुश होकर लोग अकसर कहते हैं—''पुरखों का पुण्य-प्रताप है कि हम कमा-खा रहे हैं।'' उन्हें पता भी नहीं होता कि यदि इसी साधारण व्यवसाय को वे समसामयिक बना लें तो कितना कमा सकते हैं। मसलन, मुंबई में हजारों परिवार पीढ़ी-दर-पीढ़ी वड़ा पाव बेचकर जीवनयापन कर रहे हैं तो मुंबई में ही दो शख़्स ऐसे भी हैं, जिनके वड़ा पाव व्यापार का सालाना टर्नओवर 12 करोड़ रुपए हो गया है। उनके चार राज्यों में दो दर्जन से ज्यादा शहरों में 125 फ्रेंचाइजी आउटलेट्स हैं। प्रत्येक आउटलेट 100 से 1300 वड़ा पाव प्रतिदिन बेच रहा है। तदनुसार पिछले छह सालों में वे 5 करोड़ से ज्यादा वड़ा पाव बेच चुके हैं। उनकी मानें तो 5 साल में देशव्यापी 500 आउटलेट्स से वे 180 करोड़ रुपए का सालाना व्यापार करने लगेंगे और तब उनके वड़ा पाव की शेयर मार्केट में भी ट्रेडिंग होगी। आशय है, वे अपनी कंपनी गोली वड़ा पाव को स्टॉक मार्केट में सूचीबद्ध करवाना चाहते हैं।

## नौकरी से शुरुआत, कारोबार का सपना

गोली वड़ा पाव के संस्थापक हैं—दक्षिण भारतीय वेंकटेश अय्यर और शिवदास मेनन। वेंकटेश ने सन् 1989 में सेंचुरियन बैंक से मैनेजमेंट ट्रेनी की हैसियत से अपना कॅरियर शुरू किया था, पर उनका स्वप्न था अपना व्यापार-व्यवसाय। चार साल बाद उन्होंने एक फाइनेंशियल फर्म बालाजी कॉरपोरेट सर्विसेस स्थापित की, जिसके बैनर तले वे रिटेलर्स के लिए फंड जुटाने लगे तो उन्होंने रिटेल मार्केट को नजदीक से देखा व समझा। सन् 1995 में वेंकटेश ने निर्णय लिया कि वे फूड्स रिटेलिंग करेंगे, पर इस सोच को मैदानी सच्चाई में बदलने में उन्हें लगे—पूरे नौ साल। पहला ऊहापोह था किस खाद्य पदार्थ की रिटेलिंग करें।

## कितना भी बड़ा हो जाए मुंबईकर वड़ा पाव ही खाएगा

वेंकटेश वर्षों से मुंबई में रह रहे थे। उन्होंने देखा था कि मुंबई सतत पैरों और पहियों पर दौड़ता है। यहाँ लोग चलते-दौड़ते हुए खाते हैं। वे मोबाइल फोन की तर्ज पर मोबाइल स्नैक पसंद करते हैं। यह इंडियन या इंटरनेशनल डिश क्या हो? इस असमंजस को वेंकटेश के मित्र शिवदास मेनन ने विराम लगाया, जो तब केलॉग्स इंडियो के सीईओ थे। शिवदास ने उनसे कहा कि हमारे यहाँ हर दस किलोमीटर पर खानपान बदल जाता है। तदनुसार कई डिशेज हैं, पर बहुसंज्यक मध्यमवर्गीय भारतीय कितने भी बड़े हो जाएँ या कितने भी संपन्न हो जाएँ—गुजराती ढोकला, मद्रासी इडली और महाराष्ट्रीय वड़ा पाव ही खाएगा। दोनों मित्रों ने इंडियन मोबाइल डिशेज में से मुंबई के लिए इडली व वड़ा पाव को चिह्नित किया। वड़ा पाव से इडली इसलिए हार गई कि इसे बिना प्लेट-चम्मच सर्व नहीं किया जा सकता। दोनों मित्र कॉरपोरेट एक्जीक्यूटिव रहे हैं, अतः वे वड़ा पाव को भी एक ब्रांड बनाना चाहते थे। अतः उन्होंने अगली खोज की अपने वड़ा पाव का नाम।

## 'गोली दे रहे हो' से निकला ब्रांड नेम

वेंकटेश अय्यर ने एक साक्षात्कार में कहा है—''मैंने जब अपने मित्रों और वित्तीय संस्थानों से कहा कि मैं वड़ा पाव बनाऊँगा और क्विक रेस्त्राँ शृंखला स्थापित करूँगा तो उन्होंने मजाक उड़ाते हुए कहा—'गोली दे रहे हो' (बढ़-चढ़कर बोलने पर मुंबई के लोग कहते हैं—गोली दे रहे हो)।'' और बस···वेंकटेश को अपने वड़ा पाव का नाम मिल गया। उन्होंने अपने वेंचर का नामकरण किया—'गोली वड़ा पाव।' वेंकटेश बताते हैं कि मेरे इस प्रोजेक्ट की सबने मजाक बनाई। मेरे परिवार के अलावा केवल सुदेश मेनन

ने मुझे गंभीरता से लिया। दोनों मित्रों ने अपनी सारी बचत और मित्र-परिजनों से कर्ज प्राप्त करके एक करोड़ रुपए सीड कैपिटल इकट्ठा की।

## पहले साल मिली घाटे की गोली, गठबंधन काम आया

वेंकटेश अय्यर व शिवदास मेनन ने डोंबीवली में 500 वर्गफीट का किचन बनाया। किचन उपकरण और एक वैन खरीदी और सन् 2004 में 20 कर्मचारियों के साथ पहला गोली वड़ा पाव आउटलेट खोला। एक साल तक दोनों भागीदारों ने मुंबई के लगभग सभी छोटी-बड़ी दुकानों के वड़ा पाव टेस्ट किए, ताकि अपने वड़ा पाव का टेस्ट विकसित कर सकें। उनकी दैनिक बिक्री के बारे में भी पूछताछ की। गोली वड़ा पाव प्रोजेक्ट पहले साल घाटे का सौदा साबित हुआ। इसके बाद भी वेंकटेश व शिवदास को कई चुनौतियों का सामना करना पड़ा। पहला आउटलेट मैन्यूअली वड़ा पाव बनाता था, जिनकी शेल्फ लाइफ भी नहीं थी। फलत: वेस्ट बहुत निकलता था। दोनों भागीदार यह भी चाहते थे कि सभी आउटलेट्स एक क्वालिटी व एक ही टेस्ट के वड़ा पाव सर्व करें जो ब्रांडिंग की अनिवार्य शर्त है। सन् 2006 में इस समस्या का निराकरण मिला। वेंकटेश व सदाशिव ने विस्टा प्रोसेस्ड फूड्स इंडिया से गठबंधन किया। शिकागो की इस कंपनी की भारतीय इकाई मेकडोनाल्ड इंडिया के लिए रेडी-टू-फ्रॉय पेटीज बनाती है। वेंकटेश अय्यर ने विस्टा प्रोसेस्ड फूड्स से वड़ा पाव के लिए आलू-मालपुआ ( डंपलिंग) की आउटसोर्सिंग शुरू की।

## देसी स्वाद—स्वादिष्ट भी, हाईजैनिक भी

वेंकटेश कहते हैं कि उनके आउटलेट्स आज जो वड़ा पाव बेच रहे हैं, वे एक्स-रे व मेटल डिटेक्टर्स प्रक्रिया से गुजरते हैं। मैन्यूअल हैंडलिंग के बजाय ऑटोमैटेड प्रिपरेशन के कारण हाईजैनिक हैं। इसके लिए हम विशेष सावधानी बरतते हैं। मसलन, आलू, तेल व गेहूँ सभी स्टोर्स के लिए इकट्ठे खरीदे जाते हैं। पाव व ब्रेड जैसी कम लाइफवाले सामान की ही स्थानीय खरीद की जाती है। हर स्टोर में एक गोली किचन और स्टोरेज के लिए कोल्ड रूम बनाया गया है। केंद्रीकृत सप्लाई सेंटर से सारा खाद्य सामान वातानुकूलित वाहन से आउटलेट्स तक पहुँचता है। इस पूरी उत्पादन प्रक्रिया को विकसित करने पर समय व भारी पूँजी खर्च की गई है, पर इसने लागत घटाई है और गोली वड़ा पाव को हाईजैनिक खाद्य पदार्थ सेवन करने वाले परिवार की सुरक्षित स्नैक डिश और पहली पसंद बना दिया है। यही नहीं, परिवार के हर सदस्य गोली वड़ा पाव पसंद करे, इसलिए वेंकटेश सात वैरायटी के वड़ा पाव बनाने लगे हैं। चेन्नई के ग्राहक वड़ा पाव को मेदूवड़ा न मान लें, इसलिए वहाँ इन्हें लोकल चटनी के साथ पारूप्पू वड़ा

के नाम से लॉन्च किया है। अब उनकी योजना है 75 वर्गफीट स्पेस पर एक कर्मचारी द्वारा संचालित क्विक सर्विस आउटलेट्स तो गोली वड़ा पाव के मैन्यू में पावभाजी को भी शामिल करना।

वेंकटेश अय्यर व शिवदास मेनन ने गोली वड़ा पाव की ब्रांडिंग व प्रमोशन का भी अनूठा तरीका खोजा है। मीडिया खर्चीला माध्यम था अत: उन्होंने फेसबुक व ट्विटर से ब्रांड को प्रमोट किया और कई अन्य देसी तरीके भी खोजे। जैसे गणेश चतुर्थी पर विशालकाय वड़ा पाव बनवाया और उस पर गणेश प्रतिमा स्थापित कर इवेंट का नामकरण किया—गोली गणपति। हाल ही में चेन्नई की वेंचर ईस्ट ने 21 करोड़ रुपए गोली वड़ा पाव प्रा.लि. में निवेश करके दोनों भागीदारों की ऊर्जा व सामर्थ्य बढ़ा दी है।

## संतुष्ट हूँ, पूरी तरह हिंदुस्तानी बनकर

वेंकटेश कहते हैं—"दस साल तक मेरे मोबाइल की रिंग टोन पर मैंने सुना था—'छोड़ो कल की बातें, कल की बात पुरानी···हम हिंदुस्तानी'। तब मैं रिंगटोन तो देशभक्ति की सुनता व सुनाता था, पर टूथपेस्ट कोलगेट, कॉम्पेक लैपटॉप, नाईकी शूज, क्रॉस ब्रांड पेन उपयोग करता था। मेरे अंतर्मन के अलावा मेरे आसपास कुछ भी हिंदुस्तानी नहीं था। आज संतुष्ट हूँ कि मैं पूरी तरह हिंदुस्तानी हूँ और एक परंपरागत हिंदुस्तानी स्नैक को मॉडर्न मोबाइल स्नैक बनाकर अपने स्वप्न पूरे कर रहा हूँ।"

"Follow no one but learn from everyone."

□

राजीव सामंत

# सुला विनेयाड्‌र्स

## भारतीय वाइन उद्योग के पायोनियर

सन् 1991 के बाद कारोबारी जगत् में प्रतिस्पर्धा शुरू हुई और देखते-देखते सारा माहौल बदलने लगा। जो भारतीय युवा अच्छे रोजगार व अच्छी जिंदगी के लिए देश से पलायन करते थे, वे स्वदेश लौटने लगे हैं। ऐसे ही एक शख़्स हैं राजीव सामंत जिन्होंने भारत में वाइन उद्योग की स्थापना की और देश के लिकर प्रेमियों को वाइन पीना सिखाया। अपनी जन्मभूमि मुंबई से 180 कि.मी. दूर स्थित नासिक को मात्र एक दशक में राजीव ने देश का सबसे बड़ा अंगूर उत्पादक क्षेत्र और वाइन उत्पादक केंद्र बना दिया है तो वे स्वयं देश के सबसे बड़े वाइन ब्रांड 'सुला' के जनक बन गए हैं।

## माहौल बदला—मन बदला, अमेरिका में याद आया देश

मुंबई में जनमे राजीव सुरेश सामंत ने केथेड्रल स्कूल में प्रारंभिक शिक्षा प्राप्त की और उच्च शिक्षा के लिए छात्रवृत्ति के साथ कैलिफोर्निया की स्टेनफोर्ड यूनिवर्सिटी में प्रवेश प्राप्त किया। वे इलेक्ट्रिकल इंजीनियर बनना चाहते थे, पर स्टेनफोर्ड यूनिवर्सिटी

पहुँचे तो उन्हें लगा—इंडस्ट्रीयल इंजीनियरिंग की शिक्षा प्राप्त करना चाहिए। इस कोर्स की मास्टर डिग्री के साथ उन्होंने इकोनॉमिक्स में स्नातक डिग्री भी प्राप्त की। सन् 1990 में पढ़ाई पूरी की, तब अमेरिका मंदी का सामना कर रहा था। संयोग से राजीव सामंत को ऑरेकल में नौकरी मिल गई। नौकरी ज्वॉइन करने के दूसरे ही दिन कंपनी ने स्टाफ की छँटनी की तो राजीव अपने बॉस के पास पहुँचे। उन्हें बताया गया कि उन्हें नौकरी से नहीं निकाला गया है। दो साल यह नौकरी करने के बाद उन्हें एक दिन लगा कि वे अमेरिका में क्या कर रहे हैं? मैं जिस देश में जनमा उससे मुझे बहुत कुछ मिला, पर मैंने अपनी मातृभूमि को क्या लौटाया? राजीव सामंत ने एक साक्षात्कार में कहा है—"सन् 1991 के बाद अमेरिका में नौकरी करने वाले मेरे जैसे युवा सोचने लगे थे कि अब भारत में भी माहौल बदलेगा और नई संभावनाएँ जन्म लेंगी। मैंने भी नौकरी छोड़ी और स्वदेश लौटने का मन बनाने लगा। इसके पहले मैंने ऑन लाइन ट्रेडिंग करके थोड़ा रुपया कमाया। एक साल तक दुनिया घूमा और सन् 1993 में देश लौटा।"

भारत में एक दिन उनके पिता उन्हें नासिक ले गए, जहाँ उनके पास 20 एकड़ पुश्तैनी भूमि थी, जिसे वे बेचना चाहते थे। तीन तरफ से पहाड़ी से घिरी इस जमीन का 40 हजार रुपए प्रति एकड़ मूल्य मिल रहा था। राजीव ने पिता से कहा—"भूमि नहीं बेचें, मैं कुछ काम करूँगा।" पिता खुश होकर बोले—"इस जमीन पर जो चाहे वह करो।"

## गर्लफ्रेंड ने कहा—"अंगूर मत बेचो, वाइन बनाओ"

विदेश में टेक्नोक्रेट शिक्षा प्राप्त भारतीय युवक ने स्वदेश में खेती करने की योजना बनाई तो जाना कि भारतीय किसान परंपरागत खेती करके अपना श्रम, समय व पैसा बरबाद कर रहे हैं, वह ऐसा नहीं करेगा। राजीव सामंत ने सागौन, गुलाब व अंगूर की ऑर्गेनिक खेती की। तीन-चार साल तक वे भारतीय भूमि और ग्रामीण माहौल से लड़ते रहे। अंगूर के निर्यात से थोड़ा पैसा कमाया, पर अपेक्षित परिणाम नहीं मिले। राजीव कहते हैं कि इन्हीं दिनों कैलिफोर्निया की उनकी गर्लफ्रेंड ने कहा—"विचित्र है तुम्हारा देश। दुनिया में जितना अंगूर उत्पादन होता है, उसके 95 फीसदी हिस्से की वाइन बनती है और तुम अंगूर बेच देते हो। वाइन क्यों नहीं बनाते।"

## जोश के साथ होश और हौसले का वाइन कारोबार

राजीव सामंत को आइडिया तो पसंद आया, पर इसे मूर्त रूप देना आसान नहीं था। कई समस्याएँ थीं। भारत में तब वाइनरी स्थापित करने के लिए सरकार से लाइसेंस लेना पड़ता था। इस उद्योग में विदेशी निवेश की अनुमति नहीं थी। भारत में वाइन का चलन

नहीं था। नासिक में वाइन के लिए उपयुक्त अंगूर पैदा करना भी आसान नहीं था और इन सबसे बड़ी समस्या थी—राजीव वाइन बनाने के बारे में कुछ नहीं जानते थे। वे यह भी जानते थे कि केवल जोश से कुछ नहीं होगा, होश और हौसला भी जरूरी है।

### अमेरिका से मिला मार्गदर्शक, दो साल में मिली सफलता

राजीव सामंत वाइनमेकर की खोज करने कैलिफोर्निया गए। वहाँ वे वाइनमेकर केरी डेमस्के से मिले। राजीव ने उन्हें बताया कि उनकी रिसर्च के अनुसार नासिक (महाराष्ट्र) में वाइन के लिए उपयुक्त अंगूर पर्याप्त मात्रा में पैदा किया जा सकता है। राजीव की तब ऐसी हैसियत नहीं थी कि वे डेमस्के को कंसल्टेंसी फी चुका सकें, अतः उन्होंने इसके बदले प्रोजेक्ट में भागीदार बनने को कहा और सन् 1999 में स्थापित की नासिक में एक कंपनी—सुला विनेयाड्र्स। सन् 2000 में इस कंपनी ने सुला वाइन मार्केट में लॉञ्च की। राजीव सावंत की माँ का नाम है सुलभा। Sulabha के शुरुआती चार अक्षर से जन्मा है—Sula ।

### बहुत जतन के बाद सुला बनी भारतीयों की पसंद

वाइनरी स्थापित करना और वाइन बनाना जितना आसान था, उतना ही चुनौतीपूर्ण था भारत में तब वाइन मार्केट बनाना। नासिक में अंगूर उत्पादन बढ़ाना। राजीव सामंत ने लिकर शौकीन लोगों को यूके व यूरोप की तरह वाइन प्रेमी बनाने के लिए वाइन फेस्टिवल आयोजित किए। भारतीय वाइन को विदेश में लोकप्रिय बनाने के लिए लंदन में आयोजित इंटरनेशनल वाइन फेयर में सुला वाइन पेश की। नासिक में अंगूर की खेती को किसानों के लिए फायदे का सौदा बनाने की मंशा से राजीव सामंत ने कांट्रेक्ट फार्मिंग करवाई। फ्रेंच व कैलिफोर्नियाई अंगूर पैदा किए। इसका सुफल मिला। आज नासिक व डिंडोरी में 1500 एकड़ कृषि भूमि पर अंगूर उत्पादन हो रहा है। हजारों किसान अंगूर पैदा कर रहे हैं। इन्हें मॉडर्न खेती सिखाने के लिए सुला विनेयाड्र्स (अंगूर का बाग) अपने स्वामित्व की भूमि पर वैज्ञानिक खेती कर रही है। यहाँ रेनवाटर स्टोरेज टैंक बनाए गए। न्यूनतम पेस्टिसाइड्स उपयोग किया जाता है। कॉपर, सल्फर और बॉयोलॉजिकल पेस्ट कंट्रोल उपयोग किए जाते हैं। वेस्ट को सड़ाकर गाय के गोबर के मिश्रण से खाद बनाई जाती है। सुला विनेयाड्र्स की वाइनरी में गरम पानी के लिए सोलर वाटर हीटिंग सिस्टम, कम ऊर्जा खपतवाले वाइन चिलिंग टैक्स बने हुए हैं, ग्रे-वाटर सायकिलिंग के साथ बॉटल रिसायकिलिंग प्लांट है। कांट्रेक्ट फार्मिंग करने वाले अंगूर उत्पादक किसानों को सुला विनेयाड्र्स के विशेषज्ञ परामर्श व ट्रेनिंग देते हैं।

## मुँह में अंगूर की मिठास—हजारों हाथों को रोजगार

सुला विनेयाड्‌र्स ने 2009-10 में 3.80 लाख वाइन केस बनाए व बेचे और सौ करोड़ रुपए का टर्नओवर किया, पर इन सबसे महज़्वपूर्ण है—रोजगार के अवसर। नासिक के हजारों युवा पहले रबर टायर पर बैठकर मछली पकड़ते थे, अब वे वाइन यूनिट में काम करते हैं। सुला वाइंस की 25 फीसदी बोतलें लोग इकट्ठा करके कंपनी को लौटाते हैं। कंपनी की बॉटल वॉशर यूनिट में महिलाएँ इनकी धुलाई करके अपने परिवार की आय बढ़ा रही हैं। भारत में वाइन क्रांति के जनक राजीव सामंत देश के सबसे बड़े वाइन निर्माता हैं, तो विदेशों में भारतीय वाइन भेजने के साथ वे ऑस्ट्रेलिया, दक्षिण अफ्रीका, अर्जेंटीना, न्यूजीलैंड व फ्रांस से वाइन आयात भी करते हैं। सुला विनेयाड्‌र्स 23 किस्म की 125 से 1000 रुपए मूल्य रेंज की वाइन बना रही है।

सन् 1999 में देश में कुल दो वाइनर्स थे, आज 70 वाइनरीज हैं। नासिक में पहली वाइनरी राजीव सावंत ने स्थापित की थी, आज वहाँ 35 वाइनरीज हैं। डिंडोरी देश के दूसरे अंगूर उत्पादक सेंटर के रूप में उभर रहा है। राजीव सामंत कहते हैं—''इंग्लैंड में प्रति व्यक्ति प्रति साल 25 लीटर, फ्रांस में 50 लीटर वाइन खपत है, जबकि भारत में अभी प्रति व्यक्ति 10 मिलीलीटर वाइन खपत है। भारतीय अब वाइन पसंद करने लगे हैं।'' सही कह रहे हैं राजीव सामंत। अपने देश में उनकी कारोबारी यात्रा अभी पहले पड़ाव पर पहुँची है। कल्पना करें कि इसका शीर्ष क्या होगा!

□

# 35

विजय अग्रवाल

## एक्शन कंस्ट्रक्शन इक्विपमेंट्स

### अपनी शिक्षा को तराशो फिर बनो उद्यमी

माधव इंजीनियरिंग कॉलेज ग्वालियर से सन् 1970 में मैकेनिकल इंजीनियरिंग की बीई डिग्री लेने के बाद विजय अग्रवाल ने क्रॉम्पटन ग्रीव्ज को इंडस्ट्रियल इंजीनियर की हैसियत से जॉइन किया था। तीन साल बाद वे एक दूसरी इलेक्ट्रिक इक्विपमेंट बनाने वाली कंपनी कटलर ऐंड हेमर में शिफ़्ट हो गए।

भाग्य पुरुषार्थ को परखता है और फिर व्यक्ति को स्वयं उस राह पर धकेल देता है, जहाँ सफलता उसकी प्रतीक्षा कर रही है। 12 साल तक मैकेनिकल इंजीनियर विजय अग्रवाल ने इलेक्ट्रिक उपकरण बनाने वाली कंपनियों में नौकरी की और फिर एस्कॉर्ट को जॉइन किया। यहाँ उन्हें अपनी मैकेनिकल इंजीनियरिंग कुशलता को तराशने का पहली बार मौका मिला। एस्कॉर्ट में उन्होंने कंस्ट्रक्शन उपकरण बनाने की तकनीक सीखी और एमबीए की पढ़ाई भी की। एक साक्षात्कार में उन्होंने कहा है—"इलेक्ट्रिक उपकरण बनाने वाली कंपनियों की नौकरी भी मेरे लिए उपयोगी साबित हुई है। यहाँ मैंने प्रोडक्ट्स प्लानिंग, प्रोजेक्ट्स प्लानिंग व कास्ट मैनेजमेंट के संचालन गुर सीखे, जो एसीसीई की स्थापना में उपयोगी साबित हुए हैं। मसलन एसीई के सभी प्लांट्स मैंने खुद डिजाइन किए व असेंबल करवाए हैं।"

## जिनसे सीखा, उन्हें ही छकाया

एस्कॉर्ट में दस साल नौकरी करने के बाद विजय अग्रवाल के जन्मजात उद्यमी संस्कारों का धैर्य खत्म हो गया। सन् 1992 में अपना उद्योग स्थापित करने की मंशा से दिल्ली ऑटोमोबाइल्स के कंस्ट्रक्शन इक्विपमेंट्स डिवीजन के वे प्रॉफिट शेयरिंग मैनेजमेंट पार्टनर बन गए। 3 साल बाद पूरी तरह स्वतंत्र होने की मंशा से उन्होंने अपनी संपूर्ण बचत को सीड कैपिटल बनाया और पंजाब नेशनल बैंक से वर्किंग कैपिटल हेतु कर्ज लेकर एक्शन कंस्ट्रक्शन इक्विपमेंट्स की स्थापना की। यही उनकी नियति थी, अतः इसके बाद उन्होंने पलटकर नहीं देखा। 1.75 एकड़ भूखंड पर स्थापित पहले संयंत्र ने उन्हें ऐसी ऊँचाई पर पहुँचा दिया है कि आज 100 एकड़ पर एसीई के हरियाणा (पलवल) और उत्तराखंड में सात संयंत्र हैं। एसीई आज मोबाइल टॉवर क्रेंस, फिक्स्ड टॉवर क्रेंस, क्रॉवलर क्रेंस, फोर्क लिफ़्ट्स, ट्रैक्टर्स, वायब्रेटरी रोलर्स, मोटर ग्रेडर्स आदि बना रही है। कंस्ट्रक्शन इक्विपमेंट्स उद्योग की दिग्गज कंपनियों—एस्कॉर्ट्स, यूके की जेसीबी, एल ऐंड टी, यूएस की केटरपिलर, टेलीकॉन, गोदरेज या वोल्टास के प्रोडक्ट्स पोर्टफोलियो से भी बड़ी उत्पाद श्रृंखला के कारण देश की सभी बड़ी इंफ्रास्ट्रक्चर कंपनियाँ आज एसीई के उपकरण ही उपयोग कर रही हैं। 52 फीसदी मार्केट शेयर के साथ एसीई ने एस्कॉर्ट्स को भी कंस्ट्रक्शन इक्विपमेंट व्यवसाय में पीछे छोड़ दिया है, जहाँ विजय अग्रवाल ने कभी नौकरी की थी। मोबाइल क्रेंस मार्केट के 95 फीसदी हिस्से पर एसीई व एस्कॉर्ट्स का कब्ज़ा है।

विजय अग्रवाल के पुत्र सौरब अग्रवाल ने भी भारती विद्यापीठ पुणे से मैकेनिकल इंजीनियरिंग की डिग्री प्राप्त की है। सन् 1998 में पिता के सहयोगी बने सौरब के अनुसार, ''एसीई ने 15 साल में जो ग्रोथ हासिल की है, उसका कारण है—ऐसे वर्ल्ड क्लास उपकरण जो भारतीय कंस्ट्रक्शन/इंफ्रास्ट्रक्चर उद्योग के लिए उपयुक्त हों और जिनके मूल्य भी वाजिब हों।''

## शातिर टेक्नोप्रिनर्स हैं पिता-पुत्र

सही कह रहे हैं सौरब। कभी जर्मन कंपनियाँ भारत में जो टॉवर क्रेंस 1 से 2 करोड़ में बेच रही थीं, उन्हें एसीई ने 50 लाख रुपए में उपलब्ध करवाया और बहुराष्ट्रीय कंपनियों की मुनाफाखोरी पर ब्रेक लगाया। इसी तरह जो मोबाइल क्रेन सन् 1990 में 7 लाख रुपए में बिकती थी, वे 20 सालों में हर चीज की लागत कई गुना बढ़ने के बावजूद उसी मूल्य पर आज भी बिक रही है। पिता-पुत्र ऐसे शातिर टेक्नोप्रिनर हैं कि इन्होंने इटली की ऑटोग्रू से लॉरी लोडर्स भारत में बेचने का अनुबंध किया, पर पाया कि विदेशी लोडर्स जटिल हैं और इनमें ऐसे कई फीचर्स हैं, जो भारतीय ग्राहकों को नहीं चाहिए। एसीई की आर ऐंड डी टीम से विजय अग्रवाल ने लोडर्स का भारतीयकरण

करवाया और स्वदेशी लोडर्स कम मूल्य पर बेचना शुरू किया। वस्तुतः न्यूनतम मूल्य पर न्यू जनरेशन कंस्ट्रक्शन इक्विपमेंट्स के विकास पर विजय अग्रवाल अपनी कमाई का हर साल एक फीसदी हिस्सा खर्च करते हैं। उनकी आर ऐंड डी टीम में 75 टेक्नोक्रेट्स हैं, जो उनकी हर चाह पूरी करने में दक्ष हैं। इस टीम ने क्राउलर क्रेन, एडवांस टॉवर क्रेन, रोड मेकिंग उपकरण और ट्रैक्टर्स डिजाइन किए और एसीई को अपने उद्योग क्षेत्र की देश की पहली कंपनी बना दिया है, जिसे सीई प्रमाणन मिला हो। अब एसीई अपने उपकरण यूरोप निर्यात कर सकती है, पर विजय अग्रवाल कहते हैं कि हमें जल्दी नहीं है। जब भारत ही में हमारे लिए ग्रो होने की संभावना है, हम निर्यात पर खुद को निर्भर नहीं करना चाहते। एसीई अभी केवल अफ्रीका व मध्य पूर्व के देशों को उपकरण निर्यात कर रही है।

## ट्रैक्टर मार्केट में एंट्री

सन् 2008 में एसीई ने 35 व 45 हॉर्स पावर (हॉ.पा.) के ट्रैक्टर केवल उत्तर प्रदेश, राजस्थान व हरियाणा में लॉन्च किए हैं। विजय अग्रवाल अगले साल तक ट्रैक्टर उत्पादन क्षमता सालाना 5000 से 8000 करने जा रहे हैं। सालाना 45000 से ज्यादा ट्रैक्टर बेचने वाली महिंद्रा ऐंड महिंद्रा की तुलना में एसीई का ट्रैक्टर मार्केट में कद बहुत बौना है, पर कहते हैं कि एसीई के 45 हॉ.पा. ट्रैक्टर अपने प्रतिस्पर्धियों के समान उत्पाद से ज्यादा बलशाली हैं तो ईंधन खपत में कंजूस हैं। सौरब अग्रवाल का कहना है कि एसीई 25 हॉ.पा. का जो ट्रैक्टर विकसित कर रहा है, वह छोटे किसानों को खूब पसंद आएगा। एसीई के सारे देश में 13 दफ़्तर, 78 सेल्स व सर्विस सेंटर हैं, जो 900 से ज्यादा क्लाइंट्स को हरसंभव सेवा प्रदान करते हैं। सन् 2006 में शेयर बाजार में सूचीबद्ध होने के बाद मंदी के दौर में भी कारोबार व मुनाफा बढ़ाकर एसीई ने अपने शेयरधारकों एवं वेंचर कैपिटलिस्ट फर्मों का भी पुख़्ता भरोसा जुटाया है।

भारतीय उद्योग जगत् में विजय अग्रवाल व सौरब अग्रवाल इस बात की मिसाल हैं कि उच्च शिक्षा प्राप्त युवक किसी उद्योग में कार्यानुभव प्राप्त करने के बाद उद्यमी बने तो सफलता आसान हो जाती है।

> "Big thinkers are specialists in creating positive, forward-looking, optimistic pictures in their own minds and in the minds of others."

द बॉस
सेवक नहीं, स्वामी बनो

# 36

सी.के. रंगनाथन

# केविन केयर

## बहुराष्ट्रीय कंपनियों को एक लघु उद्यमी की चुनौती

छोटी सी शुरुआत को बड़ा बनाने का हौसला और अपने सोच पर दृढ़ता से अमल करने का संकल्प हो तो मध्यमवर्गीय साधारण शिक्षा प्राप्त शख़्स भी मिलेनियर बन सकता है। यही नहीं, लघु उद्यमी बहुराष्ट्रीय कंपनियों के लिए चुनौती भी बन सकता है। इसकी मिसाल है पर्सनल केयर (शैंपू आदि), डियोड्रेंट्स (क्रीम), फूड्स (अचार), ब्रेवरेजेस (फल आधारित शीतल पेय), होम केयर प्रोडक्ट्स (क्लीनिंग एजेंट्स), मिल्क व डेयरी उत्पाद बनाने वाली दक्षिण भारतीय कंपनी केविन केयर के संस्थापक सी.के. रंगनाथन।

## पढ़ाई में नहीं लगा मन, घर को बनाया चिड़ियाघर

कुड्डालेर (तमिलनाडु) में जनमे रंगनाथन एक उद्यमी किसान पिता चिन्नीकृष्णन की संतान हैं। चिन्नीकृष्णन खेती करने के साथ फार्मा प्रोडक्ट्स और कॉस्मेटिक्स भी बनाते थे। चिन्नीकृष्णन ने पहली बार शैंपू पाउच में तो टेल्कम पाउडर छोटे पैक में लॉञ्च

किए। वे कहते थे—''मेरे ग्राहक कुली और रिक्शाचालक हैं जो बहुराष्ट्रीय कंपनियों के महँगे व बड़े पैक नहीं खरीद सकते।'' चिन्नीकृष्णन जितने विजनरी थे, उतने ही असफल मार्केटियर। वे कभी अपना कारोबार बड़ा नहीं कर पाए। रंगनाथन के दोनों बड़े भाइयों ने अंग्रेजी माध्यम से शिक्षा प्राप्त की, जबकि पढ़ाई में अरुचि के कारण उन्होंने तमिल स्कूल से प्रारंभिक शिक्षा प्राप्त की। भाई जब चिकित्सा और कानून की शिक्षा प्राप्त कर रहे थे, तब रंगनाथन पालतू पशु-पक्षी पालते थे। 500 से ज्यादा कबूतर, कई तरह की मछलियाँ और पक्षी उनकी पॉकेट मनी का स्रोत थे।

## छोड़ी पुश्तैनी संपदा, कार से उतर साइकिल सँभाली

अनायास एक दिन उनके पिता का निधन हो गया, तब रंगनाथन कॉलेज शिक्षा प्राप्त कर रहे थे। सन् 1982 में तीनों पुत्रों ने पिता का कारोबार सँभाला, पर बहुत जल्दी रंगनाथन की भाइयों के साथ अनबन हो गई। उन्होंने पुश्तैनी संपदा पर से अपना अधिकार स्वेच्छा से छोड़ा और स्वतंत्र उद्यमी बनने का निर्णय लिया। सोच व संकल्प को साकार करना आसान नहीं था। रंगनाथन ने अभी तक मैन्यूफैक्चरिंग पोर्टफोलियो सँभाला था। फाइनेंस व मार्केटिंग में वे शून्य थे। दूसरे उनके पास अपनी बचत के मात्र 15 हजार रुपए थे। अपने ही भाइयों से प्रतिस्पर्धा न करना पड़े, इसलिए वे शैंपू बनाना नहीं चाहते थे। संकट यह था—वे केवल शैंपू बनाना ही जानते थे। इस ऊहापोह से उबरने में कुछ समय लगा, पर फिर उन्होंने 250 रुपए किराए पर दफ़्तर और 300 रुपए किराए पर फैक्टरी शेड जुटाया। कार से उतरकर वे साइकिल चलाने लगे।

## ईमानदारी काम आई, खाली पाउच ने भरी जेब

नया कारोबार शुरू करने के लिए रंगनाथन ने 3000 रुपए निवेश करके शैंपू पैकिंग मशीन खरीदी और चिक ब्रांड नेम से पाउच में शैंपू लॉञ्च किया। दूसरे ही साल 20 हजार शैंपू पाउच बेचकर वे मुनाफा अर्जन करने लगे। कारोबार विस्तार के लिए उन्होंने विजया बैंक से कर्ज माँगा। एक साक्षात्कार में उन्होंने कहा है—''संयोग से मुझे वहाँ शाखा प्रबंधक श्री सुब्रह्मण्यम मिले, जिन्होंने उनका ऋण प्रस्ताव इस टिप्पणी के साथ बैंक के मुख्यालय को भेजा कि ऐसा लघु उद्यमी जिसके पास जमानत के रूप में रेहन रखने के लिए कोई संपदा नहीं है, पर जो आयकर जमा करता है, जबकि लघु उद्योग ऐसा नहीं करते।'' बैंक ने रंगनाथन की इस ईमानदारी पर भरोसा किया और उन्हें 25 हजार रुपए स्वीकृत कर दिए। इसके बाद सी.के. रंगनाथन ने पलटकर नहीं देखा।

गोदरेज तब अपने शैंपू वेल्वेट का खूब प्रचार-प्रसार कर रहा था तो रंगनाथन को एक प्रमोशन स्कीम के करिश्माई परिणाम मिले। उन्होंने किसी भी शैंपू के पाँच खाली

पाउच के बदले चिक शैंपू का एक पाउच निःशुल्क दिया। इस कैंपेन ने चिक शैंपू की मासिक बिक्री 35 हजार से 12 लाख पाउच पहुँचा दी। हौसला तो था ही, सामर्थ्य बढ़ी तो रंगनाथन ने जास्मिन व रोज फ्रेगरेंस लॉन्च किया और सिने अभिनेत्री अमला को ब्रांड एंबेसडर बनाया। कुल बिक्री एक करोड़ पहुँच गई।

## खरीदा भाइयों का कारोबार

वस्तुतः उत्पाद को बेचने में इनोवेशन के कारण यह सब सफलता मिली थी। मसलन, उन दिनों बहुराष्ट्रीय कंपनियाँ बड़े पैक में अपने उत्पाद फैंसी स्टोर्स के माध्यम से बेचती थीं, पर रंगनाथन ने ग्रामीण किराना दुकानों को अपना रिटेल नेटवर्क बनाया। हालाँकि इसके लिए उन्हें गाँववालों को शैंपू उपयोग करना सिखाना पड़ा। उन दिनों उनकी टीम मार्केट में ग्रामीण युवाओं के बालों को ऑन स्पॉट शैंपू से धोती थी और दूसरों को उनके बाल सूँघने के लिए कहती थी। इसी तरह उन्होंने तमिलनाडु व आंध्र प्रदेश में रजनीकांत की फिल्मों के शो स्पांसर किया और इंटरवल में दर्शकों को निःशुल्क शैंपू पाउच वितरित किया। इससे शैंपू की बिक्री तीन से चार गुना बढ़ गई। सात साल यह सिलसिला चला। नौवें वर्ष में रंगनाथन ने भाइयों का व्यापार खरीद लिया।

## गरिमामय खूबसूरती, कारोबार 15 हजार से 1000 हजार करोड़

शॉ वैलेस के हर्बल उत्पाद उन दिनों खूब लोकप्रिय थे। इस मार्केट में घुसपैठ करने के लिए रंगनाथन ने भी गुणवज़ा युक्त हर्बल उत्पाद लॉन्च किया और देखते-देखते इस मार्केट का 95 फीसदी हिस्सा हथिया लिया। सन् 1998 में उन्होंने ज़्यूटी कॉस्मेटिक्स बनाना शुरू किया। इन उत्पादों के नामकरण के लिए उन्होंने अपने ही कर्मचारियों के बीच एक प्रतिस्पर्धा आयोजित की। एक कर्मचारी ने नाम सुझाया केविन केयर जो रंगनाथन को दो कारणों से खूब पसंद आया। एक, इसमें 'सी' और 'के' उनके पिता के नाम (चिन्नीकृष्णन) का प्रतिनिधित्व करते थे। दूसरे तमिल में केविन का मतलब है— गरिमामय खूबसूरती।

पिता के इस सूत्र को भी रंगनाथन ने अपनाया कि उत्पाद अच्छा हो और उसका मूल्य निज़्न आय वर्ग के लिए अफोर्डेबल हो। इसी रणनीति के साथ केविन केयर ने केसर युक्त फेयरनेस क्रीम और इंडिका हेयर डाई के अलावा रुचि अचार लॉन्च किया। इन उत्पादों ने ऐसी धूम मचाई कि केविन केयर तमिलनाडु व उज़र प्रदेश सहित कई राज्यों की जानी-पहचानी एफएमसीजी कंपनी बन गई। 15 हजार से शुरू हुए केविन केयर का सालाना टर्नओवर 1016 करोड़ रुपए (सन् 2010-11) हो गया।

## परोपकार के साथ मिशन 1500 करोड़

डिटरजेंट मार्केट में निरमा ने जिस तरह हिंदुस्तान लीवर जैसी बहुराष्ट्रीय कंपनी को पानी पिलाया था, उसी तर्ज पर आज केविन केयर ग्रामीण एफएमसीजी मार्केट में सबको अँगूठा दिखा रही है। केविन केयर के पर्सनल केयर (शैंपू, डियोड्रेंट्स और क्रीज़्स), फूड उत्पाद (अचार), ब्रेवरेजेस (फल आधारित शीतल पेय), होम केयर (क्लीनिंग एजेंट्स), दूध व डेरी उत्पाद अपने-अपने मार्केट के लीडर हैं तो रंगनाथन ने उभरती कंपनियों को खरीदकर नमकीन मार्केट में भी घुसपैठ शुरू कर दी है। 500 करोड़ रुपए के नए निवेश के साथ कारोबार विस्तार की महज़्वाकांक्षी योजना के साथ उन्हें भरोसा है कि आगामी तीन सालों में केविन केयर का सालाना कारोबार 1500 करोड़ रुपए हो जाएगा ।

रंगनाथन अपनी कमाई का एक हिस्सा उदारता से समाज को भी लौटाते हैं। अपंगों के हितार्थ स्थापित एक फाउंडेशन के वे संस्थापक सदस्य हैं। हर साल वे केविन केयर एबिलिटी अवॉर्ड उन विकलांगों को प्रदान करते हैं, जो असमर्थता के बावजूद अपने पैरों पर खड़े हुए हैं।

> “Big ideas can shift progress into high gear.”

□

द बॉस
सेवक नहीं, स्वामी बनो

# 37

## सुशील मुंगेकर

# विलेज लॉन्ड्री सर्विसेज ( चमक )

### कोई काम नहीं होता छोटा या घटिया

वेंचर कैपिटल फर्म इन्नोसाइट की अद्भुत पहल है विलेज लॉन्ड्री सर्विसेज। दूरसंचार क्रांति के बाद कभी गली-मोहल्ले में जनमे एसटीडी बूथ नेटवर्क की याद दिलाते हुए वेंचर कैपिटलिस्ट के हरि नायर कहते हैं कि सन् 2008 में इन्नोसाइट की एक बैठक में यह सुझाव आया कि एसटीडी बूथ नेटवर्क की तरह गली-मोहल्ले में लॉन्ड्री सर्विस शुरू करें तो घर से दूर महानगर व नगरों के बैचलर व वर्किंग कपल्स इस सेवा को पसंद करेंगे।

इस संकल्पना को कारोबार में तब्दील करने की जवाबदेही तब आईआईएम स्नातक अक्षय मेहरा ने सँभाली थी, जो आज इन्नोसाइट के सिंगापुर कंसल्टेंट हैं। विलेज लांड्री सर्विसेज के सीईओ बनने के पहले अक्षय 24 वर्ष एफएमसीजी मार्केट में कई अहम् जवाबदारियाँ सँभाल चुके थे। वे सात साल प्रॉक्टर ऐंड गैंबल व एयरटेल के सिंगापुर में ब्रांड मैनेजर भी रहे थे। अपने इस कार्यानुभव से उन्होंने विलेज लांड्री सर्विसेज के बैनर तले जो चमक ब्रांड लांड्री आउटलेट्स सन् 2009 में स्थापित किया, उनके आज सूत्रधार हैं सुशील मुंगेकर।

## पहले दिन 67 रुपए कमाए, अब सालाना 50 लाख

मई 2012 से विलेज लांड्री सर्विसेज के एमडी-सीईओ की जवाबदेही सँभालनेवाले सुशील मुंगेकर ने दस साल टाटा मोटर फाइनेंसेज में कार फाइनेंसिंग पोर्टफोलियो सँभाला था। इसके बाद इंडेक्स एडवायजरी प्रा.लि. के वे सहसंस्थापक रहे। सुशील मुंगेकर बताते हैं कि हमारे देश में गली-मोहल्ले में धोबी हैं, जो कम शुल्क में कपड़ों की धुलाई व इस्त्री कर तो देते हैं, पर डर लगता है कि वे महँगे व ब्रांडेड कपड़े खराब कर देंगे। इसके साथ हाई ऐंड ड्रायक्लीनर्स हैं, जो कपड़े खराब होने के डर से तो बचाते हैं, पर इसका गैरवाजिब पैसा वसूल करते हैं। इस विरोधाभासी अनुभव के बाद विलेज लांड्री सर्विसेस ने रोड साइड धोबी व हाई ऐंड ड्रायक्लीनर्स के बीच की मिसिंग कड़ी खोजने यानी अच्छे डिटरजेंट व मॉडर्न मशीनों से वाजिब मूल्य पर क्लाथ वाशिंग, ड्राइंग व आयरनिंग आउटलेट्स 'चमक' खोलने का निर्णय लिया। सन् 2009 में पहले दिन चमक ने 30 रुपए प्रति किलो शुल्क पर कपड़ों की धुलाई व इस्त्री करके 67 रुपए कमाए थे। आज विलेज लांड्री सर्विसेस के चमक आउटलेट्स 15 हजार ग्राहकों को यह दिलचस्प सेवा देकर 50 लाख रुपए सालाना का व्यापार कर रहे हैं।

## चमकदार धुलाई के लिए हाइटेक प्रोफेशनल सेवा

विलेज लांड्री सर्विसेस के बैनर तले 'चमक' आउटलेट्स वह सेवा प्रोफेशनल तरीके से उपलब्ध करवाता है, जो साधारण धोबी काम देसी तरीके से करते हैं। मसलन, कपड़ों की धुलाई के लिए फ्रंट लोडिंग वाशिंग मशीन, वाटर एक्सट्रेक्ट्स, ड्रायर्स, ड्रायक्लीनिंग मशीन, फ़्लैटवर्क आयरंस और फिनिशिंग इक्विपमेंट का इस्तेमाल किया जाता है। ऐसे डिटरजेंट का उपयोग किया जाता है, जो कपड़ों को क्षति नहीं पहुँचाए। चमक के शुल्क गली-मोहल्ले के धोबी से थोड़े ज्यादा, पर हाई ऐंड ड्रायक्लीनर्स से काफी कम है। प्राइजिंग का तरीका भी दिलचस्प है। चमक प्रति नग कपड़े की धुलाई वसूल नहीं करता, बल्कि इसके शुल्क हैं 100 रुपए प्रति किलो यानी करीब 5 से 6 शर्ट्स-पेंट्स की वाशिंग व आयरनिंग। चमक एसएमएस व मोबाइल रसीद से बिलिंग करता है, जो ग्राहक को आने-जाने के झंझट से भी बचाता है। यही नहीं, आउटलेट्स से परिधान क्रीज खराब हुए बिना घर पहुँचे, इसलिए कार्टून में ग्राहकों को कपड़ डिलीवर किए जाते हैं।

## संभावना बिखरी है, समेटनेवाले चाहिए

विलेज लांड्री सर्विसेस ने चमक आउटलेट्स के विस्तार का भी सहज तरीका खोजा है। मसलन, 6 बाय 6 फीट आकार होने से चमक आउटलेट कहीं भी वैसे ही खोला जा सकता है, जैसे गली-मोहल्ले में धोबी शॉप। चमक आउटलेट्स की फ्रेंचाइजी

कम आय व कम शिक्षावाले युवाओं को प्रदान की है, पर इसके पहले उन्हें ट्रेनिंग दी है। सुशील मुंगेकर ने इन आउटलेट्स की कार्यप्रणाली की नियमित निगरानी प्रणाली भी विकसित की है। यही कारण है कि मात्र दो साल में बेंगलुरु, मैसूर व मुंबई में 70 चमक आउटलेट्स हो गए हैं, जिनकी क्षमता है हर माह 1200 से 1500 किलो कपड़ों की धुलाई। विलेज लांड्री सर्विसेस ने मुंबई में एक विशाल मॉड्यूलर आउटलेट्स भी स्थापित किया है, जो एक माह में 12000 किलो तो वहीं स्थापित छोटा चमक आउटलेट 3500 किलो कपड़ों की धुलाई व इस्त्री कर सकता है।

## सारी दुनिया में चमकेगा 'चमक'

ग्राहकों के रिस्पॉन्स व फ्रेंचाइजी आधार पर चमक को संचालित करने में रुचि लेने वाले युवाओं की संज़्या के आधार पर सुशील मुंगेकर को भरोसा है कि आगामी दो सालों में 7 शहरों में 50 से ज्यादा चमक आउटलेट्स वाशिंग, ड्राइंग व आयरनिंग करने लगेंगे। विलेज लांड्री सर्विस अन्य उभरते ग्लोबल मार्केट वियतनाम, इंडोनेशिया व मैक्सिको तक पहुँचने की तैयारी भी कर रही है। एक आकलन के अनुसार हमारे देश में कपड़ों की धुलाई पर लोग हर साल 3000 करोड़ रुपए खर्च करते हैं, यानी संभावना बिखरी हुई है, समेटने वाले चाहिए।

## कपड़ों के साथ जीवन में भी चमक

विलेज लांड्री सर्विसेस ने रोड साइड धोबी व्यापार से युवाओं को कम पूँजी व कम शिक्षा से अच्छी कमाई का मॉडर्न तौर-तरीका सिखाया है। चमक का संचालन करने वाले फ्रेंचाइजी कहते हैं कि पहले हम ज्यादा मेहनत के बावजूद कम कमाई करते थे। आज हम न केवल अच्छी कमाई कर रहे हैं, वरन् जिस काम को छोटा माना जाता है, उसे करके हमें मान-सज़्मान भी मिल रहा है। सुशील मुंगेकर के डीआईवाई (डू-इट-यूअर सेल्फ) आउटलेट्स ने घरेलू नौकरानियों की भी कमाई बढ़ाई है। वे कपड़े लेकर डीआईवाई चमक आउटलेट्स पर आती हैं, वहाँ धुलाई और इस्त्री करती हैं, इसका शुल्क चुकाती हैं और ग्राहकों से शाबाशी पाती हैं।

हरिनायर, अक्षय मेहरा व सुशील मुंगेकर हम सबकी बधाई के हकदार हैं। उन्होंने पुरातन जमाने की भारतीय उद्यमशीलता का कायाकल्प करके अपने जैसे शिक्षित युवाओं को सबक सिखाया है कि काम के चयन के समय यह नहीं सोचें कि लोग क्या कहेंगे, क्या सोचेंगे। यह सोचें कि आप क्या खोएँगे, क्या पाएँगे।

> "Recognize sea changes and articulate the opportunity."

□

अक्षय जी. मेहता

# मिशन विवाकेयर लिमिटेड

## देश की पहली न्यूट्रासिटिकल्स कंपनी

दादी-नानी कहती आई हैं, ऐसी चीजें खाओ-पीयो जो चुस्त-दुरुस्त रखे। अच्छा खाओगे तो रोग नहीं होंगे और हो जाए तो, शरीर में रोगों से लड़ने की ताकत होगी। भारतीय बुजुर्गों ने जिन पोषक तत्त्वों के सेवन की सलाह दी है, उनका ही वैज्ञानिक नामकरण है न्यूट्रासिटिकल्स (पोषक पदार्थ)। सरल शब्दों में कहें तो वेलनेस प्रोडक्ट्स। आज मार्केट में ऐसे कई पोषक व रोग निरोधक उत्पाद मौजूद हैं, जो लाइफ स्टाइल से होने वाले रोगों से बचाते हैं। उनसे लड़ने की क्षमता बढ़ाते हैं। मसलन, ब्लड शुगर स्तर नियंत्रक, तनाव घटाने, अनिद्रा से मुक्ति दिलानेवाले उत्पाद। ये और ऐसे दो दर्जन से ज्यादा वेलनेस उत्पाद बनाने वाली एक कंपनी है—मिशन विवाकेयर लिमिटेड।

मिशन विवाकेयर के प्रबंध निदेशक अक्षय जी. मेहता कहते हैं—''वेलनेस उद्योग/व्यापार कुछ वर्षों में दवा उद्योग से बड़ा हो जाएगा, क्योंकि दवा उद्योग के ग्राहक वे 10 फीसदी लोग हैं, जो रोग होने के बाद चिकित्सक की सलाह से दवा खरीदते हैं, जबकि वेलनेस उत्पादों के ग्राहक हैं—इन 10 फीसदी लोगों के अलावा शेष 90 फीसदी

आबादी, जो ओटोजी ड्रग्स (बिना परची दवा खरीद) या एफएमसीजी उत्पाद की तरह वेलनेस प्रोडक्ट्स खरीदती हैं।''

## मालिक बनने के लिए छोड़ी नौकरी, पहले साल ही करोड़पति

सन् 1984 में सिडेंहम कॉलेज, मुंबई से स्नातक डिग्री प्राप्त करने के बाद अक्षय मेहता ने चार्टर्ड अकाउंटेंसी की पढ़ाई करते हुए आईआईएम अहमदाबाद के एमबीए कोर्स में प्रवेश लिया। सन् 1989 में उन्होंने एक निजी फाइनेंस कंपनी ट्वेंटिथ सेंचुरी को ज्वॉइन किया, पर एक साल बाद ही यह नौकरी छोड़कर वे एग्रो केमिकल्स (पेस्टिसाइड्स) निर्यातक मित्र के भागीदार बन गए। सन् 1992 में यह भागीदारी भी छोड़ी और परिवार के दवा व्यापार को सँभाला। पेस्टिसाइड्स निर्यात करते हुए ग्लोबल ट्रेडिंग का जो अनुभव मिला था, उसने उन्हें उकसाया और वे दवा निर्यात भी करने लगे। अन्य कंपनियों के एंटीबायोटिक्स के निर्यात से पहले ही साल टर्नओवर करीब एक करोड़ रुपए हो गया तो सन् 1994 में उन्होंने दवा बनाने व निर्यात करने के लिए कंपनी स्थापित की—मिशन विवाकेयर लिमिटेड। मिशन विवाकेयर ने पीथमपुर (मध्य प्रदेश) में एक नवस्थापित फार्मा मैन्यूफैक्चरिंग फैक्टरी खरीदी। सन् 1999 में एंटीबायोटिक्स, पेनकिलर्स व ओटीजी ड्रग्स का कंपनी का निर्यात व्यापार 20 करोड़ रुपए हो गया, पर इसके बाद चार साल अक्षय मेहता को कई झंझटों का सामना करना पड़ा। पंजीकरण से लेकर निर्यात अनुमति की लंबी प्रक्रिया से ऊबकर उन्होंने व्यापार बदलने का मन बनाया, पर उन्होंने न्यूट्रासिटिकल्स इंडस्ट्री में संभावना देखी। इसके बाद दवा निर्यात करने के बजाय वे वेलनेस उत्पाद बनाने व बेचने लगे।

## दिग्गज प्रतिद्वंद्वियों पर भारी है विवाकेयर प्रोडक्ट्स

अक्षय मेहता के अनुसार न्यूट्रासिटिकल्स ग्राहकों को दवाओं से मिलने वाले फायदों के साथ पोषक तत्त्व भी प्रदान करते हैं। कुपोषण से बचाते हैं। मिशन विवाकेयर के वेलनेस उत्पादों में तद्नुसार मानव शरीर को रोग निरोधक बनाने वाले विटामिंस, खनिज, जड़ी-बूटी, सप्लीमेंट्स और एंजाइज़्स का वैज्ञानिक व संतुलित मिश्रण है। हिमालया ड्रग्स, डाबर, चरक और अंतरराष्ट्रीय कंपनियों एज़्वे, विटाबायोटिक्स और जीएनसी के न्यूट्रासिटिकल्स में भी ये गुणधर्म हैं, पर मिशन विवाकेयर एक मामले में अपने इन दिग्गज प्रतिद्वंद्वियों से बेहतर स्थिति में है। कंपनी परिस्थितिजन्य उत्पाद (कंडीशन स्पेसिफिक प्रोडक्ट्स) बनाती है। मिशन विवाकेयर के उत्पाद नेचुरल इनपुट्स (प्राकृतिक कच्चे माल) से विकसित किए गए हैं। सिंथेटिक सामान (कच्चे माल) का न्यूनतम प्रयोग किया गया है। मिशन विवाकेयर के देश-विदेश में लोकप्रिय न्यूट्रासिटिकल्स है—

ग्लोकोजोन (ज़्लड शूगर के स्तर की देखरेख), रिलेक्स (तनाव व अनिद्रा से मुक्ति), अल्टीमेन व अल्टीवुमन (स्वस्थ जीवन के लिए), विवाप्राइम (कार्डिएक जैसे रोगों का पूरक उपचार)।

## बुनियाद मजबूत है दुनिया में छाने के लिए

प्रोफेशनल शिक्षा प्राप्त अक्षय मेहता ने एक्सक्लूसिव वेलनेस उत्पाद विकसित करने के लिए न्यूट्रासिटिकल्स, मेडिको वैज्ञानिकों व चिकित्सकों का एक परामर्श मंडल गठन किया है। इनके मार्गदर्शन में विकसित (शोध अनुसंधान) उत्पादों को बनाने के लिए पीथमपुर यूनिट में वर्ल्ड क्लास मैन्यूफैक्चरिंग सुविधा जुटाई है। इसके उत्पादन संयंत्र की क्षमता है—1.5 अरब टेबलेट्स व 75 लाख कैप्सूल। निर्यात व्यापार के अनुभवी अक्षय मेहता ने अंतरराष्ट्रीय मार्केट्स में अपने वेलनेस उत्पाद पहुँचाने के लिए जरूरी अनुमति-अनुमोदन भी प्राप्त किए हैं। तद्नुसार कनाडा, सिंगापुर और दक्षिण अफ्रीकन हेल्थ अथॉरिटीज से मान्यता के अलावा कंपनी की मैन्यूफैक्चरिंग इकाई को इंटरनेशनल सर्टिफिकेशन एजेंसी से यूएस जीएमपी अनुमोदन मिला हुआ है। अक्षय मेहता के अनुसार मिशन विवाकेयर पहली भारतीय न्यूट्रा प्रोडक्ट्स कंपनी है, जिसे यह अमेरिकन अनुमोदन मिला है।

## भरपूर संभावनाएँ हैं सेहत के बाजार में

मिशन विवाकेयर के आकलन के अनुसार वैश्विक वेलनेस उत्पाद मार्केट का आकार है, करीब 200 बिलियन डॉलर जो 20 फीसदी की सालाना दर से ग्रो हो रहा है। 50 बिलियन डॉलर का अमेरिकन वेलनेस मार्केट 10 फीसदी की दर से ग्रो हो रहा है। हमारे देश में यह मार्केट अभी बहुत छोटा है, शायद 20 से 40 अरब रुपए ही, पर जिस तरह से हमारी जीवनशैली बदल रही है और युवाओं की क्रयशक्ति बढ़ रही है, उसे देखते हुए आगामी दस वर्षों में भारतीय वेलनेस उद्योग का कुल टर्नओवर 180 अरब रुपए हो जाएगा। मिशन विवाकेअर का लक्ष्य है—वेलनेस मार्केट की ग्रोथ और इस ग्रोथ के साथ अपनी ग्रोथ।

> "Act when you see the need; don't wait some else to suggest it.."

□

# 39

## दीवान राहुल नंदा

# टॉप्स ग्रुप

### निजी सुरक्षा सेवा के जनक

राजा-महाराजा के महलों के द्वारपाल या सेठ-साहूकारों की हवेली के पुरातन चौकीदारों का लेटेस्ट अवतार है, प्रोफेशनल सिक्योरिटी गाड्र्स। 60 के दशक तक हमारे देश में निजी सिक्योरिटी गाड्र्स की आज जैसी जरूरत नहीं थी। आज जैसी आतंकवादी घटनाएँ नहीं होती थीं। आज जैसे अपराध नहीं होते थे। देश में गिने-चुने मॉल्स, मल्टीज़्लैक्स, स्टार होटल्स और बहुमंजिला आवासी या व्यवसायी भवन थे। आज जैसी आईटी सेक्टर की ज्ञान आधारित कंपनियाँ नहीं थीं, जो अपने स्टाफ की सुरक्षा के साथ अपने क्रियाकलापों की गोपनीयता को लेकर सतर्क हों। आज जैसी बहुराष्ट्रीय कंपनियाँ भी नहीं थीं। उन दिनों बैंकों या कॉरपोरेट कार्यालयों में मुखौटे की तरह इन-हाउस सिक्योरिटी गाड्र्स होते थे।

उस दौर में फौज के एक सेवानिवृज़ मेजर आर.सी. नंदा ने यह पूर्वानुमान लगाया कि भारत में भी अब प्राइवेट सिक्योरिटी सॉल्यूशंस प्रदान करने वाली कंपनियों की

जरूरत पड़ेगी। इस संभावना के साथ सन् 1970 में मेजर नंदा ने एक फर्म स्थापित की टॉप्स सिक्योरिटी गार्ड्स। दो दशक तक इस फर्म ने सुरक्षा परामर्श उपकरण, इवेंट सिक्योरिटी जैसी सेवाएँ प्रदान कीं। सिक्योरिटी गार्ड्स जरूरतमंदों को उपलब्ध करवाए, पर अपेक्षित कारोबार नहीं मिला। सन् 1991 में मेजर नंदा ने 40 कर्मचारियों के साथ नाममात्र के मुनाफे पर 35 लाख रुपए का कारोबार किया।

## बेटे ने किया भाग्योदय और बदल गए दिन

सन् 1992 में मेजर आर.सी. नंदा के पुत्र डॉ. दीवान राहुल नंदा ने 21 वर्ष की उम्र में फर्म के सूत्र सँभाले। देश ग्लोबल मार्केट का हिस्सा बनने लगा था। देशी कंपनियाँ खुद को वैश्विक प्रतिस्पर्धा के लिए तैयार कर रही थीं। विदेशी कंपनियाँ देश में कारोबार शुरू करने की संभावना खोज रही थीं। अपराध व आतंकवादी घटना आम बात हो गई थी। सिक्योरिटी सेवाएँ प्रदान करनेवाली फर्मों से क्लाइंट्स अब केवल गार्ड्स ही नहीं, बल्कि संपूर्ण सिक्योरिटी सॉल्यूशंस चाहेंगे, इस सोच के साथ डॉ. नंदा ने फर्म का नाम बदला टॉप्स ग्रुप और लक्ष्य तय किया 'वन-स्टॉप सिक्योरिटी शॉप' बनाना। इसके बाद पुत्र को वह सफलता मिली, जिससे पिता वंचित रहे थे।

## देश में टॉप है टॉप्स, खुशी है पर संतुष्ट नहीं

2005-06 में टॉप्स ग्रुप का सालाना टर्नओवर 100 करोड़ रुपए हुआ, पर इसके बाद क्लाइंट्स ऐसी तेजी से बढ़े कि अब यह टर्नओवर 900 करोड़ रुपए है। टॉप्स ग्रुप करीब 9000 क्लाइंट्स को सिक्योरिटी सॉल्यूशंस प्रदान कर रहा है। ग्रुप कार्मिकों की संख्या 90,000 हो गई है, जिनमें 10 हजार प्रशिक्षित लेडी गार्ड्स हैं। तदनुसार देश की टॉप टेन रोजगार प्रदायकर्ता कंपनियों में एक है टॉप्स ग्रुप। यही नहीं, भारतीय सिक्योरिटी उद्योग की दूसरी सबसे बड़ी (प्रथम जी4एस) कंपनी भी है टॉप्स ग्रुप।

डॉ. नंदा इस ग्रोथ से खुश तो हैं, पर संतुष्ट नहीं। उनका आगामी लक्ष्य है टॉप्स ग्रुप को शेयर मार्केट में सूचीबद्ध करवाना और लोकल से ग्लोबल सिक्योरिटी सर्विसेस प्रोवाइडर बनाना। इस दिशा में दौड़ लगाते हुए डॉ. नंदा ने यूके की शील्ड गार्डिंग को अधिगृहीत किया है तो ऐसी ही मंशा से एक अमेरिकन कंपनी में 300 मिलियन डॉलर निवेश किए हैं।

टॉप्स ग्रुप के आकार व व्यापार के फैलाव के लिए फिलहाल डॉ. नंदा ने प्राइवेट इक्विटी जुटाई है। आईसीआईसीआई वेंचर और एवर स्टोन कैपिटल के अलावा टॉप्स

ग्रुप के बड़े निवेशक—भागीदार हैं, राकेश झुनझुनवाला, जिन्हें डॉ. नंदा अपना 'गुड फ्रेंड' मानते हैं। राकेश झुनझुनवाला को भी टॉप्स ग्रुप में निवेश का अच्छा रिटर्न मिला है। उनके 120 करोड़ रुपए कंपनी की वर्तमान मार्केट वैल्यू के आधार पर 700 करोड़ रुपए से ज्यादा हो गए हैं।

## सिक्योरिटी मार्केट के नारायणमूर्ति या शाहरुख होंगे नंदा

एथलैटिक व्यक्तित्व के धनी डॉ. नंदा ने टू-ज़्लैक बेल्ट्स के साथ मार्शल आर्ट्स में डॉक्टरेट हासिल की है। रिवॉल्वर लाइसेंस होल्डर डॉ. नंदा अपने लुक एवं अपने पहनावे से अपने स्टाफ को हमेशा चुस्त-दुरुस्त रहने का सबक सिखाते हैं। सिक्योरिटी मार्केट के जानकार लोगों का कहना है कि भारतीय सिक्योरिटी उद्योग में अर्ली बर्ड होने का उन्हें फायदा मिल रहा है। इस मार्केट का वर्तमान व्यापार है 5000 करोड़ रुपए, जबकि ग्लोबल मार्केट का आकार है 150 बिलियन डॉलर। डॉ. नंदा की मानें तो सन् 2020 में टॉप्स ग्रुप का सालाना टर्नओवर 10 बिलियन डॉलर हो जाएगा और तब वे सिक्योरिटी मार्केट के नारायणमूर्ति या शाहरुख खान होंगे। टॉप्स ग्रुप के ग्राहकों में एशियन पेंट्स, बजाज ऑटो, बर्कले फाइनेंस, बिग बाजार, ज़्लू डार्ट, आईबीएम, बीपीएल जैसे दिग्गज हैं तो बंगलुरु एयरपोर्ट की चौकसी भी समूह की जवाबदेही है। ग्राहक रिटेंशन औसत 99 फीसदी हैं।

## मूलभूत जरूरत बनी सुरक्षा, कारोबार में मंदी नहीं

डॉ. नंदा कहते हैं कि सारी दुनिया में प्राइवेट सिक्योरिटी कंपनी की सफलता क्वालिटी व क्वालिटी पर निर्भर करती है। यूरोपियन सरकारी सुरक्षा फोर्स इतना सक्षम है कि वहाँ निजी सिक्योरिटी गार्ड्स की भूमिका सपोर्ट तक सीमित है, जबकि हमारे देश में कम अधिकारों के बावजूद उन्हें ज्यादा जवाबदेही का निर्वहन करना पड़ता है। डॉ. नंदा के अनुसार सिक्योरिटी एक साइंस है और ऐसा व्यापार, जिसमें अब मंदी कभी नहीं आएगी।

सच कह रहे हैं डॉ. नंदा। रोटी, कपड़ा, मकान, शिक्षा व स्वास्थ्य की तरह आज जरूरी हो गई है, जान-माल की सुरक्षा। हम घर के बाहर ही नहीं, घर में भी असुरक्षित हैं। पुलिस सामूहिक सुरक्षा तो प्रदान कर सकती है, पर जिन्हें निजी सुरक्षा चाहिए, उन्हें तो निजी क्षेत्र की सुरक्षा सेवा फर्ज़्स ही उपलज़्ध करवा रही हैं।

"There are many things that set apart the new breed of entrepreneurs from the old style businessmen. They talk pride in the ethical way they build their business. They desire respect as much as money. They think what they are doing is significant to the society and their country. They work in a team rather than alone. They like to share wealth with their people. They build organization that are open and non hierarchical. They set global benchmark and the main asset they have is knowledge and confidence with an ability to earn the trust and respect."

□

द बॉस

सेवक नहीं, स्वामी बनो

# 40

जस्सी खंगूरा

# मेक्रो डेयरी वेंचर्स

### पशुपालन में अव्वल, दुग्ध उत्पादन में पीछे

दुनिया का सबसे बड़ा दुग्ध उत्पादक देश है—भारत, पर 16 करोड़ भारतीय बच्चों में से सात करोड़ बच्चे कुपोषित हैं। दुनिया के पशुपालक देशों में अव्वल है भारत, पर भारतीय पशु उत्पादकता में पिछड़े हुए हैं।

ये विरोधाभासी सचाइयाँ दरशाती हैं कि हमारे देश में पशुपालन के मामले में भारी चूक हो रही है। वैज्ञानिक पद्धति से पशुपालन खासकर दुग्ध उत्पादक पशुपालन कैसा होना चाहिए, इसकी मिसाल है, पंजाब स्थित मेक्रो डेयरी वेंचर्स प्रा.लि. के 13 गो-पालन फार्ज़्स। यहाँ राजस्थानी होल्स्टेन फ्राइसाइन गायों का सलीके से लालन-पालन हो रहा है। पंखे व कूलर लगे शेड में यहाँ गायें रखी जाती हैं। कंप्यूटर के निर्देशानुसार उन्हें आहार दिया जाता है। मेक्रो डेयरी वेंचर्स के पशु फार्ज़्स में आगंतुक तब ही प्रवेश कर सकते हैं, जब वे हाथ धो लें। कंप्यूटराइज्ड पार्लर से गायों का दूध निकाला जाता है। मेक्रो डेयरी वेंचर्स प्रतिदिन 60 हजार लीटर दूध पैदा करती है, जो 'ट्र मिल्क' ब्रांड नेम

से बाजार पहुँचता है। ग्राहक इस प्रीमियम क्वालिटी के हाईजैनिक दूध के लिए खुशी-खुशी मार्केट मूल्य से ज्यादा कीमत चुकाते हैं।

## विदेश से लौटा लाई जन्मभूमि

मेक्रो डेयरी वेंचर्स प्रा.लि. के संस्थापक हैं, जसबीरसिंह (जस्सी) खंगूरा। 17 नवंबर, 1963 को लुधियाना जिले के लताला गाँव में जनमे जस्सी का लालन-पालन इंग्लैंड में हुआ। वे वहाँ दो वर्ष की उम्र में ही भेज दिए गए थे। उनके पिता जगपालसिंह खंगूरा यूके के लेबर पार्टी के वरिष्ठ सदस्य थे। उन्होंने वहाँ कई संवैधानिक पद सँभाले। जस्सी ने ऑक्सफोर्ड यूनिवर्सिटी के सेंट एन्नी कॉलेज से मेडिसिन की शिक्षा प्राप्त की, वहाँ होटल शृंखला स्थापित की, पर अंततः इंग्लैंड की नागरिकता छोड़कर अपनी जन्मभूमि को ही कर्मभूमि बनाया। सन् 1995 में उन्होंने लुधियाना में होटल मेजेस्टिक पार्क प्लाजा की स्थापना की, जो तब पंजाब की पहली फाइव स्टार होटल थी। अपने पिता व अपनी माँ (बीबी गुरदीयाल कौर खंगूरा) तथा अपने श्वसुर (पंजाब के पूर्व मुज्यमंत्री प्रतापसिंह कैरो की पौत्री रमन से विवाह) की राजनीतिक पृष्ठभूमि से प्रेरित होकर जस्सी खंगूरा होटेलियर होने के साथ भारतीय राजनीति में सक्रिय हुए और सन् 2007 में किला रामपुर (पंजाब) से विधायक चुने गए।

## महिलाओं की स्थिति सुधारने का संकल्प

सन् 2008 में जस्सी खंगूरा ने अपने भाई सतबीर खंगूरा (सज़ी) के साथ 100 करोड़ रुपए निवेश करके मेक्रो डेयरी वेंचर्स प्रा.लि. की स्थापना करते हुए कहा था—"इस प्रोजेक्ट का असली मकसद है, मेरी जन्मभूमि लताला व इसके आसपास के गाँवों की महिलाओं को उद्यमी बनाकर उनका सामाजिक व आर्थिक स्तर सुधारना। देश की 65 फीसदी आबादी कृषि पर निर्भर है। भारतीय किसान खेती में पशुओं की मदद लेते हैं। दुधारू पशु उन्हें इसके साथ अतिरिक्त आय प्रदान करते हैं। दुग्ध उद्योग का आधुनिकीकरण हो जाए तो उनकी यह आय बढ़ सकती है।"

## 40 गाँवों के पशुपालकों को सहयोगी बनाया

ध्यान दें कि जस्सी खंगूरा ने लुधियाना में डेयरी प्रोजेक्ट शुरू किया तो आसपास के 40 गाँवों के पशुपालकों को अपना बिजनेस एसोसिस्ट बनाया है। इन्हें मेक्रो डेयरी वेंचर्स वैज्ञानिक तरीके से पशुपालन की ट्रेनिंग देती है। इससे इन पशुपालकों की दुग्ध उत्पादन से मासिक आय 6 से 7 हजार रुपए हो गई है।

जस्सी खंगूरा के कॉरपोरेट पशुपालक फार्म्स की ही तरह पराग मिल्क फूड्स, पुणे, तिरुमाला मिल्क प्रोडक्ट्स, गुंटूर (आंध्र प्रदेश), मिल्क मंत्रा, उड़ीसा। इनके पशु फार्म्स ने देश व दुनिया के वेंचर कैपिटलिस्ट का ध्यान आकर्षित किया है। मसलन, मोतीलाल ओसवाल वेंचर कैपिटल ने पराग मिल्क फूड्स में 60 करोड़ रुपए, यूएस के केरलीले ग्रुप ने तिरुमाला मिल्क प्रोडक्ट्स की 25 फीसदी इक्विटी 110 करोड़ रुपए में खरीदी है तो आविष्कार वेंचर मैनेजमेंट सर्विसेस व अन्य निवेशकों ने मिल्क मंत्रा में 25 करोड़ रुपए निवेश किए हैं। इन निजी निवेशकों का कहना है कि सन् 2005 तक भारत में दुग्ध उत्पादन उद्योग पर सहकारी संस्थाओं का वर्चस्व था। इन्होंने लापरवाह प्रबंधन व भ्रष्टाचार के कारण दुग्ध उत्पादन बढ़ाने की संभावना को हतोत्साहित किया। सन् 2005 के बाद निजी क्षेत्र की इस उद्योग क्षेत्र में एंट्री हुई और भारत में भी वैज्ञानिक पद्धति से पशुपालन व दुग्ध उत्पादन होने लगा। इस बदलाव से प्रेरित होकर नेस्ले, डेवोन, ग्लैक्सो, स्मिथ केलाइन व न्यूजीलैंड की फोंटेरा जैसी कई विदेशी कंपनियाँ भी अब भारत आने की तैयारी कर रही हैं।

## विश्वस्तरीय संभावनाओं से भरा दूध उद्योग

आगामी दस वर्षों में जस्सी खंगूरा जैसे कई उच्च शिक्षा प्राप्त युवा इस सेक्टर में प्रवेश करेंगे और दूध का विशाल रिटेल मार्केट दो हिस्सों में बँट जाएगा। दूध ऐसा जीवनाधार पेय है, जिसकी संगठित क्षेत्र अकेले माँग के अनुरूप पूर्ति नहीं कर सकता, पर गुणवत्ता का भरोसा दिलवा सकता है। संगठित क्षेत्र का प्रीमियम क्वालिटी हाईजैनिक ब्रांडेड मिल्क रोड साइड दुग्ध विक्रेताओं से निःसंदेह थोड़ा महँगा होगा, पर इस दूध में स्वास्थ्य के लिए घातक डिटरजेंट पाउडर या प्रदूषित पानी नहीं मिला होगा। आशय है वैज्ञानिक पद्धति से पशुपालन करने के इच्छुक युवाओं को कमर कस लेना चाहिए। आगामी वर्षों में भारतीय दूध उद्योग व मार्केट विश्व स्तरीय होने जा रहा है, जहाँ उनके लिए पर्याप्त संभावना होगी।

□

# इन्हें भी जानें

# जैक डॉरसे

**कॉलेज ड्राप आउट**
**संपदा-1 बिलियन डॉलर**
**( करीब 55 अरब रुपए )**

14 वर्ष की उम्र में जेक डॉरसे ने डिजिटल मैप पर इमरजेंसी वाहनों की शहर में लोकेशन बताने वाला डिस्पैच रूट सॉफ़्टवेयर बना दिया था। सन् 1999 में पढ़ाई को उन्होंने अलविदा कहा और एक टैक्सी सेवा कंपनी में प्रोग्रामर बन गए। 24 साल की उम्र में वेब आधारित डिस्पैच कूरियर कंपनी स्थापित की, पर उनके जिज्ञासु मन को चैन नहीं मिला। वे ऐसा कम्युनिकेशन सिस्टम बनाने लगे, जो वाहन नहीं, पर लोगों को एक-दूसरे से जोड़े। अपने दो मित्र ब्रिजस्टोन और इवान विलियम्स के साथ जेक ने कम्युनिकेशन सिस्टम प्रोटोटाइप विकसित किया। अधिकतम 140 कैरेक्टर के इस सिस्टम के नामकरण के लिए तीनों भागीदारों ने ऑक्सफोर्ड डिक्शनरी की मदद ली। वहाँ उन्हें एक शब्द मिला—ट्विटर, जिसका मतलब है पक्षियों का परस्पर चहचहाना। सारी दुनिया में आज लगभग 11 करोड़ लोग हर रोज छह करोड़ से ज्यादा बार ट्वीट करते हैं। जेक ने ट्विटर को अभी तक कमाई (सदस्यता शुल्क या विज्ञापन) का जरिया नहीं बनाया है, पर ट्विटर की मार्केट वैल्यू हो गई है 250 मिलियन डॉलर। जिज्ञासु जेक की बिजनेस वर्ल्ड के लिए एक और बहुपयोगी खोज है क्रेडिट कार्ड पेमेंट सिस्टम। दिलचस्प हैं जैक डॉरसे। वे कभी प्लेबॉय की तरह फैशनेबल हेयर स्टाइल के साथ नाक में रिंग पहनते थे। करिश्माई कंप्यूटर प्रोग्रामर व इंटरप्रिन्योर जैक ऐसे मनमौजी हैं, जो कमाई के लिए, पर कौतूहलवश काम और कारोबार करते हैं।

□

## अंकुर वेद, सौरभ शाह और मिशाल रहेजा

# पार्टी हार्ड ड्राइवर्स (पीएचडी)

### पुलिस पाबंदी और दुर्घटना ने किया प्रेरित

पार्टी हार्ड ड्राइवर्स (पीएचडी) के संस्थापक हैं—तीन कॉमर्स स्नातक युवक अंकुर वेद, सौरभ शाह और मिशाल रहेजा। तीन साल पहले ये तीनों भी मुंबई नाइट लाइफ के दीवाने थे और पार्टियों में हुड़दंग मचाते थे। मुंबई पुलिस ने एंटी ड्रंक ड्राइविंग अभियान चलाया, जो इन तीनों के लिए भी मुसीबत बन गया। एक बार इनका मित्र नशे में कार ड्राइव करते हुए मरते-मरते बचा। इन अनुभवों ने इन तीनों को प्रेरित किया और इन्होंने तय किया कि वे 'ड्राप होम सेवा' शुरू करेंगे। कॉल करने पर लोगों को वहाँ ड्राइवर उपलज्ध करवाएँगे, जहाँ वे कॉकटेल पार्टी अटैंड कर रहे हैं। वहाँ से कंपनी के ड्राइवर उनकी कार ड्राइव करके दूसरी पार्टी में ले जाएँगे, या सकुशल घर पहुँचाएँगे। मित्र-परिजनों ने इन तीनों को शेखचिल्ली कहा और समझाया कि कौन, किसी अनजान ड्राइवर को अपनी कार सौंपेगा। लग्जरी गाड़ी के रईस मालिक तो ऐसा इसलिए भी नहीं करेंगे, क्योंकि वे अपनी प्राइवेसी में दखल पसंद नहीं करते।

## टॉम क्रूज से मिला ब्रेक, ब्रांड को मिला नाम

पीएचडी के संस्थापकों ने इस सलाह से सबक सीखा और ऐसे ही ड्राइवरों को बिजनेस पार्टनर बनाया, जिनका ट्रेक रिकॉर्ड साफ-सुथरा था। सौ ड्राइवरों के इंटरव्यू लिये, पर बीस को ही अपने साथ जोड़ा। प्रारंभिक सफलता उत्साहवर्धक थी, पर पीएचडी को बड़ा ब्रेक तब मिला, जब मशहूर हॉलीवुड अभिनेता टॉम क्रूज मुंबई आए। उनके इवेंट 'इंपासिबल-4' को मैनेज करने वाली इवेंट मैनेजमेंट कंपनी विजकॉर्ट पहले पीएचडी को छोटे-मोटे असाइनमेंट दे चुकी थी। इस बार उन्हें ऐसे ड्राइवर चाहिए थे, जो टॉम क्रूज जैसी सेलिब्रिटी को संतुष्ट करें और एक करोड़ रुपए से ज्यादा लागत की बीएमडब्ल्यू सीरिज की कारें चला सकें। विजकॉर्ट ने पीएचडी के संस्थापकों पर भरोसा दरशाया। उन लोगों ने भी इस मौके को लपका और 32 ड्राइवर तीन रात के लिए ताज होटल में ही छोड़ दिए। इस इवेंट के प्रबंधन में सहयोगी बनने का पीएचडी को सुफल मिला और मुंबई में उनकी साख बढ़ी।

## पीएचडी के बाद अब हार्ड गुरुज सेवा

आज पीएचडी अपने ग्राहकों से पाँच घंटे (रात 10 से 3 बजे तक) ड्राइवर सेवा प्रदान करने का शुल्क 500 रुपए वसूल करती है। अतिरिक्त प्रतिघंटा 50 रुपए ओवर टाइम वसूल करती है। पूरे दिन का शुल्क है 1500 रुपए। पीएचडी प्लस के तहत यूनिफार्म में अतिरिक्त शुल्क के साथ शोफर भी उपलब्ध करवाती है, जिसे बॉलीवुड के सितारों व राजनेताओं ने पसंद किया है। सप्ताहांत या वर्षांत पर पीएचडी के 250 ड्राइवरों को फुरसत नहीं मिलती तो अन्य दिन 40 फीसदी ड्राइवर व्यस्त रहते हैं।

पीएचडी ने पार्टी हार्ड गुरुज सेवा भी शुरू की है। अंकुर वेद कहते हैं, ''महाराष्ट्र में शराब पर भारी करारोपण के बाद लोग क्लब या होटल के बजाय घरों में पार्टी करने लगे हैं। ऐसे लोगों को हम बार टेंडर्स, डीजे, डेकोर सेवा, कैटरिंग और ड्राइवर उपलब्ध करवाते हैं। सामान्यत: बार टेंडर का एक रात का शुल्क है 2500 रुपए, पर सेलिब्रिटीज की पार्टी में एक रात का टोटल पैकेज प्रदान करने पर इवेंट व आयोजक की हैसियत से पीएचडी शुल्क चार्ज करती है।''

## देशभर में होगी पीएचडी, मुंबई पुलिस से सीखो सबक

नए कॉन्सेप्ट और आइडियाज के साथ पीएचडी का टर्नओवर 20 फीसदी की सालाना दर से बढ़ रहा है। पीएचडी की 'ड्राप होम सेवा' संपूर्ण मुंबई में उपलब्ध है, जिसे अंकुर वेद व उनके भागीदार अन्य शहरों में भी शुरू करने की योजना बना रहे हैं।

पीएचडी के संस्थापक लग्जरी कार रेंटल सेवा के अलावा पार्टी लॉञ्च करने की भी तैयारी कर रहे हैं। पार्टी में शामिल हुए सभी लोगों को शराब पीने के बाद पार्टी उनके घर सुरक्षित छोड़ेगी।

अंकुर वेद का कहना है—''छोटे शहरों में मद्यपान करके ड्राइव करने वाले लोगों को पुलिस पकड़ती तो है, पर रिश्वत लेकर छोड़ देती है। इन शहरों को पुलिस को मुंबई पुलिस से सबक सीखना चाहिए, जिसके एंटी ड्रंक ड्राइव अभियान ने देर रात की सड़कों पर दुर्घटना घटाई है, अपराध घटाए हैं।''

> "Handle the problem from solution end. It will convert into opportunity."

□

## इन्हें भी जानें

# हग हेफनर

**ग्रेजुएट**
**संपदा-4.2 बिलियन डॉलर**
**( करीब 220 अरब रुपए )**

अध्यापक दंपति के पुत्र हग हेफनर बचपन में एक उत्साहहीन, लेकिन जीनियस छात्र थे। उन्होंने विश्वयुद्ध के दौरान दो साल फौज में भी नौकरी की। सन् 1946 में फौज से मुक्त हुए तो दो साल शिकागो आर्ट इंस्टीट्यूट में व्यतीत किए तथा इलिनोइस विश्वविद्यालय में मनोविज्ञान पढ़ा। पुरुषों पर केंद्रित एस्क्वायर पत्रिका को कॉपी राइटर की हैसियत से जॉइन किया। 5 डॉलर वेतनवृद्धि की माँग नकारे जाने पर 1953 में यह नौकरी छोड़ दी और अपनी पत्रिका प्लेबॉय लॉञ्च करने का निर्णय लिया। बैंक व मित्र-परिजनों से प्राप्त कर्ज के अलावा उनकी माँ ने उन्हें 1000 डॉलर दिए। पहले अंक पर हग हेफनर ने इस डर से तारीख नहीं छापी थी कि दूसरा अंक वे नहीं निकाल पाएँगे। इस डर के बावजूद दुःसाहसी हग हेफनर ने मर्लिन मुनरो के नग्न चित्र के प्रकाशन अधिकार खरीद लिए। यह शातिर तरकीब ही हग हेफनर के जीवन का टर्निंग पॉइंट है। प्लेबॉय के पहले अंक की 50 हजार प्रतियाँ बिकीं। सन् 1972 में 10 लाख प्रतियों के कीर्तिमान के साथ हग हेफनर ने इतना धन कमाया कि वे होटल-रिसोर्ट्स के मालिक बन गए। □

वी. जगन्नाथन

# स्टार हेल्थ इंश्योरेंस

## फर्जीवाड़े के बीच जोखिम उठाने का जज्बा

सारी दुनिया की तरह हमारे देश में भी एडवांस चिकित्सा इतनी महँगी हो गई है कि एक सर्जरी करवानी पड़ जाए तो मध्यमवर्गीय की सारी बचत खर्च हो जाती है। निम्नवर्गीय तो चिकित्सक तक जाने से भी डरने लगे हैं। इस समस्या का सहज उपाय है स्वास्थ्य बीमा। हमारे देश में 80 के दशक में स्वास्थ्य बीमा की शुरुआत हुई थी, पर फर्जी क्लेम ने इसे घाटे का ऐसा कारोबार बना दिया कि बीमा कंपनियाँ सही दावों के निराकरण में भी आनाकानी करने लगी हैं। विडंबना यह है कि इस फर्जीवाड़े में वे लोग शामिल थे, जिन्हें हमने दर्जा दिया भगवान् के बाद चिकित्सक। इससे भी बड़ी विडंबना यह है कि किसी ने इस फर्जीवाड़े से बचने के कारगर उपाय नहीं खोजे। इसका श्रेय जिस शख़्स को है, वे हैं यूनाइटेड इंडिया इंश्योरेंस कंपनी के सेवानिवृत्त चेयरमैन वी. जगन्नाथन।

## अल्पावधि में मुनाफा अर्जन का कीर्तिमान

सन् 1969 में वी. जगन्नाथन ने मैनेजमेंट ट्रेनी की हैसियत से बीमा उद्योग को जॉइन किया था। सन् 1994 में सेवानिवृत्त हुए तो दुबई के ईटीए ग्रुप ने उन्हें ऑफर दिया कि भारत में निजी क्षेत्र की साधारण बीमा कंपनी स्थापित करें। जगन्नाथन ने अपनी शर्त बताई कि यदि स्वास्थ्य बीमा कंपनी स्थापित करना चाहते हैं तो वे तैयार हैं। घाटे की घाटी में फँसे स्वास्थ्य बीमा उद्योग में निवेश करने की यह शर्त कौन स्वीकार नहीं करता, पर जगन्नाथन ने वादा किया कि दूसरे साल में वे मुनाफा अर्जन करने लगेंगे। परिणाम, सन् 2006 में केवल स्वास्थ्य बीमा कवरेज देनेवाली कंपनी स्टार हेल्थ इंश्योरेंस की स्थापना हुई। 1.5 करोड़ रुपए के घाटे को वी. जगन्नाथन ने दूसरे ही वर्ष में 153 करोड़ के मुनाफे में बदल डाला। सन् 2004 में तो स्टार हेल्थ ने 393 करोड़ रुपए का मुनाफा कमाया, जो स्वास्थ्य बीमा सेक्टर में एक कीर्तिमान है।

यह कैसे हुआ ? तीन दशक के बीमा उद्योग के अनुभवी वी. जगन्नाथन ने सबसे पहले कॉरपोरेट ग्राहकों के बजाय मध्यमवर्गीय व निम्नवर्गीय ग्राहकों पर फोकस किया, जिन्हें स्वास्थ्य बीमा की सबसे ज्यादा जरूरत थी। दूसरे उन्होंने बीमा दावों की प्रोसेसिंग करने वाले थर्ड पार्टी एडमिनिस्ट्रेशन (टीपीए) को अमान्य कर दिया। दावों की प्रोसेसिंग व सेटलमेंट के लिए उन्होंने अपनी इन-हाउस टीम बनाई।

## फर्जी क्लेम पर लगाई प्रभावी रोक

फोर्ब्स इंडिया के साक्षात्कार में वी. जगन्नाथन ने कहा है कि दावों की प्रोसेसिंग के लिए टीपीए बीमा कंपनियों की प्रीमियम आय का 5.6 फीसदी फीस के रूप में वसूल करती है, जबकि स्टार हेल्थ इंश्योरेंस की इन-हाउस टीम का कुल खर्च है प्रीमियम आय का 1.5 फीसदी हिस्सा। दूसरे ग्राहक सेवा सुधरी है और फर्जी दावों पर रोक लगी है। स्टार हेल्थ इंश्योरेंस की इन-हाउस इंवेस्टिंग टीम बीमाधारक के इलाज की सत्यता परखती है। कंपनी के फील्ड डॉक्टर इसके लिए व्यक्तिगत रूप से अस्पताल पहुँचते हैं। वे मरीज से मिलते हैं। चिकित्सकों से जानकारी इकट्ठा करते हैं। वैकल्पिक उपचार की भी सलाह देते हैं।

इस गहन जाँच-पड़ताल ने फर्जी क्लेम पर प्रभावी रोक लगाई है। टीपीए के जरिए प्रोसेसिंग से जहाँ बीमा कंपनियाँ कुल प्रीमियम से डेढ़ गुना क्लेम भुगतान कर रही थीं, वहीं स्टार हेल्थ इंश्योरेंस को मात्र 60 से 65 फीसदी भुगतान करना पड़ता है। बीमा एजेंटों की मध्यस्थता घटाकर भी वी. जगन्नाथन ने स्टार हेल्थ की आय बढ़ाई है।

## राज्य सरकारों के साथ गरीबों का सामूहिक बीमा

यही नहीं, जो निज़्नवर्गीय लोग स्वास्थ्य बीमा प्रीमियम नहीं चुका सकते हैं, उन्हें भी वी. जगन्नाथन ने सूझबूझ के साथ बीमा पॉलिसी बेची है। दिलचस्प बात यह है कि निज़्नवर्गीय की बीमा पॉलिसी का प्रीमियम चुकानेवाले भी खुश हैं। जी हाँ, स्टार हेल्थ आंध्र प्रदेश सरकार के साथ आरोग्यश्री योजना के तहत 6 करोड़ निज़्नवर्गीय लोगों को स्वास्थ्य बीमा उपलज़्ध करवा रहा है और तमिलनाडु के 4 करोड़ लोगों को यह सुरक्षा मिली है। राज्यों के निज़्नवर्गीय परिवारों के स्वास्थ्य बीमा प्रीमियम स्टार हेल्थ का राज्य सरकारें चुका रही हैं। इससे यहाँ की सरकारों को लोगों को स्वास्थ्य सुरक्षा देने का श्रेय मिला है। उनका वोट बैंक मजबूत हुआ है। स्टार हेल्थ की ब्रांडिंग हुई है और साख बढ़ी है।

## धारा के विपरीत तैरने में माहिर

स्टार हेल्थ ने देश की 10 फीसदी आबादी को स्वास्थ्य बीमा उपलज़्ध करवा दिया है और 1250 करोड़ रुपए की सालाना आय का कीर्तिमान बना लिया है। वी. जगन्नाथन को उज़्मीद है कि आगामी दो वर्षों में प्रीमियम आय दोगुना हो जाएगी। वी. जगन्नाथन ने साबित कर दिया है कि समस्या से घबराकर मैदान छोड़ देना पलायन है। जो समस्या की तह तक पहुँचते और समाधान खोजते हैं, वे धारा के विपरीत तैरकर भी मंजिल पर पहुँच जाते हैं।

> "Give as much as possible, in order to ask as much as possible."

□

## इन्हें भी जानें

# सर्गी ब्रिन

**ग्रेजुएट**
**संपदा-18.7 मिलियन डॉलर**
**(करीब 1040 अरब रुपए)**

सर्गी ब्रिन ऐसे माँ-पिता की संतान हैं, जिन्हें यहूदी होने की वजह से रूस छोड़कर अमेरिका पलायन करना पड़ा था। पिता चाहते थे कि सर्गी गणित पढ़े, पर उन्हें तो कंप्यूटर साइंस में मजा आता था। ग्रेजुएट होने के बाद स्टेनफोर्ड यूनिवर्सिटी में पी-एच.डी. करने पहुँचे सर्गी की मुलाकात 1995 में अपने ही जैसे कंप्यूटर प्रेमी लैरी पेज से हुई। कंप्यूटर से खेलते हुए दोनों इस निष्कर्ष पर पहुँचे कि वेब पेजों को उनके महत्त्व के अनुसार एक-दूसरे से लिंक कर दें तो इंटरनेट पर ज्ञान के दरवाजे समूची दुनिया के लिए खुल सकते हैं। दोनों ने पी-एच.डी. को छोड़ा, मित्र-परिजनों से कर्ज लिया और किराए के गैरेज में लैब बनाकर अपनी योजना को साकार किया। सन माइक्रोसिस्टम ने उनकी इस खोज में कारोबारी संभावना भाँपते हुए उन्हें एक लाख डॉलर का चेक थमा दिया, पर उस समय उनका बैंक अकाउंट भी नहीं था। बस इसके बाद बड़ी संज्या 'गोगोल (एक के पीछे 100 शून्य)' की मिसस्पेलिंग से एक कंपनी जन्मी—'गूगल'। दुनियाभर के लाखों वेब पेज लिंक होने से गूगल सर्च इंजन पर ट्रैफिक बढ़ा। सर्च रिजल्ट्स के बाजू में चतुराई के साथ विज्ञापन प्लेस करके गूगल अच्छी कमाई करने लगी। विचित्र हैं सर्गी ब्रिन। वे लग्जरी इंटीरियर वाले ऐसे 767 बोइंग जेट के मालिक हैं, पर प्राइस टैग देखकर ही शॉपिंग करते हैं। प्लेट में झूठन नहीं छोड़ते और कहते हैं—"मैं तो तब भी खुश था, जब धनी नहीं था।"

□

# 43

अशोक मिज़ल

## लाइटोलियर ग्रुप

### 13 साल का पत्तेबाज जो हारता नहीं था

63 वर्षीय अशोक मिज़ल दिल्ली में जनमे हैं। यहाँ उनके पिता गुरदास मिज़ल 40 व 50 के दशक में नुमाइशी चीजों की एक छोटी सी दुकान चलाते थे। अशोक मिज़ल का बचपन मोंगा (पंजाब) में गुजरा। 11 वर्ष की उम्र में पॉकेट मनी के लिए वे ताश खेलने लगे और 13 वर्ष की उम्र में ऐसे जुआरी बन गए, जो हारता नहीं है। पुत्र को बुरी संगत से बचाने के लिए पिता दिल्ली ले आए और एक स्कूल में दाखिला दिलवा दिया। अशोक को यहाँ एहसास हुआ कि वे भटक गए हैं। 60 के दशक में हिंदू कॉलेज से ग्रेजुएशन की पढ़ाई करते हुए वे चाँदनी चौक के चक्कर लगाने लगे। यहाँ उन्होंने कारोबार के मैदानी गुर सीखे और इलेक्ट्रिक गुड्स की दुकान खोल ली। सन् 1969 में 20 वर्ष की उम्र में अशोक मिज़ल के पास अपनी कमाई के एक लाख रुपए इकट्ठा हो गए तो उन्होंने इलेक्ट्रिक गुड्स का व्यापार करने के लिए अपनी माँ के नाम से एक फर्म शारदा इलेक्ट्रिक स्थापित की। अशोक मिज़ल ने बल्ब, प्लग या वायरिंग बेचने के बजाय अपनी दुकान पर इकट्ठा किए वॉल ब्रेकेट्स, टेबल लैंप्स, फूटलाइट्स व अन्य डेकोरेटिव

लाइटिंग सामान। अपने इस एक्सक्लूसिव कलेक्शन के कारण फिल्म वितरक फर्मों के दफ़्तरों के लिए मशहूर भगीरथ पैलेस में शारदा इलेक्ट्रिक की अलग ही पहचान बन गई।

## आयातित इलेक्ट्रिक फिटिंग्स से रोशन कारोबार

उन दिनों दिल्ली व नई दिल्ली में पॉश कॉलोनियाँ विकसित हो रही थीं। गोल्फ लिंक्स, जोरबाग, सुंदरनगर, मालचा मार्ग (चाणक्यपुरी), वसंत विहार के नवधनाढ्य मकान मालिक विदेशी दूतावास व विदेशी कंपनियों को अपने नवनिर्मित बँगले किराए पर देना चाहते थे। उन्हें लुभाकर ज्यादा किराया प्राप्त करने के लिए वे मकान की इंटीरियर सजावट पर खूब पैसा खर्च कर रहे थे। ऐसे मकान मालिकों ने शारदा इलेक्ट्रिक के एक्सक्लूसिव इंटीरियर लाइटिंग गुड्स पसंद किए। अशोक मिज़ल भी उनके लिए इटली, फ्रांस, जर्मनी, इंग्लैंड जैसे पश्चिमी देशों से आयातित लाइटिंग फिटिंग्स मँगवाने लगे। फाइव स्टार होटलों, उद्योगपतियों, धनी व्यापारियों, सेलिब्रेटिज से भी उन्होंने संपर्क बढ़ाए और प्रेसीडेंट हाउस, हैदराबाद हाउस जैसी प्रॉपर्टीज से उन्होंने सप्लाई ऑर्डर प्राप्त किए। इसके बाद वे आयातित इंटीरियर इलेक्ट्रिक फिटिंग्स पर ही फोकस करने लगे। सन् 1972 में पार्लियामेंट हाउस एनेक्स का लाइटिंग फिक्सचर्स का उन्हें बड़ा ऑर्डर मिला। इसके बाद उन्होंने ट्रेडिंग फर्म का बोध करवाने वाले नाम को बदला और शारदा इलेक्ट्रिक हो गई 'लायटोलियर'। लाइट और शेंडेलियर (दीपवृक्ष या फानूस) के योग से बना है यह शब्द लायटोलियर।

## भाग्योदय की बैसाखी बने भारत रत्न जे.आर.डी.

उन दिनों मुंबई पोर्ट से अशोक मिज़ल को आयातित गुड्स की डिलीवरी लेनी पड़ती थी। उनके बड़े ग्राहक भी वहीं रहते थे। मुंबई में व्यापार विस्तार की संभावना देखकर सन् 1976 में वे यहाँ शिफ़्ट हो गए। यहाँ उनके भाग्योदय की बैसाखी बने भारतरत्न जे.आर.डी. टाटा। अशोक मिज़ल को आज भी याद है कि चहलकदमी करते हुए एक सुबह जे.आर.डी. टाटा उनके कैंपस कॉर्नर स्थित शोरूम में आ गए। अशोक मिज़ल का कलेक्शन उन्होंने पसंद किया और अपने घर व दफ़्तर के लिए खरीदी करने के साथ उन्होंने ताज होटल व टाटा ग्रुप की अन्य कंपनियों से कहा कि वे अशोक मिज़ल के कलेक्शन से इंटीरियर लाइटिंग फिटिंग्स खरीदें। इसके बाद तो टाटा समूह के अलावा गोदरेज व रिलायंस समूह भी अशोक मिज़ल से खरीदी करने लगे। अशोक मिज़ल ने जे.आर.डी. टाटा से मुलाकात को एक सुनहरा अवसर माना और वे उनसे मिलने के बहाने खोजने लगे। ऐसी ही एक मुकालात ने उनका बिजनेस मॉडल बदल डाला।

## खेला माइंड गेम, बने सबसे बड़े मार्बल आयातक

जे.आर.डी. टाटा ने अशोक मिज़ल को सलाह दी कि वे इटली से मार्बल आयात करें। अशोक मिज़ल के लिए यह ऐसा कारोबार था, जिसका वे ककहरा भी नहीं जानते थे। बचपन में ताश के जुए पर वे दाँव लगा चुके थे। उन्होंने फिर वही ज़लाइंड गेम खेला और इटली, स्पेन, तुर्की जैसे देशों से भारतीय मार्केट के लिए मार्बल आयात करने वाले बड़े व्यापारी बन गए। गिनीज वर्ल्ड रिकॉर्ड के अनुसार दुनिया की सबसे बड़ी मार्बल खननकर्ता कंपनी आर.के. मार्बल किशनगढ़ के चेयरमैन अशोक पाटनी कहते हैं कि "देश के पहले सबसे बड़े मार्बल आयातक बनने वाले पहले शख़्स हैं—अशोक मिज़ल।"

## अपना पैसा-अपनी जोखिम, नहीं बेचना प्रॉपर्टी

1980 और 1990 के दशक में अशोक मिज़ल के पास इतना केश सरप्लस इकट्ठा हो गया कि उन्होंने प्रॉपर्टी व आतिथ्य सत्कार उद्योग में एंट्री ली। वे कहते हैं—"मैंने जिंदगी में कभी कर्ज नहीं लिया है। बचपन से ही अपना पैसा दाँव पर लगाने की आदत के कारण मुझे किसी भी नए व्यापार को शुरू करने में कभी हिचक नहीं हुई।" 'अपना पैसा-अपनी जोखिम' के सूत्र पर चलते हुए अशोक मिज़ल ने अँधेरी ईस्ट मुंबई में लाइटोलियर चैंबर बनाया है, जहाँ जेट एयरवेज का मुज़्यालय और कई अन्य कंपनियों के दफ़्तर हैं। अशोक मिज़ल की एक और आदत है वे प्रॉपर्टी बेचते नहीं, उसे किराए पर देते हैं।

## एक लाख से 2000 करोड़ रुपए तक का सफर

अशोक मिज़ल ने आईटीडीसी के अशोक रोड नई दिल्ली स्थित अशोक यात्री निवास को 45 करोड़ रुपए में खरीदा तो दिल्ली के रीयल एस्टेट कारोबारियों ने कहा कि बहुत ज्यादा कीमत चुकाई है। यह शख़्स दिल्ली के रीयल एस्टेट मार्केट को नहीं जानता है। पैसा डुबोएगा, पर अशोक मिज़ल ने यह प्रॉपर्टी बेचने के लिए नहीं खरीदी थी। उनकी तो अलग ही योजना थी। आतिथ्य सत्कार उद्योग में एंट्री के लिए उन्होंने ग्लोबल रामदा होटल्स समूह से फ्रेंचाइजी अनुबंध किया। 100 करोड़ रुपए निवेश करके अशोक यात्री निवास को उन्होंने रामदा प्लाजा के नाम से फोर स्टार बुटिक होटल में बदल डाला। अशोक मिज़ल के पुत्र विक्रम अब मुंबई व गोवा में स्टार होटल बना रहे हैं।

लाइटोलियर समूह आज लाइटिंग, रीयल एस्टेट व हॉस्पिटैलिटी क्षेत्र में सक्रिय है और 2000 करोड़ रुपए का टर्नओवर कर रहा है। दिलचस्प बात यह है कि ताश के पत्ताों पर कभी दाँव लगाने वाले अशोक मिज़ल ने अपने समूह की कंपनियों—लाइटोलियर

ऐंड लाइटिंग, लाइटोलियर मार्बल, लाइटोलियर प्रापर्टीज व लाइटोलियर फाइनेंस को शेयर मार्केट में अभी तक सूचीबद्ध नहीं करवाया है।

बाल्यकालीन बैड ज़्वाय का यह करिश्माई कारोबारी कायाकल्प दरशाता है कि हर बुराई में छुपी होती है, एक अच्छाई, जो दिखाई नहीं देती। समझदार शख़्स वह है, जो छुपे अवसर को पहचानकर बुराई से मुक्त होकर अपनी राह खुद बनाए।

"Change yourself and the world will change to your advantage."

□

द बॉस
सेवक नहीं, स्वामी बनो

# 44

## अशनक देसाई, केतन मेहता, सुंदर और वासन

# मस्टेक

### कॉलेज की दोस्ती बनी मिसाल

मैनेजमेंट ऐंड सॉफ़्टवेयर टेक्नोलॉजिस (मस्टेक) के संस्थापक अशनक देसाई, केतन मेहता, सुंदर और वासन सन् 1978 में आईआईएम अहमदाबाद में पढ़ाई करते हुए एक ही फ़्लैट में रहते थे। देर रात तक उनकी गपशप से उनके पड़ोसी परेशान थे। उनकी चर्चा का मुद्‌दा होता था—पढ़ाई के बाद क्या? अशनक देसाई गोदरेज से पढ़ाई के लिए स्टडी अवकाश लेकर आईआईएम आए थे, अतः वे तो वहीं लौट गए। केतन मेहता ने नोसिल, सुंदर ने एचसीएल और वासन ने आईडीएम को ज्वॉइन किया, पर कॉलेज कैंपस में हुई दोस्ती जारी रही। उनका मन-मस्तिष्क उन्हें झकझोरता रहा कि क्या अपनी पढ़ाई से वे हमेशा दूसरों को ही लाभान्वित करेंगे।

### दो बेडरूम के फ़्लैट में कंपनी, पहली कमाई 30 हजार

सन् 1982 में यह सोच संकल्प में बदला और केतन देसाई के घाटकोपर स्थित दो बेडरूम के फ़्लैट में 15 हजार रुपए की कुल प्रारंभिक पूँजी से इन चारों ने मस्टेक की

स्थापना की। मस्टेक को पहला बड़ा ऑर्डर भी रिचर्डसन हिंदुस्तान (अब प्रोक्टर ऐंड गैंबल) से आईआईएम के एक सहपाठी के संपर्क से ही मिला। विक्स की बिक्री से संबंधित इस प्रोजेक्ट को तयशुदा अवधि से पहले पूरा करके मस्टेक ने 30 हजार रुपए के अलावा बोनस भी कमाया। इसके साथ चारों मित्रों को एहसास हुआ कि कंपनी का पता ऐसा होना चाहिए जो कंपनी की छवि बनाए, बिगाड़े नहीं। नरीमन पॉइंट के मिज़ल टॉवर्स में उन्होंने 35 वर्गफीट का दफ़्तर किराए पर लिया और पीपी फोन सुविधा (बुलावे पर कॉल प्राप्ति) एक ज्वेलर मित्र से प्राप्त की। उन दिनों मस्टेक के पास कंप्यूटर नहीं थे, अतः वे क्लाइंट के दफ़्तर में ही काम करते थे।

## चार दोस्त, चार साल की 'कोर्टशिप'

चारों ने शुरुआती दौर में अपना वेतन तय किया 1200 रुपए प्रतिमाह। उन दिनों सेकेंड क्लास में यात्रा करते समय बहुराष्ट्रीय कंपनियों में कार्यरत अन्य सहपाठियों को एसी क्लास में देखते तो लगता था कि भूल हो गई है, पर मित्रता ने उनका मनोबल नहीं बिखरने दिया। अशनक देसाई के शब्दों में कहें तो "चार साल की 'कोर्टशिप' ने एक-दूसरे के प्रति प्यार और मान-सम्मान तथा एक-दूसरे की क्षमता पर जो परस्पर भरोसा पैदा किया, वह मजबूत कड़ी बन गया है।" मस्टेक के संस्थापकों में से एक वासन ने साथ छोड़ा है तो भागीदार की हैसियत से ही जुड़े हैं, रेड्डी ज़्यूजन के सुधाकर राव जो आज मस्टेक के चेयरमैन-मैनेजिंग डायरेक्टर हैं।

## नई परंपराओं की वाहक बनी मस्टेक

पर्सनल कंप्यूटर की लॉन्चिंग मस्टेक के लिए टर्निंग पॉइंट साबित हुई। कंप्यूटर सोसाइटी ऑफ इंडिया की प्रदर्शनी में मस्टेक ऐसी अकेली सॉफ़्टवेयर कंपनी थी, जिसने पीसी डिस्प्ले किए थे और सिटी बैंक और हिंदुस्तान लीडर से बड़े सप्लाई ऑर्डर प्राप्त किए थे। इसके बावजूद प्रारंभिक छह साल चारों को खूब संघर्ष करना पड़ा। इस दौरान मस्टेक अकेली सॉफ़्टवेयर कंपनी थी, जिसने देश में पहली बार सॉफ़्टवेयर प्रोडक्ट्स बनाए और फाइनेंशियल अकाउंटिंग व स्टॉक ब्रोकिंग पैकेज लॉन्च किए। निर्यात मार्केट में मस्टेक ने दस साल बाद एंट्री ली, पर इसने अन्य आईटी कंपनियों से वहाँ अलग सॉल्यूशंस प्रोवाइडर की पहचान बनाई। मस्टेक देश की पहली सॉफ़्टवेयर कंपनी भी है, जिसने पहली बार प्रीमियम मूल्य के साथ शेयर मार्केट में दस्तक दी और आईटी उद्योग में प्रोफेशनल्स के लिए स्टॉक ऑप्शन की परंपरा डाली।

## आईटी के शेर की सफल सवार, मस्टेक

भारत की टॉप टेन आईटी कंपनियों में एक मस्टेक जीवन बीमा, सामान्य बीमा, पेंशन, विज़ीय व हेल्थ केयर सेक्टर्स के अलावा सरकार को इ-गवर्नेंस के सॉफ़्टवेयर सॉल्यूशंस प्रदान कर रही है। इसके क्लाइंट्स अमेरिका, कनाडा, इंग्लैंड, यूरोप, एशिया महाद्वीप में फैले हुए हैं। भारत व मलेशिया में 8 डिलीवरी सेंटर हैं।

3300 से ज्यादा आईटी प्रोफेशनल्स की इस कंपनी के संस्थापकों के अनुसार— ''शेर की सवारी है, आईटी उद्योग। यहाँ जो बदलती तकनीक व बदलती ग्राहक जरूरतों से तालमेल नहीं बिठाता, वह जिंदा नहीं रहता है। आईटी उद्योग में लंबी पारी खेलने के लिए एक समर्पित टीम चाहिए और टीम के हर सदस्य में एक लीडर के अधीन काम करने की मानसिकता। प्रतिस्पर्धा के ताजा दौर में सफलता का कोई निश्चित फार्मूला नहीं मिलता। जो उद्यमी बनना चाहते हैं, उन्हें पहले दूसरों की लागत पर अनुभव प्राप्त करना चाहिए यानी नौकरी करो, थोड़ी बचत व अनुभव प्राप्त करने के बाद अपना व्यापार शुरू करने में विलंब न करो।''

> "Most of the new millionaires did not inherit wealth. They have risen on the back of thier talent, hard work and professional skill."

□

# इन्हें भी जानें

## डेनियल एक

**हाईस्कूल**
**संपदा-300 मिलियन डॉलर**
**( करीब 17 अरब रुपए )**

सर्च के लिए गूगल, पहचान के लिए फेसबुक और रिटेल के लिए अमेजान की तरह ही साउंड ट्रैक्स की मशहूर साइट है स्पोटीफॉय। इस साइट पर आज लाइसेंसशुदा 1.50 करोड़ से ज्यादा लोकप्रिय गीत मौजूद हैं, जिन्हें सुनने की लागत है बीच-बीच में विज्ञापन सुनना। इस साइट्स के जरिए श्रोता अपने दोस्तों की प्ले लिस्ट को शेयर कर सकते हैं, नए गीत खोज सकते हैं और अपना व्यक्तिगत अंक बॉक्स बना सकते हैं। स्पोटीफॉय के क्रिएटर डेनियल को उनके पिता तब छोड़ गए, जब वे माँ की गोद में थे। माँ के पुनर्विवाह करने तक डेनियल नाना-नानी के पास रहे, जो ऑपेरा सिंगर थे। स्टेप फादर ने डेनियल को कंप्यूटर वर्ल्ड से ऐसा जोड़ा कि 14 साल की उम्र में स्कूल की लैब पर वे कमर्शियल वेबसाइट्स बनाकर हर माह 15 हजार डॉलर कमाने लगे। डेनियल ने स्वीडन के रॉयल इंस्टीट्यूट ऑफ टेक्नोलॉजी को इंजीनियरिंग डिग्री के लिए जॉइन किया, पर दो माह बाद ही पढ़ाई को इस सोच के साथ छोड़ दिया कि थ्योरी पढ़ने से बेहतर है मैदानी ट्रेनिंग। 23 साल की उम्र में एक दिन उन्हें लगा कि संगीत में उनकी रुचि है, टेक्नोलॉजी भी वे समझते हैं। यदि दोनों को लिंक कर दें तो कमाल हो सकता है। अपने मित्र मार्टिन लोरेंटजोन से उन्होंने अपना सोच शेयर किया और ज़्यूजिक साइट विकसित की। ज़्यूजिक राइट्स खरीदे और सन् 2008 में लॉन्च की स्पोटीफॉय। पिछले दो सालों में इसके एक करोड़ यूजर्स हो गए हैं।

□

द बॉस
सेवक नहीं, स्वामी बनो

# 45

अमित मिज़ल

## ए2जेड लिमिटेड

### कुछ करने का मन बनाया—नौकरी छोड़ सबको चौंकाया

सन् 2000 तक अमित मिज़ल हिंदुस्तान पेट्रोलियम के ऐसे हाई-परफॉर्मर एक्जीक्यूटिव थे, जिनके अधिकारी उन्हें उनकी ग्रेड से ज्यादा सुविधा (हवाई यात्रा आदि) प्रदान करते थे। अमित मिज़ल ने एक दिन अनायास इस शानदार नौकरी से इस्तीफा दे दिया तो सब चौंक उठे। स्थानीय कॉलेज के उनके प्रोफेसर पिता गुस्सा हुए। माँ भी आपा खो बैठी। उन दिनों को याद करते हुए अमित कहते हैं कि मेरे मित्र-परिजन चाहते थे कि मैं नौकरी नहीं छोड़ूँ। उनके इमोशनल ब्लैकमेल से मैं विचलित नहीं हुआ। अमित मिज़ल ने कुछ महीने बेरोजगारी में गुजारे फिर उन्हें एक बहुराष्ट्रीय कंपनी सेपिएंट का भारतीय दफ़्तर खोलने का जॉब मिला। इसके लिए सरकारी दफ़्तरों में लायजनिंग करते हुए अमित को लगा कि मैं जो काम दूसरों के लिए कर रहा हूँ, वह अपने ही लिए क्यों नहीं।

### जन्मी ए2जेड, बिजली बनी कारोबारी ताकत

अमित ने हाउसकीपिंग सर्विसेस खासकर बिजली उपकरण व खपत की सार-

सँभाल करने के लिए एक कंपनी की स्थापना की ए2जेड। बहुत जल्दी ए2जेड मोबाइल फोन कंपनियों के टॉवर्स स्थापित करने के साथ उनके नेटवर्क की भी देखरेख करने लगी। बिजली वितरण कंपनी बीएसईएस से एनालॉग मीटर को डिजिटल मीटर्स में बदलने का भी उन्होंने ठेका प्राप्त कर लिया। इन कंपनियों के उच्चाधिकारियों को जब यह पता चलता था कि अमित आईआईटी रुड़की के सिविल इंजीनियर हैं तो वे उनसे कहते कि वे नौकरी क्यों नहीं कर लेते? वे नहीं जानते थे कि अमित 'मास्टर' बनने के लिए जनमे हैं, सर्वेंट नहीं।

## एल ऐंड टी को पछाड़ा, बिजली को बचाया

हाउसकीपिंग सेवा, मोबाइल टॉवर्स की देखरेख और डिजिटल मीटर्स स्थापित करते हुए अमित मिज़ल ने जाना कि बिजली वितरण कंपनियाँ ट्रांसमिशन व डिस्ट्रिब्यूशन की क्षति से परेशान हैं। राजस्थान सरकार से जोधपुर और पाली में यह क्षति घटाने का कॉन्ट्रैक्ट ए2जेड ने एल ऐंड टी जैसी दिग्गज कंपनी से होड़ करके प्राप्त कर लिया। जोधपुर में उन्होंने देखा कि एक ही इलेक्ट्रिसिटी फीडर से घरेलू उपभोक्ता और किसानों को ट्यूबवेल के लिए बिजली सप्लाई हो रही है, जो बिजली चोरी का बड़ा कारण है। ए2जेड ने दोनों के लिए अलग-अलग पावर लाइन स्थापित की और बिजली चोरी 20 फीसदी (36 से 16 फीसदी) घटा दी। हरियाणा में भी ए2जेड ने बिजली वितरण कंपनियों को ऐसी क्षति से बचाया।

## वेस्ट को बनाया बेस्ट कारोबार

अमित मिज़ल की अगली पहल थी—रेलवे व नगर निगम के कचरे का प्रबंधन। आज वे देश के बीस शहरों का वेस्ट इकट्ठा कर रहे हैं और कहते हैं कि देश की शहरी आबादी प्रतिदिन 1.50 लाख टन कचरा निकाल रही है। इस कचरे से खाद, बिजली, ईंट व टाइल्स बन सकती है, जबकि अभी कुल वेस्ट का एक प्रतिशत ही सही तरीके से डिस्पोज हो रहा है। मसलन, ऑर्गेनिक वेस्ट से खाद, क्रंक्रीट वेस्ट से ईंट व टाइल्स, प्लास्टिक व रबड़ वेस्ट से बिजली बन सकती है। कानपुर में अमित मिज़ल ने जो वेस्ट प्रोसेसिंग प्लांट स्थापित किया है, वह देश में अपने किस्म का सबसे बड़ा व सबसे अनूठा संयंत्र है। वे कचरे से खाद, ईंधन व टाइल्स ही नहीं, बिजली बनाने की तैयारी में भी लगे हैं।

## ए2जेड पर खत्म नहीं होगी उन्नति की अल्फाबेट

कचरे से 235 मेगावॉट बिजली उत्पादन करके ए2जेड को नई पहचान देने का

स्वप्न देख रहे अमित की कंपनी में 'बिग बुल' के नाम से मशहूर शातिर निवेशक राकेश झुनझुनवाला ने तब 30 करोड़ रुपए निवेश किए थे, जब कंपनी का टर्नओवर मात्र 50 करोड़ रुपए था। मर्चेंट बैंकर आज ए2जेड का मूल्यांकन करते हैं 4000 करोड़ रुपए। तद्नुसार झुनझुनवाला का निवेश अरबों रुपए में बदल गया है। कंपनी की 50 फीसदी इक्विटी के साथ अमित मित्तल की संपदा का आप स्वयं अनुमान लगाएँ।

अमित मिज़ल ने साबित किया है—''जो लीक से हटकर सोचते हैं और अपने सोच को साकार करते हैं, उनके पास होता है आत्मविश्वास और शुरुआती दौर में अपने व परायों के विरोध को सहने का साहस।''

"Problems can be converted into possibilities."

□

## इन्हें भी जानें

# लैरी एलिसन

**कॉलेज ड्राप आउट**
**संपदा–36 बिलियन डॉलर**
**( करीब 1980 अरब रुपए )**

19 वर्षीया कुँवारी माँ की संतान हैं ओरकल कॉरपोरेशन के संस्थापक–सीईओ लैरी एलिसन। नौ माह की उम्र में उन्हें निमोनिया हुआ तो किशोर माँ ने उन्हें अपने अंकल–आंटी को सौंप दिया। लैरी एलिसन बुद्धिमान पर लापरवाह छात्र थे। इलिनोईस विश्वविद्यालय की अंतिम परीक्षा में वे शामिल नहीं हुए। सन् 1974 में शिकागो विश्वविद्यालय में कंप्यूटर से पहली बार रूबरू हुए तो उन्हें लगा कि प्रोग्रामिंग एक तकनीक है, जिसके लिए पढ़ाई गैरजरूरी है। एज़्पेक्स कॉरपोरेशन में प्रोग्रामर की हैसियत से सेंट्रल इंटेलीजेंस एजेंसी (सीआईए) के डाटा प्रोजेक्ट (कोड नेम ऑरेकल) से जुड़ने का उन्हें मौका मिला। इसने उनका आत्मविश्वास इतना बढ़ा दिया कि सीआईए के लिए डाटा मैनेजमेंट सिस्टम बनाने का कॉन्ट्रैक्ट प्राप्त करके उन्होंने अपनी कंपनी स्थापित कर ली। इस प्रोजेक्ट को निर्धारित समय से आधे समय में पूरा करके शेष समय कमर्शियल एप्लिकेशन सिस्टम आरडीबीएमएस ऑरेकल बनाने पर खर्च किया गया। सन् 1981 में आईबीएम ने इसे अपने मेनफ्रेम सिस्टज़्स के लिए चिह्नित किया तो ऑरेकल बिलियन डॉलर कंपनी बन गई। ऑरेकल कॉरपोरेशन दुनिया की तीसरी बड़ी सॉफ़्टवेयर कंपनी है। चार विवाह, चार तलाक और दो बच्चों के पिता होने के बावजूद अपनी प्लेज़्वॉय जीवनशैली के कारण 69 वर्ष की उम्र में भी वे सिलिकॉन वैली के मोस्ट एलिजेबल बैचलर हैं।

□

## द बॉस
**सेवक नहीं, स्वामी बनो**

# 46

**डॉ. शरण पाटील**

# स्पर्श अस्पताल, बेंगलुरु

### समाजसेवी उद्यमी वह जो कंफर्ट को भूले

सुविधाभोगी व सुरक्षित जीवन जीते हुए नौकरीपेशा लोगों का सोच एक सर्किल में सिमटकर रह जाता है। अपने बुद्धि-कौशल से प्रतिष्ठा व पैसा कमाने की उनकी चाह खत्म हो जाती है। वे भी रूटीन जिदंगी जीने लगते हैं। समाजसेवी उद्यमी होने की पहली शर्त है रूटीन और कंफर्ट जोन से बाहर निकलकर अपना अस्तिज़्व और अपना वर्तमान दाँव पर लगाने का सोच व साहस। बेंगलुरु के स्पर्श हॉस्पिटल के संस्थापक-संचालक डॉ. शरण पाटील केवल कंफर्ट जोन से बाहर ही नहीं निकले हैं, बल्कि उन्होंने अपनी प्रतिष्ठा व पैसा भी दाँव पर लगाया है। एक प्रोफेशनल चिकित्सक से वे ऐसे मेडिको टेक्नोप्रिनर बने हैं, जिनका पहला व अंतिम लक्ष्य है—निर्धन व मध्यमवर्गीय लोगों को जटिल उपचार सुविधा न्यूनतम शुल्क पर उपलज़्ध करवाना। इसका प्रमाण है स्पर्श हॉस्पिटल द्वारा बिहार के एक पिछड़े गाँव अररिया के एक निर्धन ग्रामीण परिवार की दो वर्षीया लक्ष्मी को जीवनदान।

## एक करिश्मे ने दिलाई वैश्विक पहचान

आठ अव्यय (चार हाथ-चार पैर) के साथ जन्मी थी लक्ष्मी। गाँव के अनपढ़ लोगों ने मान लिया था कि साक्षात देवी माँ जन्मी है, पर माँ-पिता का मन नहीं माना। वे लक्ष्मी को लेकर दिल्ली के एक जाने-माने सरकारी अस्पताल में पहुँचे। चिकित्सकों ने बताया कि बिना सिर का एक जीव लक्ष्मी के शरीर में 'ग्रो' हो रहा है, पर वे सर्जरी करके उस जीव को बाहर निकालने की जोखिम उठाने को तैयार नहीं हुए। सच शायद यह है कि यह उनके बूते की बात ही नहीं थी। निराश व हताश लक्ष्मी के माँ-पिता से कुछ अनैतिक पेशेवर लोगों ने संपर्क किया। वे लक्ष्मी को खरीदना चाहते थे। उनका मकसद था हाट-मेलों में लक्ष्मी को देवी का अवतार बताकर शो-केस में बिठाना और टिकट बेचकर दिखाना।

डॉ. शरण पाटील ने यह खबर पढ़ी तो वे सितंबर 2007 में बेंगलुरु से बिहार पहुँचे। वहाँ उन्हें कई मुश्किलों का सामना करना पड़ा। सबसे पहले तो गाँववालों के विरोध के बीच उन्होंने लक्ष्मी के माँ-पिता को समझाया कि वे उनके साथ बेंगलुरु चलें। स्पर्श हॉस्पिटल लक्ष्मी की नि:शुल्क सर्जरी करेगा। डॉ. शरण पाटील को लक्ष्मी के माँ-पिता को यह भी समझाना पड़ा कि यह सर्जरी अत्यंत जटिल होगी और लक्ष्मी की मौत भी हो सकती है। डॉ. शरण पाटील ने लक्ष्मी के माँ-पिता को कैसे बेंगलुरु चलने के लिए तैयार किया, यह वे ही जाने।

बेंगलुरु में भी डॉ. शरण पाटील को जटिल सर्जरी के लिए भी भारी मशक्कत करनी पड़ी। उन्होंने विश्वप्रसिद्ध पीडिएट्रिक एनेस्थेटिस्ट योहानन्न जॉन को लंबी सर्जरी के दौरान नन्ही लक्ष्मी को अवचेतन रखने की जिम़्मेदारी सँभालने के लिए बुलाया। जॉन अपने खर्च पर बेंगलुरु आए। डॉ. शरण पाटील के सहयोगी चिकित्सकों व स्पर्श के पैरामेडिको स्टाफ ने 24 घंटे की सतत सर्जरी करके लक्ष्मी के शरीर में ग्रो कर रहे परजीवी को बाहर निकाल दिया। विश्व की इस जटिलतम सर्जरी को नेशनल जियोग्राफी चैनल ने दो हिस्सों में दिखाया तो सारी दुनिया ने जाना कि भारतीय चिकित्सक भी कमाल कर सकते हैं।

## देश के लिए विदेश में तराशी दक्षता

कर्नाटक के रायचूर जिले में जनमे डॉ. शरण पाटील ने गुलबर्गा में स्कूली शिक्षा प्राप्त की है। एम.आर. मेडिकल कॉलेज गुलबर्गा से चिकित्सा विज्ञान की स्नातक डिग्री के बाद कस्तूरबा मेडिकल कॉलेज मणिपाल से उन्होंने पीजी डिग्री प्राप्त की है। सन् 1991 में स्वर्णपदक के साथ वे आर्थोपेडिक्स सर्जन बने। सर्जरी दक्षता को तराशने के

लिए इसके बाद वे इंग्लैंड चले गए। वहाँ उन्होंने एल्डर हेय चिल्ड्रन अस्पताल, रॉयल लीवरपुल यूनिवर्सिटी के होप अस्पताल और वारिंगटन डिस्ट्रिक्ट जनरल अस्पताल में खूब नाम कमाया। सन् 1995 में उन्हें लीवरपुल यूनिवर्सिटी ने एम.सी-एच. आर्थो डिग्री (मास्टर ऑफ ट्रामा व आर्थोपीडिक्स सर्जरी) प्रदान की।

सन् 1996 में डॉ. शरण पाटील सुरक्षित व सुविधाजनक मेडिको कॅरियर छोड़कर भारत आ गए। एक साक्षात्कार में उन्होंने कहा है कि मैं पश्चिम में बसने नहीं गया था। वहाँ जाने के पीछे मेरा मकसद था, अपने चिकित्सकीय ज्ञान व समझ को अपडेट करना और देश लौटकर वह एडवांस चिकित्सा उन देशवासियों को उपलज़्ध करवाना, जो कम समझ और गरीबी के कारण उपचार नहीं प्राप्त कर पाते हैं। स्वदेश आगमन पर डॉ. पाटील ने बेंगलुरु में मणिपाल हॉस्पिटल को जॉइन किया। यहाँ भी उनकी सर्जरी दक्षता को तो अपेक्षित मान्यता मिली, पर वे खुश नहीं थे। उन्हें इस बात का रंज था कि वे केवल उन लोगों का उपचार कर पा रहे हैं, जो पैसा खर्च कर सकते हैं।

## मित्र व पत्नी बनी प्रेरणा

मणिपाल हॉस्पिटल में उनके सहकर्मी मित्र चिकित्सक डॉ. देवी शेट्टी ने सन् 2001 में नौकरी छोड़कर नारायण हृदयालय की स्थापना की तो डॉ. शरण भी ऐसे चिकित्सा सेंटर का स्वप्न देखने लगे, जो धन व धर्म, जाति व बिरादरी तथा शिक्षा व अशिक्षा की परिधि से परे निकलकर सबको समान वर्ल्ड क्लास चिकित्सा सुविधा उपलज़्ध करवाए। डॉ. शरण की पत्नी मीना पाटील उनकी प्रेरणा बनीं, जो एक बिजनेस फैमिली में जन्मी हैं।

## अद्भुत है स्पर्श

सन् 2006 में डॉ. शरण पाटील ने स्पर्श हॉस्पिटल की स्थापना की। यहाँ उन्होंने ऐसे चिकित्सक व पैरामेडिको सहयोगियों की टीम बनाई है, जो राष्ट्रीय-अंतरराष्ट्रीय चिकित्सा केंद्रों में कार्य कर चुके हैं और मॉडर्न मेडिको साइंस में पारंगत हैं। स्पर्श में डॉ. शरण पाटील ने वर्ल्ड क्लास बुनियादी सुविधाएँ भी जुटाई हैं। स्पर्श हॉस्पिटल की दिलचस्प खूबी है—पूरे अस्पताल को बड़ी दुर्घटना के समय रातोंरात एक ज़्लेक्सी अस्पताल में बदला जा सकता है। स्पर्श ने विगत पाँच सालों में 10 हजार से ज्यादा दुर्घटनाग्रस्त लोगों की जटिल सर्जरी की है। स्पर्श हर साल 'स्पर्श वचन' और 'गुरु नमन' नाम से दो सर्जरी शिविर आयोजित करता है, उसमें दुनिया के जाने-माने सर्जन स्वेच्छा से अपने खर्च से मानवता की सेवा के लिए भारत आते हैं। स्पर्श अस्पताल की कई अन्य जनकल्याणकारी गतिविधियों में शामिल है—दुर्घटनाग्रस्त लोगों को पुनर्जीवन, स्पर्श

नेबरहुड स्कीम, अफोर्डेबल ज्वॉइंट रिप्लेसमेंट्स के लिए समय-समय पर आर्थिटिस, डिसएबिलिटी शिविर, वीडियो लिंक्ड एंबुलेंस सेवा, होसूर राष्ट्रीय राजमार्ग-7 पर तमिलनाडु सरकार के साथ दुर्घटनाग्रस्त रोगों के तत्काल उपचार के लिए प्राथमिक केंद्र की स्थापना व संचालन आदि। डॉ. शरण पाटील कई अवॉड्र्स से नवाजे गए हैं। इनमें उल्लेखनीय है—कर्नाटक सरकार द्वारा आर्थोसर्जरी में महती योगदान के लिए राज्योत्सव अवार्ड (2007), कर्नाटक कल्चर अकादमी बेंगलुरु द्वारा सुवर्णा कन्नड़ राज्योत्सव प्रशस्ति अवार्ड, विन्नोवा वर्ल्ड बेंगलुरु द्वारा विन्नोवा वैद्यरत्न अवॉर्ड, डॉ. पी.एस. शंकर प्रतिष्ठान गुलबर्ग द्वारा डॉ. पी.एस. शंकर वैद्यश्री अवॉर्ड, श्री गुरु खाई कल्चर अकादमी बेंगलुरु द्वारा साधना रत्न अवॉर्ड के अलावा सन् 2007 में डॉ. शरण पाटील सीएनएन-आईबीएन द्वारा जनसेवा के लिए मनोनीत किए गए।

### स्पर्श से ज्यादा अद्‌भुत हैं डॉ. शरण

डॉ. शरण पाटील कहते हैं—''मरीज एक उज़्मीद के साथ चिकित्सक के पास आता है। उपचार के पहले चिकित्सक को मरीज का विश्वास जीतना चाहिए और फिर सद्‌भावना व प्यार के साथ उपचार करना चाहिए।'' स्पर्श की यही बुनियाद है—'उज़्मीद, विश्वास व प्यार'।

□

# 47

राजीव सेठ

# तारा ग्रुप

### काबिलियत से कामयाबी

सन् 1975 में राजीव सेठ ने स्कूली शिक्षा पूरी की तो कॉलेज के साथ ही मुंबई स्थित डायमंड इंटरनेशनल में डायमंड सार्टर की पार्ट टाइम नौकरी भी ज्वॉइन कर ली। पुत्र की जिद्द के आगे किडनी ट्रांसप्लांट विशेषज्ञ पिता व महिला रोग विशेषज्ञ माँ को झुकना पड़ा। वे बोले—"यदि तुझें ज्वेलरी ट्रेडिंग ही करना है तो इस उद्योग की विधिवत् शिक्षा प्राप्त करो।" राजीव सेठ ने इस अवसर को लपका और सोने व डायमंड के प्रति अपने लगाव को काबिलियत में बदलने के लिए कैलिफोर्निया (अमेरिका) के जेमोलॉजिकल इंस्टीट्यूट का ग्रेजुएशन कोर्स जॉइन कर लिया। जेमोलॉजी की स्नातक डिग्री लेकर राजीव स्वदेश लौटे, लेकिन चाहते थे कि एच-1 वीसा मिल जाए तो अमेरिका लौट जाएँ। यहाँ एक और टर्निंग पॉइंट आ गया। इस बार माँ-पिता उन्हें यह समझाने में कामयाब हो गए कि उन्हें अपने ही देश में ज्वेलरी व्यवसाय शुरू करना चाहिए।

## दुकान से कंपनी तक, बढ़े तो फिर रुके नहीं

सन् 1981 में राजीव सेठ ने झवेरी बाजार मुंबई में 50 वर्गफीट जगह पर 5 हजार रुपए निवेश करके एक छोटी सी ज्वेलरी मैन्यूफैक्चरिंग इकाई स्थापित की। 100 ग्राम सोना तब 40 हजार रुपए में मिल जाता था और डायमंड खरीदने के लिए नकद भुगतान नहीं करना पड़ता था। चिकित्सक माँ-पिता के संपर्क से मुंबई के कई संपन्न परिवारों तक राजीव सेठ पहुँच गए, पर उन्होंने देखा कि उनके माँ-पिता का मान-सज़्मान करते हुए लोग उन्हें ज्वेलरी रिपेयरिंग का काम तो दे देते हैं, पर उनसे ज्वेलरी नहीं खरीदते हैं। सन् 1989 में राजीव शेठ ने ज्वेलरी दुकान बंद की और कॉनवूड ग्रुप के अरुण मेहता और के.एम. गोयनका के साथ भागीदारी में ज्वेलरी मैन्यूफैक्चरिंग कंपनी इंटरगोल्ड इंडिया की स्थापना की। तीनों भागीदार तब ज्वेलरी निर्यात करना चाहते थे। सन् 1996 में इंटरगोल्ड की सहयोगी कंपनी के रूप में तारा ज्वेल्स जन्मी। सन् 2000 तक इंटरगोल्ड एक करोड़ डॉलर का व्यवसाय करने लगी थी, पर भागीदारों के बीच तालमेल गड़बड़ा गया। राजीव शेठ को तारा ज्वेल्स मिली, जो तब करीब 50 करोड़ रुपए (11 मिलियन डॉलर) का व्यापार कर रही थी।

## बड़े-बड़ों को रिझाया तारा की चमक ने

राजीव सेठ ने इसके बाद पलटकर नहीं देखा। तारा ग्रुप आज 800 करोड़ रुपए से ज्यादा का सालाना कारोबार कर रहा है। तारा ग्रुप के संस्थापक राजीव शेठ ऐसे टेक्नोक्रेट जेमोलॉजिस्ट उद्यमी हैं, जिन्होंने भारत में पहली बार ज्वेलरी में बॉक्स सेटिंग शुरू की। वे रफ डायमंड खरीदते हैं और उनकी कटिंग व पॉलिश करवाकर ज्वेलरी बनाते हैं। तारा ज्वेल्स की ज्वेलरी अंतरराष्ट्रीय गुणवज़ा मानकों को पूरी करती है। इसके ग्राहक अमेरिका, यूरोप और ऑस्ट्रेलिया जैसे देशों तक फैले हुए हैं। दुनिया के सबसे बड़े ज्वेलर्स स्टिलिंग कॉरपोरेशन, अमेरिकन वॉलमार्ट और वॉरेन बुफ की हेल्जबर्ग, कनाडा की जेल्स, यूके की सिग्नेट, स्विट्जरलैंड की क्रिस्ट जैसी विश्वविज़्यात ज्वेलर्स फर्म तारा ग्रुप से ज्वेलरी खरीदती हैं। तारा ग्रुप की कंपनी तारा ज्वेल्स एक्सपोर्ट्स लिमिटेड ने अमेरिकन ज्वेलरी वितरक फर्म फेब्रीकेंट लीर इंटरनेशनल को अधिगृहीत किया है, जो अब है फेब्रीकेंट तारा इंटरनेशनल।

## अब भारत में भी चमक रहा है तारा

तारा ग्रुप के भारत व चीन में उत्पादन संयंत्र हैं। समूह के कुल व्यापार में निर्यात की हिस्सेदारी 99 फीसदी से ज्यादा है। राजीव शेठ ने घरेलू मार्केट में हिस्सेदारी बढ़ाने के

लिए सन् 2008 में देश में भी रिटेल कारोबार शुरू किया है। यहाँ तारा ग्रुप ने तारा ज्वेलर्स के नाम से व्यापार किया है। राजीव शेठ ने भारत में पहला ज्वेलरी रिटेल शोरूम अँधेरी मुंबई में खोला। अब सारे देश में उनके 15 शोरूम्ज़ हो गए हैं। राजीव शेठ कहते हैं—''मुंबई, दिल्ली जैसे महानगरों के बाद राजकोट, अहमदाबाद व इंदौर जैसे ज्वेलरी क्षेत्र के प्रमुख कारोबारी केंद्र हैं। यहाँ तारा ज्वेलर्स का लक्ष्य है—मध्यमवर्गीय परिवारों तक पहुँचना।''

## दो करोड़ में बड़ा नहीं छोटा डायमंड शोरूम

सही कह रहे हैं राजीव शेठ। अमेरिका के बाद भारत में सबसे ज्यादा आभूषणों की रिटेल खरीद होती है। देश के बी ग्रेड शहरों के लोगों की क्रयशक्ति भी बढ़ने लगी है। यहाँ जन्मी नई संभावनाओं का दोहन करने के लिए राजीव शेठ स्थानीय डिजाइनर बुटिक्स के साथ देश के रिटेल ज्वेलरी मार्केट में सक्रिय हो चुके हैं। उनके अनुसार बड़े शोरूम्ज़ की ढेरों ज्वेलरी ग्राहकों को भ्रमित करती है। इनकी डिजाइनों में बस थोड़ा फेरबदल होता है। तारा ज्वेलर्स के रिटेल शोरूम इसलिए 800 से 1200 वर्गफीट में होंगे, जहाँ 600-650 वर्गफीट क्षेत्र में सिर्फ ज्वेलरी ही डिस्प्ले होगी। यही नहीं, ऐसे ज्वेलरी बुटिक की स्थापना मात्र दो करोड़ रुपए में हो जाएगी।

आइए अंत में 'थ्री इडियट' का ही बहुचर्चित संवाद याद करें—'तुसी ग्रेट हो जहाँपनाह...।'

> "There is plenty of room at the top but there is no room to sit down."

□

## इन्हें भी जानें

# डॉ. सायरस पूनावाला

**ग्रेजुएट/पीएचडी**
**संपदा-2.3 बिलियन डॉलर**
**( करीब 115 अरब रुपए )**

सायरस पूनावाला के पिता ने सन् 1940 में जब पूना में देश का पहला रेस हॉर्स ब्रीडिंग संस्थान—पूना स्टड फॉर्म स्थापित किया था, तब उनका लक्ष्य था डर्बी रेस के लिए घोड़े तैयार करना। 18 वर्ष की उम्र में सायरस पूनावाला स्टड फॉर्म की देखरेख में पिता के मददगार बने तो उन्हें आभास हुआ कि भारत जैसे देश में रेस हॉर्स ब्रीडिंग मुनाफे का व्यापार नहीं हो सकता। रेसिंग कारों के शौकीन सायरस ने उन दिनों एक स्पोर्टी कार विकसित की, पर इसे भी लग्जरी उत्पाद मानकर प्रोजेक्ट बंद कर दिया। उन दिनों पूना स्टड फॉर्म बूढ़े घोड़े भारत सरकार के हॉपकिंस इंस्टीट्यूट मुंबई को दान कर देता था, जिससे वैक्सीन के लिए हॉर्स सीरम बनते थे। लोगों में शिशु स्वास्थ्य के प्रति चेतना बढ़ रही थी यह जानकर सायरस पूनावाला ने खुद वैक्सीन बनाने का निर्णय लिया। आज रैबीज, मीजल्स (खसरा), हेपेटाइटिस (यकृत रोग), डिप्थेरिया, टिटनस, परट्यूसीस (काली खाँसी) जैसे कई रोगों से बचाने के लिए दुनिया के हर दूसरे बच्चे को भारत की इस सबसे बड़ी बायोटेक कंपनी के वैक्सीन दिए जा रहे हैं। सीरम इंस्टीट्यूट ऑफ इंडिया जीवनदायक वैक्सीनों के हर साल एक अरब डोज तैयार करता है। इसके 80 प्रतिशत उत्पाद यूनिसेफ व अमेरिकन स्वास्थ्य संगठन के जरिए दुनिया के 140 देशों के बच्चों तक पहुँचते हैं।

□

# 48

## शगुफ़्ता-अनुराग श्रीवास्तव

# स्पेस मेट्रिक्स डिजाइन कंसल्टेंट्स प्रा.लि.

### दिलचस्प व रोमांटिक कारोबारी पति-पत्नी

कारोबार में भागीदार प्रतिस्पर्धी नहीं, बल्कि एक-दूसरे के पूरक बन जाए तो व्यापार-व्यवसाय चहुँमुखी प्रगति करता है और भागीदारी लंबी पारी खेलती है। दिलचस्प ही नहीं रोमांटिक हो जाती है वह स्थिति—जब पति-पत्नी निजी जीवन के साथ व्यापार में भी एक-दूसरे के पूरक बन जाएँ। ऐसे ही लाइफ व बिजनेस पार्टनर हैं, अनुराग व शगुफ़्ता, जिन्होंने एक-दूसरे के पूरक बनकर स्थापित की है। एशिया महाद्वीप की दूसरी सबसे बड़ी इंटीरियर डिजाइन फर्म स्पेस मेट्रिक्स (प्रथम हांगकांग की एम. मोजर एसोसिएट्स)। न्यूयॉर्क से प्रकाशित पत्रिका के अनुसार सन् 2001 में स्थापित स्पेस मेट्रिक्स का दुनिया की 100 डिजाइन फर्मों में 32वाँ क्रम है।

### आजादी चुनी, काम चुना सबसे हटकर

इस सक्सेस स्टोरी की नायिका हैं शगुफ़्ता। वे फैशन डिजाइनर बनना चाहती थीं, पर स्कूली शिक्षा के बाद पिता ने उन्हें समझाया कि इंटीरियर डिजाइनर बनकर डिजाइनर

बनने की चाह पूरी करो। फैशन डिजाइनिंग से अच्छा प्रोफेशन है यह। तदनुसार शगुफ़्ता ने बीएमएस इंजीनियरिंग कॉलेज बेंगलुरु से आर्किटेक्चर की स्नातक डिग्री प्राप्त की। पाँच साल उन्होंने एक इंटीरियर डिजाइन फर्म में नौकरी की। सन् 1999 में अनुराग श्रीवास्तव से जब विवाह हुआ, तब वे एक इंटीरियर डिजाइन फर्म की हेड थीं।

## कम खर्च में क्रिएटिव सजावट की कॉन्सेप्ट

आईआईटी कानपुर के बी.टेक. (इलेक्ट्रिकल) अनुराग श्रीवास्तव तब सिंगापुर में नौकरी कर रहे थे। शगुफ़्ता को भी विवाह के बाद जॉब छोड़कर सिंगापुर शिफ़्ट होना पड़ा। वहाँ भी उन्होंने एक साल एक इंटीरियर डिजाइन संस्थान में नौकरी की तो उन्हें लगा कि यदि आजादी मिले तो वे दूसरों से अलग यानी एक्सक्लूसिव इंटीरियर डिजाइनिंग कर सकती हैं। अपनी कल्पना को उन्मुक्त उड़ान देने की मंशा से सन् 2001 में दस हजार डॉलर की पूँजी व तीन सहयोगियों के साथ हाजीलेन सिंगापुर में उन्होंने अपनी डिजाइन फर्म स्पेस मेट्रिक्स स्थापित की। एक साक्षात्कार में उन्होंने कहा है—''मित्र-परिजनों ने तब उनसे कहा था कि वे भूल कर रही हैं। मंदी का दौर है और वे अपनी बचत डुबो देंगी।'' शगुफ़्ता का सोच था कि वित्तीय संकट के दौर में भी व्यापार थमता नहीं है। निस्संदेह ऐसे समय क्लाइंट ऐसा कंसल्टेंट चाहते हैं, जो कम खर्च में अपनी क्रिएटिविटी से अलग किस्म की सजावट करे।

## पहली कसौटी में पूरे नंबर, फिर नहीं देखा पलटकर

बहुत थोड़ी सीड कैपिटल के साथ स्थापित स्पेस मेट्रिक्स को सन् 2002 में पहला ब्रेक मिला। हायपेरिअन सॉल्यूशंस एशिया ने अपने सिंगापुर दफ़्तर के इंटीरियर का प्रोजेक्ट इस हिदायत के साथ शगुफ़्ता को सौंपा कि जितनी जगह है, उसे कम-से-कम खर्च में सहज (नेचुरल) लुक दें। शगुफ़्ता ने इस अवसर को लपका और डिजाइन के प्रति अपनी जन्मजात प्रतिभा और शिक्षा से यह प्रोजेक्ट पूरा किया। उनकी इंटीरियर को ड्यूपोंट एंट्रोन डिजाइन अवॉर्ड से नवाजा गया तो शगुफ़्ता का मनोबल बढ़ गया। वे कहती हैं कि लोगों ने हमारे इंटीरियर की ताजगी, हमारी युवा टीम के जोश व प्रतिबद्धता को सराहा था।

इसके बाद शगुफ़्ता ने पलटकर नहीं देखा। चार साल (2002-06) में स्पेस मेट्रिक्स ने रॉल्स रॉयस के सिंगापुर, एक पेट्रोकेमिकल कंपनी के थाईलैंड दफ़्तर, आईपीआरसी, सूजलान वन अर्थ के पुणे कार्यालय, टीजेड ईडी टाउनशिप बेंगलुरु के अलावा सिंगापुर रेस्राँ स्थित पंजाब ग्रिल को सजाया-सँवारा। कंपनी के कर्मचारियों की संख्या भी 20 से 450 हो गई। अनुराग श्रीवास्तव ने इन वर्षों में लंदन, भारत व सिंगापुर में हेवलेट पेकार्ड, इंटरवूवेन और इंडेका में महती जवाबदेही सँभाली।

## हॉबी बनी कारोबार, पति ने छोड़ा भारी पैकेज

पति-पत्नी की व्यस्तता बढ़ रही थी। शगुफ़्ता स्पेस मेट्रिक्स के डिजाइन पोर्टफोलियो को सँभालने में दक्ष थीं, जो व्यवसाय के साथ उनकी हॉबी भी है। अनुराग श्रीवास्तव तब अच्छे वेतन की बड़ी जवाबदेही वाली नौकरियाँ कर रहे थे। शगुफ़्ता की परेशानी थी—कंपनी का बिजनेस पोर्टफोलियो, जो उनकी कमजोरी है। शगुफ़्ता को इस झंझट से मुक्त करने की मंशा से सन् 2006 में अनुराग श्रीवास्तव ने बहुराष्ट्रीय कंपनियों के भारी पेपैकेज जॉब को अलविदा कहा। पति-पत्नी का अहम् न टकराए इसलिए कंपनी में सीईओ के साथ एक पद बनाया गया सीडीओ (चीफ डिजाइन ऑफिसर)। अनुराग पत्नी द्वारा स्थापित फर्म के सीईओ बने तो शगुफ़्ता सीडीओ। इसके साथ पति-पत्नी ने पाँच सालाना बिजनेस प्लान बनाया और पूरे मनोयोग से अपने-अपने दायित्व का निर्वहन करने लगे।

## गूगल और कोकाकोला को भी पसंद है स्पेस मेट्रिक्स

बहुराष्ट्रीय कंपनियों के कार्यानुभव से अनुराग ने स्पेस मेट्रिक्स को पाँच वर्षों में ऐसी ऊँचाई पर पहुँचा दिया है कि आज शगुफ़्ता लाखों वर्गफीट स्पेस के मिलियन डॉलरों के प्रोजेक्ट्स में व्यस्त हैं। स्पेस मेट्रिक्स ने सन् 2011 में 20 मिलियन डॉलर (करीब 100 करोड़ रुपए) फीस कमाई है। अनुराग श्रीवास्तव को उम्मीद है कि सन् 2015 में यह डिजाइन फीस चार गुना हो जाएगी। उनके इस भरोसे का कारण है स्पेस मेट्रिक्स के क्लाइंट्स जिनमें उल्लेखनीय है—गूगल, ग्रुप एम, कोकाकोला, पीटीटी इंटरनेशनल।

शगुफ़्ता व अनुराग ने सोच-समझकर कंपनी का मुख्यालय सिंगापुर बनाया है। हालाँकि, भारतीय प्रोजेक्ट कंपनी की लाइफ लाइन है। सिंगापुर से उन्हें ग्लोबल बिजनेस प्लेटफॉर्म मिलता है। भारतीय क्लाइंट्स भी विदेश स्थित अंतरराष्ट्रीय अनुभव प्राप्त प्रतिभाओं को पसंद करते हैं। शगुफ़्ता यह भी कहती हैं—"ग्लोबल मार्केट का हिस्सा बन जाने के बाद भारतीय क्लाइंट्स उसी परफॉर्मेंस की अपेक्षा करने लगे हैं, जो ग्लोबल क्लाइंट्स माँगते हैं।"

## प्रोफेशनल होकर भी एक-दूसरे के पूरक दंपति

स्पेस मेट्रिक्स अब दफ़्तरों की इंटीरियर के साथ रिटेल मॉल्स, अस्पताल, होटल, स्कूल-कॉलेज और आवासीय टाउनशिप की इंटीरियर भी करने लगी है। सिंगापुर व भारत के अलावा ऑस्ट्रेलिया और थाईलैंड में भी स्पेस मेट्रिक्स के 11 दफ़्तर हैं। पति-पत्नी चीन और वियतनाम में कार्यालय खोलने की तैयारी कर रहे हैं। दूसरे शब्दों में, सीईओ की हैसियत से अनुराग ने कारोबारी विस्तार किया है, तो सीडीओ की हैसियत से

शगुफ़्ता ने अपना क्रिएटिव पोर्टफोलियो ऐसी दक्षता से सँभाला है कि स्पेस मेट्रिक्स कोरनेट ग्लोबल एच. ब्रूस रसेल इनोवेटर्स अवॉर्ड (2011) तथा एस्टेक रियल एस्टेट अवॉर्ड (2010) से नवाजी गई हैं।

अनुराग-शगुफ़्ता दो बच्चों के माँ-पिता भी बन गए हैं। शगुफ़्ता कहती हैं—"अकसर कामकाजी माँ को चुनना पड़ता है कि कब किस काम को प्राथमिकता दें। घर और कारोबारी जवाबदेही के बीच संतुलन बनाने में भी अनुराग ने मेरी मदद की है।" दूसरे शब्दों में, "यह दंपति निजी व कारोबारी जीवन में एक-दूसरे के पूरक हैं, यानी सही मायने में लाइफ पार्टनर।"

> "Big jobs usually go to the people who prove their ability to outgrow small ones."

□

द बॉस
सेवक नहीं, स्वामी बनो

# 49

मनजीत सिंह

# बॉन न्यूट्रीएंट्स

## बड़े सपने छोटी शुरुआत

पाकिस्तान के साहीवाल से विस्थापित सिक्ख परिवार में जनमे मनजीत सिंह को उनके पिता ने शिक्षा प्राप्त करने के लिए तीस साल पहले लुधियाना भेजा था, जहाँ उनकी बहन ब्याही गई है। मनजीत सिंह के बहनोई तब लुधियाना के ब्राउन रोड पर बेकरी उत्पाद की लघु इकाई और दुकान का संचालन कर रहे थे। मनजीत स्कूल से लौटकर अपने जीजा की मदद करने लगे। उन्हें पता भी नहीं चला और खमीर की सुगंध उन्हें ऐसी रास आई कि बेकरी उत्पादक बनने की मंशा से उन्होंने अंतिम वर्ष में ग्रेजुएशन की पढ़ाई छोड़ दी। सन् 1985 में मनजीत सिंह का विवाह हुआ। विवाह के चार माह बाद उन्होंने अपने मित्र-परिजनों से ब्रेड मेकिंग इकाई लगाने के लिए कर्ज माँगा। मित्र-परिजन ने उनकी योजना पूछी तो वे बोले—"मैं केवल लोकल मार्केट के लिए ब्रेड नहीं बनाऊँगा। मैं दूर-दूर तक अपने उत्पाद बेचूँगा।" साहूकार-रिश्तेदारों ने मनजीत की मदद तो की, पर उनके हावभाव दरशा रहे थे कि वे इसे बड़बोलापन मान रहे हैं। वे हावभाव ही मनजीत के लिए चुनौती बन गए—'जो कहा, वह करना ही है'।

## आतंकवाद का दौर, मनजीत नहीं पड़े कमजोर

सन् 1985 में मनजीत सिंह ने लुधियाना के माधोपुरी इलाके में एक पुराने अर्थन ओवन के साथ ब्रेड मेकर इकाई स्थापित की। स्कूटर से उन दिनों दुकानदारों को उन्होंने ब्रेड सप्लाई की। यह वह दौर था, जब पंजाब आतंकवाद की आग में झुलस रहा था। एक हादसा हुआ। मनजीत सिंह के दो सहयोगियों को आतंकवादियों ने गोली से भून दिया। उनके अन्य कर्मचारियों ने इसके बाद उत्पाद डिलीवर करने से मना कर दिया। मनजीत ने जहाँ खुद सप्लाई जारी रखी, वहीं अपने साथियों का यह कहकर मनोबल बढ़ाया कि सारा पंजाब आतंकवाद से त्रस्त है, पर लोगों ने डरकर जीना या व्यापार करना बंद नहीं किया है। फिर हम ऐसा क्यों करें?

## ऑटोमेशन : कम में ज्यादा करने की नई पहल

नौ साल बाद सन् 1994 में मनजीत सिंह ने 'थ्री एस' के दूसरे एस 'स्पेशलिटी' को अपनाया। अपनी बेकरी यूनिट को स्पेशल व अपने उत्पादों को स्पेशलिटी में बदलने के लिए अपनी सारी कमाई निवेश करके ऑटो मैटिक फूड प्रोसेसिंग संयंत्र खरीदा। उत्तर भारत में किसी ब्रेडमेकर की यह पहली पहल थी, जिसका उन्हें बहुत जल्दी सुफल भी मिला। सन् 1995 में मनजीत सिंह की कंपनी बॉन न्यूट्रीएंट्स ने हाई वैल्यू ब्रेड 'प्राइम टाइम' ब्रांड नेम से लॉन्च की। इसने मात्र 6 माह में ऐसी लोकप्रियता जुटाई कि मनजीत को उत्पादन क्षमता रातोरात दोगुना बढ़ानी पड़ी। यही नहीं, सन् 2000 में उन्हें एक और आटोमैटिक फूड प्रोसेसिंग प्लांट खरीदना पड़ा। इसके साथ वे प्रतिदिन 50 हजार डबल रोटी बनाने लगे।

## रंग लाई मेहनत, महत्त्वाकांक्षा को मिले नए पंख

छोटी पहल को विशेष बना दें, तो वह कितनी विशाल व मजबूत (थ्री एस का तीसरा सूत्र) हो जाती है, इसकी मिसाल है बॉन न्यूट्रीएंट्स। पाँच साल में मनजीत सिंह को तीन और मॉडर्न उत्पादन संयंत्र स्थापित करने पड़े। बॉन न्यूट्रीएंट्स की आज दैनिक उत्पादन क्षमता हो गई है 2.5 लाख डबल रोटी। इसके साथ मनजीत सिंह उत्तर भारत के सबसे बड़े ब्रेड मेकर बन गए तो उनकी महत्त्वाकांक्षा को नए पंख मिले। वे हर रोज 1.50 लाख नग अन्य बेकरी उत्पाद भी बनाने लगे। सन् 2002 में उन्होंने औद्योगिक स्तर पर कुकीज का उत्पादन शुरू किया। यह भी देश में अपने किस्म की सबसे पहली पहल थी। इसके बाद ऑटोमैटिक ऑनलाइन बिस्टिक उत्पादन संयंत्र स्थापित किया और लॉन्च किए 'बॉन' बिस्किट।

### चौंकाती है बॉन की सफलता

बॉन न्यूट्रीएंट्स की पंजाब व लुधियाना व कपूरथला स्थित बेकरीज आज कई किस्म की डबलरोटी के अलावा बंस, केक, कुकीज, रस्क व बिस्किट बना रही हैं। 400 कि.मी. क्षेत्र में इनकी डिलीवरी का सुगठित नेटवर्क है तो उत्तर भारत के अन्य राज्यों में कांट्रैक्ट उत्पादक अपने-अपने क्षेत्र में बॉन न्यूट्रीएंट्स के उत्पाद बना व बेच रहे हैं। वॉलमार्ट, मोर, रिलायंस फ्रेश, स्पेंसर्स, पिज्जा हट, बरिस्ता, कास्टा कॉफी, भारतीय रेलवे, बिग बाजार जैसे दिग्गज रिटेलर बॉन न्यूट्रीएंट्स के उत्पाद बेचते हैं। कंपनी का सालाना टर्नओवर 400 करोड़ रुपए हो गया है, जो उन सबको चौंकाता है, जिन्होंने सन् 1985 में मनजीत सिंह को बड़बोला कहा था। मनजीत सिंह अभी भी संतुष्ट नहीं हैं और कहते हैं कि अब मेरा लक्ष्य है बेकरी उत्पादों के राष्ट्रीय मार्केट में सेंध लगाना। हालाँकि वे जानते हैं कि इस मार्केट में उन्हें दिग्गज कंपनियों का मुकाबला करना होगा।

> "One is not born a genius, one becomes a genious."

□

# इन्हें भी जानें

## रॉबिन ली

**पोस्ट ग्रेजुएट**
**संपदा-10.2 बिलियन डॉलर**
**( करीब 550 अरब रुपए )**

चायनीज टेक्नोप्रिनर रॉबिन ली के पिता एक शस्त्र बनाने वाली तो माँ शू बनाने वाली फैक्टरी में काम करती थी। निर्धनता में जनमे रॉबिन ने पार्ट टाइम नौकरियाँ करते हुए पेकिंग यूनिवर्सिटी से लाइब्रेरी इंफॉर्मेशन मैनेजमेंट की स्नातक डिग्री और न्यूयॉर्क स्टेट यूनिवर्सिटी से कंप्यूटर साइंस की मास्टर डिग्री हासिल की और डाऊ जोंस को फुल टाइम ज्वॉइन किया। दस साल के अमेरिकन प्रवास और वहाँ मौजूद सुनहरे भविष्य का मोह छोड़कर एक दिन स्वदेश लौट आए। यहाँ उन्होंने एक मित्र-भागीदार के साथ होटल के एक कमरे को दफ़्तर बनाकर बायडू डॉटकॉम की स्थापना की। यह नाम 800 साल पुरानी चायनीज कविता से प्रेरित है। इस कविता का सार है, हजारों बार खोजने पर मिलती है, सपनों की रानी। बायडू का शाब्दिक मतलब भी है—'100 टाइम सर्च।' एक ही साल में रॉबिन ली ने बायडू डॉटकॉम को चीन का सबसे ज्यादा लोकप्रिय और दुनिया का दूसरा बड़ा सर्च इंजन बना दिया। वे अब सर्च इंजन के लिए बॉक्स कंप्यूटिंग तकनीक खोज रहे हैं और कहते हैं कि इसके बाद कंप्यूटर ऑन करते ही एक बॉक्स दिखाई देगा, जो मनचाही भाषा में हर सवाल का जवाब देगा। बीस हजार युवा टेक्नोप्रिनर्स को रोजगार देनेवाले रॉबिन ली माँ की बाल्यकालीन चेतावनी नहीं भूले हैं कि हमारे घर में 'पिछला दरवाजा' नहीं है, यदि अच्छी जिंदगी जीना है तो पढ़ाई करो। □

सुभाषसिंह ग्रोवर

# जे.डी. होस्ट ऐंड क्रेंस

## बाधाओं से डरो मत, लड़ो

स्व. धीरूभाई अंबानी से अकसर पूछा जाता था कि आपकी सफलता व संपन्नता का राज क्या है ? धीरूभाई इसका जवाब देते-देते ऊब चुके थे। एक पत्रकार ने एक बार फिर यही सवाल दोहराया तो धीरूभाई बोले—"पहले आप मेरे कुछ सवालों का जवाब दें।" धीरूभाई ने पूछा—"मेरे पीछे क्या है।" जवाब मिला—दीवार। "मेरे आगे क्या है, मेरे बाएँ क्या है, मेरे दाएँ क्या है…" धीरूभाई को ऐसे हर सवाल का जवाब मिला—"दीवार।" धीरूभाई बोले—"सफल व असफल व्यक्ति में बस यही अंतर है। लोग दीवार देखते हैं, मैं दीवार के आरपार देखता हूँ।" धीरूभाई ने संकेत में जो जवाब दिया था, उसका आशय है—बाधाओं से डरो मत, उनसे लड़ो और आगे बढ़ो।

## गरीबी से उबरे, मन की करने में लगे 20 साल

जे.डी. होस्ट ऐंड क्रेंस (J.D. Hoist & Cranes) कंपनी के संस्थापक सुभाषसिंह ग्रोवर भी बाधाओं से लड़कर गरीबी से उबरे हैं। वे इंजीनियरिंग डिग्री हासिल करके

अपना उद्यम स्थापित करना चाहते थे, पर उन्हें इंजीनियरिंग के डिप्लोमा कोर्स से संतुष्टि जुटानी पड़ी। बीस साल उन्होंने नौकरी की, पर नौकरीपेशा लोगों की तरह वह मेंढक नहीं बने, जो कुए को समुद्र मान लेता है। मौका मिलते ही उन्होंने कुए के बाहर छलाँग लगाने की जोखिम उठाई और साबित किया कि खुली आँखों से देखे उनके सपने पूरे होते हैं।

## नौकरियों में नापा देश, पर सपने को रखा जिंदा

भारतीय फौज के एक सूबेदार के पुत्र हैं, सुभाषसिंह ग्रोवर। पिता जब सेवानिवृत्त हुए, तब उनका वेतन था तीन हजार रुपए। निम्न मध्यम वर्गीय माँ-पिता के लिए चार संतानों को अच्छी पर महँगी शिक्षा दिलवाना संभव नहीं था। सुभाष ने सरकारी स्कूल में पढ़ाई की और कर्ज लेकर मैकेनिकल इंजीनियरिंग का डिप्लोमा प्राप्त कर लिया तो उन्हें फरीदाबाद के एक क्रेन बनाने वाले लघु उद्योग में ट्रेनी इंजीनियरिंग की नौकरी मिल गई। सन् 1991 में वेतन था मात्र 800 रुपए। सुभाष को उन दिनों हर माह पिता से 300 और 400 रुपए कर्ज लेकर जीवनयापन करना पड़ा। एक साल बाद उन्होंने रायगढ़ (छत्तीसगढ़) स्थित जिंदल स्ट्रिप्स की क्रेन यूनिट को असिस्टेंट हेल्पर की हैसियत से जॉइन किया तो वेतन हो गया—1550 रुपए। सन् 1996 में उन्होंने दिल्ली के पिंपलिसिटी प्रोजेक्ट में नौकरी कर ली।

## मेहनत लाई रंग, दिल्ली में हुआ भाग्योदय

इन नौकरियों के दौरान सुभाषसिंह ग्रोवर ने इंडस्ट्रियल क्रेन बनाने की तकनीक सीखी। सन् 1999 में अपनी सिविल कांस्ट्रेक्टिंग फर्म स्थापित की। इस फर्म ने दिल्ली मेट्रो रेल के लिए क्रेन फैब्रिकेशन व इरेक्शन जॉब किया। तीन माह में चार लाख रुपए कमाए तो सुभाषसिंह ग्रोवर का हौसला बढ़ गया। सन् 2001 में सुभाष ने फिर जोखिम उठाई। अपनी बचत व कर्ज सहित 8 लाख रुपए इकट्ठा किए और बहादुरगढ़ (हरियाणा) में क्रेन रिपेयर वर्कशॉप खोली। क्रेन सुधारते हुए उन्हें छोटी क्रेन बनाने के ऑर्डर मिलने लगे, तो सन् 2003 में वर्कशॉप को क्रेन मैन्यूफैक्चरिंग प्लांट में बदल डाला। सन् 2007 में आइसमेल्ट हुआ। उन्हें बीएचईएल से 56 लाख रुपए की बड़ी क्रेन बनाने का ऑर्डर मिला। अपनी सारी तकनीकी सूझबूझ और कमाई को दाँव पर लगाकर उन्होंने भेल के लिए ऐसी मजबूत क्रेन बनाई, जिसने सफलता व संपन्नता की राह की सारी बाधाएँ खत्म कर दीं।

## भारी-भरकम है भविष्य की योजना

सुभाषसिंह ग्रोवर आज भेल के अलावा भारत संचार निगम लिमिटेड, जिंदल स्टील ऐंड पावर, इंडियन स्पेस रिसर्च ऑर्गेनाइजेशन जैसे दिग्गजों के लिए इतनी दमदार क्रेन बना रहे हैं, जो 100 टन वजन उठा लें। कंपनी का सालाना टर्नओवर 20 करोड़ रुपए हो गया है। 600 क्रेन बनाने की क्षमता जुटाने के लिए उन्होंने अपनी फैक्टरी को बड़े भूखंड पर शिफ़्ट कर दिया है। क्वांटिटी के बजाय क्वालिटी पर ज्यादा ध्यान देने से उनकी मार्जिन मात्र 15 फीसदी है, पर उनका सोच है कि ऐसा करके ही वे अपने ग्राहकों से प्रीमियम प्राइस वसूल कर सकते हैं, कर भी रहे हैं।

वस्तुतः एक दशक (2001-2011) में शून्य से शिखर पर पहुँचने वाले सुभाषसिंह ग्रोवर बाधाओं से डरकर पीछे नहीं हटते, बल्कि हर बाधा का सीधे मुकाबला करते हैं।

> "The survival of the fittest is the ageless law of nature."

□□□